藍學堂

學習・奇趣・輕鬆讀

真堅強

DO HARD THINGS

Why We Get Resilience Wrong and the Surprising Science of Real Toughness

STEVE MAGNESS

運用內在力量培養韌性，打造屬於自己版本的成功

史蒂夫・麥格尼斯——著 鍾玉玨——譯

推薦序／

變堅強的科學方法

文／齊立文

閱讀這本書的過程中，腦海中一直浮現一個畫面：面對一道難以翻越、卻又必須跨過的高牆，該怎麼做？

第一種是硬撞過去，把自己當成一台推土機，再發揮有如愚公移山般的超強意志，砥礪身心，愈挫愈勇，頭破血流也不在乎，還告訴自己，結了痂的傷口會讓皮膚更粗糙，更無懼於繼續衝撞。

第二種則是評估自己的實力、盤點可用的資源，想方設法造梯子、挖地道、爆破或求助，總之就是不要「硬幹」，要「智取」。

順著作者的邏輯，第一種做法，稱之為「老派的堅強」，也還是很常見的觀念。就像他年輕時練長跑一樣，身為全美跑最快的高中生之一，「我對付疼痛的慣用方法是忽略它，直到不能再忽略它為止，然後改用推土機法直接輾過它。」

這種輾壓式的練習法，常常使得作者幾乎每次比賽之後，都會嘔吐，但是「我以為這代表我心性堅強，並以此為榮，心想這清楚顯示，我對自己的要求，遠甚過其他對手」。

看出來了吧？老派的堅強，主張把人逼到難以承受的極限，無論是自我要求，還是遇到魔鬼教練、外力驅使。而且，我們對於毫無裝備好自己、毫無節制地蠻幹，直直地就去撞牆，是懷抱著尊敬、肯定的態度，既自虐又自豪，真所謂「硬漢」（tough guy）。

什麼是「真堅強」？

從本書英文書名的副標（discover the surprising science behind real toughness and true resilience），在「堅強」（toughness）前面加了一個形容詞「真的」（real）就不難想見，作者認為，老派的堅強才不是「真堅強」（real toughness），也不是我們這個年代應該要追求、吹捧的堅強，因為沒有人是刀槍不入、無堅不摧的；而不知倦怠地挑戰極限，也只是偽裝虛飾之下的強悍，充其量只能取得一時的成績，長期下來終將無以為繼。

那究竟什麼是真堅強？作者結合心理學、運動科學等學術研究，再加上傑出運動員的親身體驗，找出能夠做出困難的事情、克服艱鉅的挑戰、完成不可能任務的人，他們究竟是「天賦異稟、身心靈都猶如銅牆鐵壁般剛強，因而屢屢完成傲人壯舉」；還是「他們運用了哪些方法，慢慢鍛造出自己的堅強體質，而且是一般人也可以學習的方法」。

相信你在翻開本書前一、兩個章節，很快就會得出令你意外的結論。我們往往出於直覺地以為，在競技場上，「吃得苦中苦、方為人上人」。然而，在整本書裡，傑出運動員不會無止境地咬牙硬撐、忍痛受苦，更不會軟弱地承受羞辱、犧牲自尊；相反地，他們的成就和成功，往往來自於極其柔軟的心理力量，也就是作者說的四根支柱：承認困難，擁抱真實；傾聽你的身體；回應（respond）而非反應（react）；超越不適。

書中例子有助於理解這幾個乍看之下有點抽象的概念：二〇一七年，攀岩高手亞歷克斯・霍諾德（Alex Honnold），在沒有任何保護裝備下（只靠雙手與雙腳的小面積抓力），徒手攀登了美國優勝美地國家公園內三千英尺高的垂直花崗岩絕壁——酋長岩，成為完成此項壯舉的第一人，也是唯一一人。

然而，霍諾德第一次嘗試攀爬酋長岩時，才爬了不久就想：「這太難了，我不想待在這裡，我受夠了。」要做困難的事，心態要務實，害怕就害怕，想喊停就喊停，他不當硬漢，不會抑制、掩飾自己的恐懼，而是透過一次次練習，擴大舒適區，直到不再感到害怕。

如果你以為，完成艱困任務的傑出人士，成功要件之一是吃苦，這個因果關係可能稍微武斷，也簡陋了些。根據作者的論述，他們之所以能吃苦，還有一些更深層的原因：他們是受到關懷的、支持的、鼓勵的；他們對於自己的工作是有控制權、掌控力的；他們不會壓抑、而是會正式自己的所有的感覺；他們真心喜歡自己做的事，有崇高的意義和目標，支撐著自己向前。因為必須有很多的甜，才吃得下很多的苦；因為只有停下來修復，才能再蓄積能量突破自我。

強大處下，柔弱處上

雖然書中很多案例都是在運動競技場上，但是作者也盡可能將「真堅強」的概念，普及到生活及工作上。確實，在當今的職場裡，還是經常可見，「靠折磨，磨出『堅強心性』。新進低階員工每週工作八十小時，證明自己的價值。……實習生和新進員工會使用 email 高效管理應用程式，所以三更半夜繼續發送信件，讓他們看起來好像二十四小時不停機。」

這令我想起近期買下社群媒體推特（Twitter）而備受矚目的伊隆・馬斯克（Elon Musk），他就是職場上老派堅強的代表人物。

根據《紐約時報》的報導，馬斯克無論是在特斯拉（Tesla）或推特，都標舉他的「硬核」（hard core）理念。在〈來自老闆的一封最糟糕的午夜郵件〉（The Worst Midnight Email From the Boss, Ever）這篇文章裡就寫道，「對馬斯克來說，『硬核』意味著『高強度長時間工作』，意味著只有最『出色的表現』才會被接受的工作場所，意味著可以在午夜發郵件的文化。」

據稱是電影《鋼鐵人》部分原型的馬斯克，確實擁有鋼鐵般的意志，在特斯拉 Model 3趕工時期，幾乎一年都睡在工廠會議室的地板上，每週工作一百二十小時。我不曉得有多少人可以像他或認可他這麼「硬核」，但是我相信，如果真有其人，肯定不是「真堅強」，多半是被逼出來的硬撐，也撐不久。

這些老派的硬核、老派的堅強，都讓我想起《老子》裡的一段話，「故堅強者死之徒，柔弱者生之徒。是以兵強則滅，木強則折。強大處下，柔弱處上。」血肉之軀肌肉柔軟，往生之人全身僵硬，剛強與脆弱未必全然如字面所示，很多時候，適度地柔軟、適時地示弱，往往會讓人更堅強。

（本文作者為《經理人月刊》總編輯）

推薦序

打造鋼鐵意志前，先擁抱內心的脆弱

文／陳志恆

長期以來，我們總以為那些在各領域出類拔萃的人，要不是天賦異秉，就是擁有過人的鋼鐵意志，也就是，特別能夠忍受痛苦，堅持到底。

我記得，學生時代，常聽到師長諄諄教誨：「你若沒有別人聰明，就要比別人加倍努力！」，我母親也常告訴我：「吃得苦中苦，方為人上人」。於是，從小我懂得自我要求，過著極端自律的生活，這樣的生活態度也為我帶來課業與事業上的一定成就。

然而，當我不斷緊逼自己時，才發現，人是有極限的。我的身體不斷抗議，最明顯的徵兆就是，睡眠困擾找上門來。我始終處在亢奮狀態，到了夜晚躺在床上，仍然無法放鬆。而我天真地以為，靠著我過人的意志力，就能控制我的睡眠。

事實上，有很多在檯面上成就非凡的人，晚上常睡不好覺。不只如此，他們還被焦慮、憂鬱、恐慌、易怒或者慢性疲勞等問題長期糾纏著。他們不能向外訴說，甚至得欺騙自己：那只是追求成就路上的挑戰，憑著自己的鋼鐵意志，都可以一一克服。

然而，愈要自己堅強，只是愈把自己推往崩潰邊緣。

《真堅強》這本書，開門見山地告訴讀者，長久以來，人們都誤解了堅強的真義。同時，也採取極端的手段，訓練孩子、學生或選手，要他們「忍人所不能忍」。

玉不琢，不成器，真的嗎？

前陣子，有個焦慮的家長來問我，他的孩子總是漫不經心、被動懶散，他想把孩子送到強調勤教嚴管的住宿學校就讀，在軍事化管理的團體生活中，看看會不會變得更有紀律、更積極？

這麼做背後的想法是：玉不琢，不成器，不被好好刁一刁，不會學到規矩。真是如此嗎？

這讓我想到二〇〇七年的一部印度電影《心中的小星星》（*Taare Zameen Par*），才八歲的小男孩伊翔，在父母眼中是個無心學習、態度散漫又時常闖禍的頭痛孩子，父親決定送他到離家很遠的住宿學校，去接受軍事化的管教。那裡的老師除了極度嚴格外，還對常學生恐嚇威逼，說話尖酸刻薄。孩子們生活在恐懼之中，自然不敢造次。但原來活潑的伊翔也漸漸失去了活力，變得死氣沉沉。

他有變得更堅強了嗎？不，他就此失去動機，沒了生命力，更像是個行屍走肉。

《真堅強》的作者史蒂夫・麥格尼斯（Steve Magness），本身是個運動員，也是長跑好手的教練。他在書中批判這種只有極端紀律、嚴格要求、高度逼迫，卻缺乏支持與溫暖關懷的訓練或教養方式。這不只不會讓一個人更堅強，甚至還會帶來身體或心理上的傷害。

就算有人因此出類拔萃，他的堅強也是假堅強，因為那看似過人的能耐背後，其實有著龐大的恐懼。

真正的堅強，是在追求自我突破的同時，也有著自知之明；不是一味地咬牙苦撐，更懂得使用策略因應困境。更重要的是，他們有直視內心的恐懼與不安的勇氣，承認自己的限制、擁抱自己的脆弱；進而使自己保持冷靜沉著，面對眼前的種種挑戰。

實用的技巧

《真堅強》書裡提供我們許多克服恐懼、自我拓展的途徑，其中包括了一些心理想像的技巧，像是，改變想像中的視覺畫面（變大、變小、拉近、推遠），或將自我批判的聲音轉小等。

這些與我長期鑽研的NLP技巧相當類似，透過小小的練習，就足以轉化那些困擾人的情緒。

幾年前，我受邀至大愛「人文講堂」中分享，那是菁英聚集的場合，能受邀登台者都有其不凡之處，是無比的殊榮。儘管我已做足充分準備，上台前，我仍緊張不已。

一開始，我對自己說：「不要緊張，沒什麼好緊張的！」這是出於慣性。下一刻，我靜下來掃描我的身體，感受我的緊張，並告訴自己：「我覺察到我的緊張，我接受我的緊張，我是可以緊張的。」

那瞬間，我冷靜下來了，接著，登台，開講。

我現在知道了，真正的堅強不是毫不畏懼，而是能先承認恐懼，並擁抱脆弱，然後，繼續前行。

（本文作者為諮商心理師、作家，目前為臺灣NLP學會副理事長。著有《脫癮而出不迷網》、《正向聚焦》等書，為二〇一八～二〇二二年博客來百大暢銷書作家。）

各界讚譽

「史蒂夫・麥格尼斯透過本書精彩而有說服力地改寫我們對堅強的理解。本書是父母、教練以及希望為生活各種重大挑戰預作準備的人必讀之作。」

——麥爾坎・葛拉威爾（Malcolm Gladwell）《紐約時報》暢銷書《異數》（*Outliers*）和《解密陌生人》（*Talking to Strangers*）作者

「史蒂夫為當今時代充斥的裝腔作勢與虛有其表的堅強提供洞見：真正的堅強不是冷酷無情、不是裝腔作勢，而是能優雅地克服挑戰，並能堅定不移地專注於重要事物。」

——卡爾・紐波特（Cal Newport），《紐約時報》暢銷書《深度工作力》（*Deep Work*）和《深度數位大掃除》（*Digital Minimalism*）作者

「本書深度剖析何謂擁有正確的東西。」

——亞當・格蘭特（Adam Grant），《紐約時報》暢銷書《逆思維》（*Think Again*）作者

「史蒂夫・麥格尼斯是現代有關競技體育的思維巨擘之一，結合尖端心理學的廣泛知識以及

世界一流運動員和專家的實際經驗，這些寶貴經驗得來非常不易。在本書中，他剖析一個由來已久的問題——誰能勝出，為什麼有人可在陷入難關時取得勝利，並揭露我們看重的許多本能和假設並不成立。對於希望在重重難關時有最佳表現的人而言，這是一本必讀之作。」

——艾力克斯・哈欽森（Alex Hutchinson），《紐約時報》暢銷書《極耐力》（*Endure*）作者

「本書將改變你對堅強的看法。史蒂夫・麥格尼斯強調內在力量勝過外在力量，謙遜勝過虛張聲勢，並提出精彩而令人信服的實例。必讀之作！」

——安妮・杜克（Annie Duke），《高勝算決策》（*Thinking in Bets*）作者

「我們讚揚走『汰弱留強』老派堅強路線的教練和領導人，表揚他們的豐功偉業，但研究顯示，這是培養堅強心性的錯誤做法。現在才讓豐功偉業的故事與科學接軌是有些晚了，而這正是史蒂夫・麥格尼斯在本書中所做的。」

——大衛・艾波斯坦（David Epstein），《紐約時報》暢銷書《跨能致勝》（*Range*）和《運動基因》（*The Sports Gene*）作者

「本書中，史蒂夫・麥格尼斯推翻被廣泛接受但具破壞性的建議，亦即堅強是猶如推土機推

倒眼前的一切難關。麥格尼斯的版本——「真堅強」略為不同，更寬容、靈活和可學習。真堅強意味能夠以深思熟慮、慎重、不掩飾脆弱的方式應對壓力，而非膚淺、毫無彈性地處理壓力。本書改變了我對堅忍和力量的看法，無論是在運動場上還是在更廣泛的領域，我毫無保留高度推薦這本書。」

——亞當・奧特（Adam Alter），紐約大學斯特恩商學院行銷學和心理學教授，
《紐約時報》暢銷書《欲罷不能》（*Irresistible*）和
《粉紅色牢房效應》（*Drunk Tank Pink*）作者

「史蒂夫・麥格尼斯在體育競技領域擁有令人難以置信的智慧與知識，涵蓋科學、心理學和實務等相關知識。本書是教授如何在壓力下培養韌性、堅毅和自信的大師級課程。」

——克莉斯蒂・阿什萬登（Christie Aschwanden），《紐約時報》暢銷書《*Good to Go*》作者

「這是一本及時以及永不過時的必讀之作，由探索何謂『真堅強』不二人選所撰寫。史蒂夫多年來一直在思考這些問題，在本書提出了一個有趣又極為實用的新觀點，有助於大家培養堅強心性。」

——布萊德・史托伯格（Brad Stulberg），
暢銷書《腳踏實地的做》（*The Practice of Groundedness*）作者

「史蒂夫·麥格尼斯已確立他在績效優化和實現個人顛峰狀態兩個領域的主導地位——正如古希臘人眼中的 arete 之人（卓越）。麥格尼斯在本書質疑長期以來的觀點——亦即堅強等於傲慢和無懈可擊。他提出的見解既鼓舞人心又令人放心。任何人若希望以實在、務實的方式培養內在力量，必讀本書不可。」

——迪恩·卡納茲（Dean Karnazes），超級馬拉松運動員和《紐約時報》暢銷書作者

「本書提出深刻而嶄新的因應方式，剖析人為什麼以及如何克服難如登天的困境。史蒂夫·麥格尼斯闡述諸多故事，提供讀者非常有趣的一課。他是運動科學領域備受推崇的作家和思想家之一，他給我們上了一堂如何培養韌性以及如何學習相關技能的大師課，協助我們在面臨困境時依舊能有最佳表現。」

——基里安·霍爾內特（Kilian Jornet），《雲端之上》（*Above the Clouds*）作者

獻給希拉蕊，感謝你不停地向我展示愛與慈悲。
你是世上最真、心地最善良的人，不吝對周圍所有人付出，
這一點時時刻刻激勵了我。我愛你。

紀念湯姆·艾比，
他教會我謙遜、保持開放的心態與不懈的樂觀精神。

紀念麥特·卡布，
他教會我毫無保留地探索自我極限。

目錄

CONTENTS

眞堅強

序篇

我們是怎麼曲解「堅強」的意思？

第1章

舊式假堅強陷阱

把呈現在外的堅強和實際擁有堅強混為一談；
把冷酷無情和灌輸紀律混為一談。實際上這些都是假象。

「不屈不撓。拼搏到底。吃得苦中苦。堅忍。展現情緒韌性。堅持不懈。」如果要求大學生形容何謂「堅強」（tough），他們會聯想到上述描述。訪問一百六十位頂尖運動員，發現「堅持不懈」高居榜首。對我們多數人而言，看到這些形容詞與描述，腦中會浮現某個特定形象，可能是足球運動員把脫臼的肩關節復位，然後要求繼續回場上比賽。或是聯想到冰上曲棍球明星克雷格．麥克塔維什（Craig MacTavish），他在一九九七年退役，成為「北美職業冰上曲棍球聯盟」（NHL）最後一位在比賽中不戴頭盔的球員。對其他人而言，堅強形象或許是一位受傷的軍事英雄，抑或忍受不適咬牙照顧小孩的母親，這樣的聯想很可能是因為某個人克服逆境、疼痛、磨難的畫面深植人心之故。傳統上，我們對堅強的看法正是如此：靠毅力、紀律與堅忍克服障礙。說到堅強，老實說，我們很多人不約而同聯想到粗蠻的壯漢。

風評兩極的傳奇籃球教練

巴比．奈特（Bobby Knight）教練生涯橫跨五十年與三所大學，累積傲人的履歷。他拿下九百多場比賽，是大學籃球史上戰績高居第三的金牌教練。曾經五次打入前四強；抱回三次全美大學男籃（NCAA）總冠軍；他的豐功偉業中，最讓人津津樂道的是一九七六年帶領印地安納大學球隊橫掃NCAA錦標賽每一場比賽，挺進決賽打敗密西根大學，以全勝紀錄封王，也替奈特拿下首座全國冠軍。接下來數十年，沒有一支大學隊能和印地安納大學隊匹敵。多年後回頭看，奈特點出該球隊與眾不同處❶：「那是一支幾乎所向無敵的球隊，因為它堅強、有實力以及規模大。」

奈特的教練生涯始於西點軍校❷，對他這樣的人而言，何謂「堅強」似乎不難定義：「能夠克服障礙，不會自怨自艾。」大多數情況下，他帶的球隊似乎符合這個定義，打出講紀律、不屈不撓的籃球魂。雖然籃球這運動傾向於華麗進攻、絢爛得分，但這支隊伍專注於穩紮穩打與防守。他們率先打出亦步亦趨、一對一盯人防守戰術，這戰術考驗球員的紀律、敬業態度與毅力。結果真的有效。

只是有個問題。並非每個人都發光發亮。奈特帶領球員攀登顛峰，如雷貫耳的不僅是他致勝的方式，還有他的火爆脾氣與口不擇言辱罵球員。奈特在球場的戰績不容否認，他堅信堅強不屈是影響表現的關鍵因素，這點確實獲得研究與經驗為他背書，但是他逼人堅強的手段，說得好聽，讓人起疑打問號；說得難聽，是徹頭徹尾羞辱與踐踏尊嚴。

若他覺得哪位球員「軟弱」，會在他的置物櫃裡懸掛女人生理期的衛生棉條。球員經常咒罵他，指控他下令球隊經理把女性生殖器的照片貼在他們房裡。一九九一年他對球員咆哮的影片顯示：「這表現簡直是他媽的丟人現眼。我他媽的非把你們屁股踢到開花不可[3]……害我得在這該死的聯盟以八勝十負的戰績閒坐一年。我的意思是，你們絕不可再害我淪落到這該死的處境，否則我會讓你們為此付出他媽的難以想像的代價。」還有一次，他從廁所拿出一張滿是屎的衛生紙，對著球員說，他們在他眼中就像屎一樣。除了暴粗口，他也對球員動用肢體暴力。一支鬧得滿城風雨的影片顯示，有次練球時，奈特掐著一位球員的脖子。這一切都是為了創造奈特版的堅強不屈。

「軟弱。女性生殖器。質疑男子氣概。」這一切舉動提供我們線索，了解奈特對強硬的實際看法：不可示弱、彷彿推土機剷平所有障礙、利用恐懼控制對方以及樹立權威。一個我們現在稱之為「老派」的作風，稱之「老派」，是希望在粗蠻做法和新派做法之間拉開距離。實際上，老派做法在今天的運動場與表演廳仍是主流。我們對於什麼叫堅強，存在根本性的誤解。而這現象遍存於各領域，絕不止於籃球場。

狼父虎媽的嚴格教養方式

「要求非常高。冷酷與袖手旁觀。控制欲。單向溝通。嚴厲的處罰。」不，這不是在描述奈特的教練手冊，而是四大教養方式之一。

在一九六〇年代，發展心理學家戴安娜・鮑倫（Diana Baumrind）率先分析我們教養子女的方式。透過研究與觀察，她發現教養方式可以根據兩個面向加以分類：回應與要求。鮑倫將「回應」定義為❹「父母透過配合、支持、默許孩子的特殊需求與要求，有意讓孩子培養獨特性、懂得自我調整與學習自我肯定。」換言之，父母如何反應與滿足子女的需求非常重要。例如小孩若輸了球賽，你會溫暖地安慰與支持他們嗎？還是直接狠批他們一頓？

至於「要求」模式，指的是「父母透過冀望小孩成熟、監督、懲戒以及願意正面迎戰不聽話的孩子，要求孩子融入家庭，讓家是一個整體。」換言之，父母對孩子的冀望有多高？可多大程度控制、規範與影響孩子？

鮑倫將這兩個特質繪製成圖，發現多數父母的教養方式分成三大類，與童話故事裡金髮姑娘試躺三張床看看哪張床最舒服是一樣的道理。如果父母的要求程度低、反應程度高，顯示他們對孩子太軟弱，放任孩子的父母會讓孩子為所欲為。如果父母要求程度高、反應低，他們對孩子太嚴苛，屬於專制型父母（authoritarian），對孩子管教嚴格，鮮少關注孩子的需要。

專制型父母不相信孩子會做出好的決定。一切悉數由父母安排，小孩只能乖乖聽話。專制型父母依靠嚇唬、威脅、處罰等方式，確保孩子做出正確決定。專制型父母的典型說法是：「你得做（這個），因為我說了算。」一個針對一千多位父母所做的研究中❺，僅三一％專制型父母表示，他們應該「無條件愛他們的孩子」。說到激勵，他們只會用棍棒，而非胡蘿蔔。

很容易辨識專制型父母。他們一看到孩子投籃不進，立刻不假辭色抨擊；孩子每次考試不理想就搬出禁足令，逼他們在房裡苦讀；**只會制式地建議孩子「多努力」，卻提供不了實質幫助提高孩子成績**。你自認父親的角色是「訓練兒子堅強」，命令他們咬緊牙關接受現實、不准哭、像個大人、永遠不可露出膽怯。即便這些觀念已經改變，許多父母還是認為嚴厲與紀律挺好的，而且缺少嚴管，是美國「走弱」的跡象。根據一項調查，八一％的美國人認為，父母對孩子太軟弱。不僅僅是教練，多數父母也堅信過多的溫暖或支持會讓人「軟弱」。

高期望，也要高支持

並不是說懲處或冀望是壞事。問題是，懲處或建議孩子「要更努力」，不見得會有正面結果。再者，若要求遠超過支持，最終會變成專制型教養模式。**對小孩期望高，同時也高度支持小**

孩，**會出現「恰到好處」的教養模式。**高要求必須同時搭配溫暖與理解。所有父母都會在回應與要求的連續光譜裡，找到自己的位置，並根據情況左右挪移。一旦要求和支持嚴重失衡，問題就會出現。

雖然鮑倫的研究一開始適用於親子教育，但同樣的原則也適用於人與人如何對待彼此。一路走來，我們對於何謂「真堅強」感到非常困惑。**從訓練運動員、親子教育、乃至職場的領導力，我們只看到等號左邊的要求，卻忽略等號的另一邊：溫暖、關懷以及回應他人的需求。**

大眾對「堅強」的刻板印象

「冷酷無情：心變硬、視而不見與充耳不聞、皮厚不怕被抨擊。」就近看看我們常常怎麼形容堅強。我們團隊和組員太「柔弱」，需要「強化」。懇請我們團隊「不要露出軟弱的跡象。」我們浪漫化電影《小子難纏》（*Karate Kid*）的故事情節——在校被霸凌的男主角拜空手道高手學藝，身手變強後開始教訓曾經欺負他的人。青少年體育活動項目中，讓孩子跑操場或是做波比跳，不是為了適應某項專門訓練，而是為了「讓他們更堅強」。打著變堅強的名義，合理化荒謬的做法。在《一直做到身體痛》（*Until It Hurts*）一書中，作者馬克・海曼（Mark Hyman）走訪全美各地的青少年體育俱樂部，發現選手受訓後經常嘔吐，忍受充滿侮辱性字眼的謾罵，以及其他不堪。父母讓十一歲孩子接受訓練至嘔吐的程度，到底是基於什麼理由？「孩子需要嚴厲訓練

才能觸及內心的曲棍球勇士。」❻

長期以來，我們對堅強的定義不脫這樣的想法：最堅強的人皮厚不怕被抨擊、啥也不怕、喜怒不形於色、不讓他人看到脆弱的一面。換言之，他們波瀾不驚、無動於衷。加深我們困惑的做法是，「堅強」往往和「陽剛氣質」與「男子氣概」畫上等號。堅強是永不示弱的心態、需要砥礪與淬鍊、在痛苦與風雨中茁壯。我們的詞彙也頗能反映這現象。例如，我們告訴小孩要「像個男子漢」，或是用更粗俗但常在全美運動場上聽到的說法——「別一副娘娘腔」。又像電影《粉紅聯盟》（*A League of Their Own*）經典台詞「棒球字典裡沒有『哭泣』這兩個字」，一語道盡大家對運動員的期待。

男子氣概深值於我們對堅強的想法裡，你若簡單隨機抽樣身邊人士，詢問誰是堅強的代表性人物，會發現某種形象占據主導地位。十之八九的人會說巨石強森或馮狄索，而非有類似矯健身手的嬌小女性。蠻力、自信、肌肉發達是我們喜歡的堅強模樣，但是正如我們即將看到的，把男子氣概彰顯於外，這種人往往虛張聲勢，其實「最軟弱」。研究一致顯示❼，女性比男性更能默默地消化痛苦，更能反映堅強的真義，亦即堅強建立在實力，而非盲目的自信與吹噓之上。

這種定義放在體育界之外更大的世界，完全行不通。堅強常和冷酷無情以及男子氣概混為一談，堅強等於男子漢以及堅忍。這種老派的看法體現在奈特的教練生涯、專制型父母、冷酷無情魔頭式的領導風格。這種尋找「內在勇士」的迷思誤導大家，誤以為冷酷無情與一味要求是堅強的核心。這觀念是時代的遺物，早期操兵的教官（以及自認是教官的教練與父母）決定我們對堅強的看法。堅強已被扭曲。我們太看重外露的堅強，忽略真正的堅強是內部生出的力量。影響所及，造成嚴重的後果與代價。

你以為的堅強正推你向危險邊緣

在二〇一八年五月二十九日，馬里蘭大學足球隊進行體能訓練，球員來回十趟一百一十碼短跑，到了第七次，十九歲的喬丹・麥克奈爾（Jordan McNair）開始出現極度疲勞的跡象。根據報導，麥克奈爾累得彎下腰，而且抽筋。這並非球員判定他無法再繼續操練的普通疲勞。他的身體抗議已到了極限，尖叫著呼救。但是教練與運動傷害防護員並未讓麥克奈爾停止練習[8]，而是用狠話刺激他，咆哮道「讓他〔髒話〕站起來」，「拖著他〔髒話〕跑完」。錄影帶畫面顯示[9]，最後一次短跑，麥克奈爾被隊友團團圍住，在他們協助下，以近乎步行的龜速完成最後幾碼。麥克奈爾抱怨抽筋後，防護員花了三十四分鐘才扶他離開球場，又過了二十八分鐘才打電話叫救護車。從他完成最後一趟短跑到救護車送他去醫院，中間隔了一小時又二十八分鐘。兩週後，麥克奈爾在醫院過世，死因是中暑。這悲劇一部份歸因於醫療反應，一部份也因為他無法分辨強忍疼痛與實際危險之別。

過去十年來，我們看到愈來愈多運動員死傷，部份是因為誤以為這是在逼自己堅強。橫紋肌溶解症（rhabdomyolysis，簡稱 rhabdo）原本很罕見，病因是肌肉細胞損傷後釋放的產物滲入血流，造成腎臟極大負擔，嚴重時可能引起腎衰竭而死。過去，橫紋肌溶解主要是因為感染或藥物使用不當[10]，而今已變成普遍的現象，病例大增係因極端鍛鍊使然。做不完的伏地挺身、深蹲、波比跳以及其他訓練，目的不是為了改善體適能，而是「考驗」運動員。俄亥俄大學運動管理學教授大衛．里德帕斯（B. David Ridpath）指出，這些鍛鍊的真正目的不是為了讓體能適應某種比賽，稱[11]：「總教練的訓練要嘛加強現有球員的實例，要嘛淘汰一些球員，以便空出一些獎學金名額給新人。受到總教練的影響，肌力教練常會惡狠狠地『訓練』這些球員，逼他們吃苦。」雖然我們可能認為我們的運動成績有了顯著進步，但是以堅強為名的極端訓練仍未停止，也繼續造成傷害。

雖然專制式教養或領導可能不會導致教室或家裡出人命，但研究顯示，這會造成長期的心理影響。**專制式教養會降低孩子的獨立性[12]、行為更有攻擊性、升高濫用藥物與危險行為的可能性**。在體育界，嚴格要求服從命令的專制式訓練，其實也失靈。在比賽場上[13]，這和運動員的意志力低落、情緒耗竭、身心倦怠、害怕失敗等現象相關。

即使在紀律方面，亦即你認為高要求有助於培養高紀律，但這點也沒有達標。一項針對一千兩百多名父母的研究中[14]，專制型教養與孩子行為不當比例大幅偏高的現象相關。甚至在兩者絕配的領域——軍隊，同樣失靈。在以色列軍隊裡[15]，成長於專制型環境的士兵適應與因應軍中生活諸多挑戰的能力，遠不如成長於呵護環境的同齡同袍。專制型風格創造徒有紀律的外觀（陽奉陰違），並未真正培養紀律。

令人覺得諷刺的是，圍繞這種「堅強」打轉的教學、養育與訓練，卻培養出脆弱與依賴性強的個體。一個因為出於恐懼而乖乖聽話的孩子，若父母不在身邊指導他該怎麼做，他會怎麼表現？一個自小被教導依賴恐懼獲得動力的成人，在現實世界得自己獨立作主時，他會怎麼做？一個只在教練對著他咆哮才會逼自己進步的足球員，當他一個人在球場時會怎麼做？答案就藏在某個年輕運動員對於曾受過的處罰所做的反應：「教練把鍛鍊當作處罰，因為他們希望你更強……你開始思考『我得表現得更好，我得更努力，因為我不想被處罰。⑯』這個年輕人更努力，不是因為他想要變得更好、想贏得比賽，也不是為了一些內在因素，而是因為不想被處罰。這是我們想傳達的訊息。

宣稱老派模式是培養堅強的不二方式，就像宣稱讓孩子學會游泳的最佳方式是把他扔進泳池較深的那一頭。對某些人，這方式確實有效。但對許多人，這是災難。還有更好的方式讓每個人都能學會真堅強的必要技能。

重新定義「堅強」

問題是：冷酷無情的訓練只是讓小孩與運動員學會因應恐懼與權威。我們逼自己克服不適，因為我們想到有人會高高在上對我們咆哮，或是預想萬一失敗，可能面臨處罰。我們已習於把外在因素看得比內在因素還重要。我們認為，裝出堅強的樣子（「我什麼也不怕！」）比如何克服困難更重要。一旦少了嚇唬、權威、控制等外在因素，我們的「堅強」只剩空殼子，失去應對逆境的必要技能。老派的堅強觀給了我們一把鎚子，希望我們一路披荊斬棘克服難關。但是老實說，堅強不等於冷酷無情。

長期以來，我們把堅強與陰險狠毒混為一談。我們犯了奈特與專制父母的錯：把呈現在外的堅強和實際擁有堅強混為一談；把冷酷無情和灌輸紀律混為一談。實際上這些都是假象。

假堅強很容易辨識。奈特打著「紀律」的名義，喪失自制力、脾氣暴走。他的權威只是表象，背後沒有實質基礎。假堅強另一特徵是喜歡找人幹架與碾壓別人。這種人愛在健身房挑釁他人；在網路留言板匿名貼文，一副自己是打不倒的硬漢；他們是學校惡霸；他們是在公司靠著對部屬咆哮掩飾自己欠缺安全感的主管。是狠操選手讓他們經常受傷或生病的肌耐力教練。是習慣憎恨「他人」的人，因為憎恨比正視自己的痛苦與磨難容易許多。是混淆要求順從與紀律之別的父母。是錯把控制當成尊重的教練。以及我們中絕大多數的人，把顯現在外象徵堅強的符號（行為）誤認為是內在的信心與動力。我們被如下假堅強所騙，信以為真：

- 因為管控與權威而堅強。
- 因為恐懼而變堅強。
- 因為沒有安全感。
- 看重外在甚於實質。

然而我們現在進入全新的時代，崛起的新興科學與心理學針對堅強克服挑戰提出截然不同的定義。不管在運動場、教室、還是會議室，堅強與韌性並非盲目地使力對抗逆境，或是誤以為懲罰自己、吃苦受苦才有收穫。真堅強是消化不適或挫折、勇敢向前、保持專注力、以及先靜觀其變，謀而後動。真堅強是保持清晰的頭腦，然後做出明智的決定。真堅強是克服不適並盡你所能做出最佳決定。研究顯示，這種真堅強比舊式的堅強更能得到你想要的結果。

真堅強遠比假堅強還難。了解什麼是堅強，我們可以看看另外一位成功的教練。他允許球員做自己，肯定「他們看世界的方式」。他鼓勵冥想與瑜伽，當球員在會議上激辯，他會解散會議，改玩擲環遊戲。「他從不負面，也不咆哮。他找到辦法，把錯誤變成正能量。」[17]

皮特・卡羅爾（Pete Carroll）不是聖人；他是美式足球教練。他在一九九〇年代丟掉NFL總教練的工作後，不再模仿別人的做法，決定走自己的路。也許聽起來他是個隨和的好好先生，是「與球員亦師亦友的教練」，對待球隊很「柔軟」，但他是美國史上既帶隊抱回全美大學美式足球賽（NCAA）冠軍又拿下超級盃的唯三教練之一。他也相信堅強的力量。

卡羅爾當然希望球員能堅強完成比賽，但是他認為，堅強不能只靠紀律，還得仰賴其他很不一樣的東西：**包括讓球員保持專注力的內在動機；樂於擁抱挑戰；如果事情發展不盡如人意，能夠重新振作；來自於毅力與熱情**。卡羅爾並不迴避讓球員做困難的事。他熱愛挑戰，宣稱要贏，球員得「不斷挑戰自我」。但是他體認到，教練必須提供球員因應逆境的能力。他對美國體育消息網站「看台報告」（The Bleacher Report）表示：「教導球員如何保持足夠的自信[18]，相信他們已做好該做的準備，相信自己做得到，然後登場，放手去做。」

卡羅爾努力培養真堅強——**自動自發取代一個口令一個動作，內在實力取代虛有其表，隨機應變的靈活性取代嚴厲鞭策，內在動力取代迫於恐懼不得不為，安靜的自信取代不安全感。**

現在該是時候擺脫靠強硬、權威以及征服等借用戰鬥比喻的領導模式，不妨參考一下唐恩．舒拉（Don Shula）、比爾．沃許（Bill Walsh）以及東尼．鄧吉（Tony Dungy）等美式足球聯盟（NFL）史上最成功教練的方式。在籃球界，可取經約翰．伍登（John Wooden）、迪恩．史密斯（Dean Smith）、布萊德．史帝文斯（Brad Stevens）或是麥可．德安東尼（Mike D'Antoni）。這些人分享他們收到球員回饋後的處理方式，「我們以正向積極的態度回應。」正如《體育界的自我vs.靈魂》（*Ego vs. Soul in Sports*）作者肯恩．瑞德（Ken Reed）總結道：「體壇每出現一個文斯．隆巴迪（Vince Lombardi）或巴比．奈特，我就能給你另一個同樣成功（如果不是更成功）走人本主義路線的教練……儘管伍登、舒拉、鄧吉、史帝文斯等人成就非凡，但是我們社會讓我們習慣性地認為，專制型教練比較厲害，能交出更棒的戰績。這是迷思、是惡性循環。[19]」

此外，這不僅僅是理論；還有科學做後盾。在二〇〇八年，華盛頓州東部的研究員開始探索領導風格和培養堅強性格之間的關係[20]。研究近兩百名籃球選手與他們的教練後，研究員的結論是：「研究結果似乎顯示，培養堅強心性的『鑰匙』不是專制、獨裁、壓迫的領導風格。弔詭的是，關鍵似乎是教練是否具備能力，營造看重信任、包容、謙虛與服務的環境。」

真堅強需要教練與父母提供選手與小孩因應逆境的工具，它需要被教導。假堅強的特徵包括不堪一擊、出於害怕而反應、壓抑感受，以及不管面對什麼情況或命令，受到鞭策或施壓才前進。真堅強鼓勵我們配合而非對抗自己的身心。真堅強會面對現實，思考自己如何因應，把回饋當作指引我們的訊息，接受浮出的各種情緒和思緒，想出一系列靈活的方式因應挑戰。堅強是給自己空間，在逆境與挫折中做出正確選擇。

無論這些不適是來自焦慮、恐懼、痛苦、不確定感、還是疲勞，真堅強的人會釐清問題再設法克服。真堅強不是推土機，不分青紅皂白，一路輾壓強行前進。真堅強是領航員。有時這意味劈波斬浪、繞道而行、屈服（船沉）或是靜待障礙消失。若把真堅強視為在逆境中先謀而後動，就能看清真堅強不僅是光有勇氣地吃苦耐勞，而是能積極改變對不適的看法、承受與反應方式。在變堅強的路上，每一步都需要不同的技能與方法，需要許多工具，不是光靠一把鐵鎚而已。

面對不適，真堅強開啟的是領航員而非推土機模式，這並非全新現象。例如，軍方的縮影不外乎嚴格要求士兵服從紀律、做個鐵錚錚的男子漢、絕不可示弱等等。但實際上，過去數十年來，軍方努力落實真堅強的模式，並不斷精益求精。就像一味要求子女努力卻袖手旁觀的父母，**我們也只知道當個操兵的教官，卻忘了提供選手訓練與支援。**

真堅強是消化不適或挫折、勇敢向前、保持專注力、以及先靜觀其變，謀而後動。真堅強是克服不適並盡你所能做出最佳決定。

我的經驗

起跑線上有七個人。其中六個人穿著加州大學柏克萊分校藍金色的校服，我是唯一一位穿著休士頓大學紅白色校服的選手。我們站成一排，準備參加唐恩．鮑登一英里賽。在一九五七年，當年二十歲就讀加州大學經濟系的鮑登（Don Bowden），超越難以突破的障礙，成為第一個在四分鐘內跑完一英里的美國人。五十年後（二〇〇七年），我們七個人摩拳擦掌，期望締造一樣的壯舉。

裁判鳴槍，我衝出起跑線，把自己擺在第三名，跑在指定兔子的後面（兔子指的是馬拉松的領跑員或配速員，跑完一段距離後退出比賽）。在這麼小的場地比賽，戰術很簡單：緊跟著前面的人，這樣就能盯著前面選手的背不放，並關掉大腦。然後剩下一圈多一點時，我重新收回心思，靠著心耐力（metal strength）撐過即將出現的痛苦和疲憊。

參加任何一場跑步賽，前半段想愈少愈好。思考只會浪費精神。在長跑賽的前半段，不會出現贏家；出現的只有輸家。減少思考意味減少憂慮即將到來的痛苦或不安，減少懷疑自己可能無法全程維持該有的配速。我們每個人都有不同的方式因應緊繃的大腿肌肉、快炸開的肺部、以及擔心體力可能無法跑完全程。經過數十次參賽磨練出來的心得，我的因應策略是，在真正開始加速之前，可以走走神、讓腦子天馬行空。我這是在儲存精神能量，因應最後一圈會出現的不適與難關。

六十秒內咻地跑完第一圈。我唯一的想法是「跟上節奏」。四分鐘一英里（一．六一公里）的比賽幾乎用不到數學運算——這對跑步時缺氧的大腦是不錯的額外獎勵。即便是簡單算術，例如計算四圈要花多少時間，在這種高壓下都會變得出奇困難。四圈，每一圈都在六十秒以內，獎項就會歸你。我們跑完半程時，一位教練在內場喊道：「一分五十九秒⋯⋯兩分鐘。」一切都按著計畫進行。我的心很平靜，也非常專注。是時候停止自動駕駛模式，檢查油箱還剩多少，確定自己能否順利著陸。

每一個跑者都有自己獨特的疲憊症狀，一如撲克牌玩家的小動作或表情會透露線索。有些跑者會出現呼吸困難，大口吸著急需的氧氣。有些人是身體透露徵兆：肩膀微微隆起，大幅擺動雙臂，或是因痛苦而扭曲的臉。疲憊讓我們無所遁形，即便最堅忍、最吃得了苦的跑者也會露出蛛絲馬跡。每個跑者清楚自己的情況，如果你和對手同台次數夠多，也會漸漸了解他們的情況。在你前面的跑者若身體開始稍稍向後傾斜，你知道他們已經無法控制核心肌群。或是手臂開始擺動得更厲害，你知道他們的腿已經不聽使喚，只好由手臂代勞。疲憊暴露我們的極限與臨界點。

在這之前的數百場比賽，我的腿一直是我的弱點。疲憊這個老朋友老是在田徑場上宣告它的存在。反觀我的呼吸則是可靠的老友——有節奏、緩急恰到好處、在可控範圍內，即便身體其他部位已開始失控。有時我會利用這點替自己加分，在比賽中途說一兩個簡短的字，希望對手被我愚弄，誤以為我的體力優於實際情況。

在一英里（一六〇九米）比賽進行到九百米時，我首次感覺到身體不對勁：感覺脖子緊繃有壓力，出現奇怪的呼吸，一種幾乎是大聲的喘息，彷彿喝水不小心被嗆到。我內在的專注力四分五裂；我努力保持自動駕駛模式的思緒立刻進入行動模式，彷彿駕駛艙的警報器響起來。「怎麼回事？哪裡出了問題？為什麼呼吸這麼用力？這太快出現了。我的雙腿感覺還好啊。你完了。你才完成近一半的距離。這下沒戲唱了。」我平靜的內心旅程亂了套，分崩離析。

我努力對抗內在的恐慌，腦中快速播放我在這十年跑步生涯磨出的所有技巧：把比賽分成可管理的區塊、忽略疲憊、堅持下去。我對這種比賽並不陌生。驚恐、失常、抓狂是比賽的一部份。有那麼一刻，這招真的派上用場。我低下頭，下定決心咬牙撐過剛剛經歷的一切。畢竟我很堅強。我心想，這正是我能夠走到今天的原因。堅強。場上最後一位領跑員即將退場。我緊跟在第一名跑者的後面。距離榮耀還有一圈半：我可以堅持下去。

接著跑了不到一百米，我內心開始吶喊：「我無法呼吸，這是怎麼回事？我吸不到空氣！」每次試著吸入空氣，換來的都是大聲喘息，彷彿呼吸道被東西塞住。我移到跑道內側，突然停下步伐，把頭往後仰，似乎想藉此打開呼吸道，接著不支跪地。經過一陣兵荒馬亂，好像有人將手伸進我的喉嚨，取出異物。我記得那時還在想：「那到底是什麼東西？」

作為一名跑者，我一直為自己的「堅強」感到自豪。中學期間，幾乎每次比賽結束都會嘔吐，因而臭名遠播。嘔吐是因為把自己逼到筋疲力盡的地步。我在大學的教練泰瑞莎．福庫（Theresa Fuqua）有天跟我說：「你跑步時把自己繃太緊了。我從不擔心你努力與否的問題；只是你的身體是否會按照你那天的想法，表現得如你所願？」才不過短短幾秒，我的身體從聽我指揮到不聽使喚。*

接下來的一年，我一直想知道當天到底是怎麼回事。經過十多次檢查，包括照喉鏡、做心臟超音波、以及在醫師診間接受一系列跑步機與飛輪的體力極限測試後，終於得到一個診斷結果。我在全美看了將近半打的專科醫師，結果一位研究眼光獨到以及專治疑難雜症的過敏專家找到答案。史帝芬．麥爾斯（Stephen Miles）醫師診斷我是聲帶功能障礙（VCD）。

聲帶位於喉部，具有發聲（一如其名）以及呼吸的功能。當你吸氣時，聲帶會左右打開，呼氣時，會關閉一部份空間。聲帶也有第三種功能——保護。關閉是為了保護下呼吸道，以免異物誤入。聲帶打開或部份關閉幾乎完全是反射動作，不需要思考，只是打開、關閉、打開、關閉。對於VCD患者而言，就是這個過程出了問題，聲帶瓣膜發生故障，在該打開時卻關閉，亦即在吸氣時會塞住呼吸道。至於為什麼會這樣？目前的理論是，聲帶反應過度，動不動就準備關閉，就像喜歡亂開槍的警衛，一覺得有什麼風吹草動就扣下板機。

自主神經反射異常。像我這樣嚴重的病例，會導致無法吸氣的不愉快感。恐慌、恐懼、焦慮經常伴隨這種身體症狀。VCD患者經歷無法呼吸的陰影後，恐懼只會更加嚴重。

到底是什麼原因導致聲帶開闔失常？這麼一個每天為數十億人服務、大家習以為常的機制為何會停止正常工作？美國胸腔協會（ATS）指出「強烈情緒」與壓力是造成發病的誘因[21]。其他研究員指出，喉部對刺激反應過度[22]，以及神經系統活動異常，兩個因素導致身體透過關閉聲帶因應壓力源（無論是心理壓力還是身體不適）。在跑道上，「驚恐、失常、抓狂」都是正常反應，我們要嘛努力克服，要嘛讓自己放慢速度，但是別人的正常反應，到我身上卻變成徹頭徹尾的災難。

接下來數年，努力弄清楚怎麼回事之際，跑步這項我自小到大擅長的運動，很大程度定義了我對自我的價值，而今卻令我害怕。我知道跑步是邁向成功的途徑（因此不斷鞭策自己，直到嘔吐跑不動為止），看來這方式適得其反，讓問題更嚴重。為了繼續從事我熱愛的運動，我得找出新對策。我須學會放鬆、保持呼吸、穩定頸部、控制思緒，這一切都得在不適與疑慮最嚴重的時候發揮作用。這本書從我不支倒地開始，接下來我開始苦思堅強的意義，明白該如何駕馭常會失控的內心世界。這個過程不僅讓我能再次參加比賽，也很快發現，同樣的方式亦可應用在橢圓形跑道以外的領域。

如何閱讀本書

跑步是貫穿全書的主線，理由如下。如大家所知，跑步是我再熟悉不過的運動：我自己跑

* 加州大學跑者大衛．托倫斯（David Torrence）在這場比賽跑出佳績，第一次成功跑出四分鐘內完成一英里的極限。他後來繼續參加二〇一六年奧運，隔年不幸過世。大衛是這項運動最傑出的選手之一。那場比賽現在回想起來，之前覺得是不忍卒睹的記憶，而今卻滿懷感恩。感謝能和後來成為好友的他一起在田徑場飛奔，感謝大衛對全球發揮積極的影響力。請安息，大衛。

步，也當教練，還研究跑步。但更重要的是，這是一個人的運動，必須自己一個人面對關卡與挑戰。跑步和類似的耐力運動是研究堅強的絕佳素材與背景。如果你不是耐力運動員，也不要失望：**我們訴求的對象遠超過運動員，得出的原則亦適用於廣大領域，從育兒、如何面對悲傷、乃至管理與領導皆宜，無論你面對的對象是六歲還是六十歲。**

本書的心得部份出自和職業菁英運動員合作的經驗。此外，合作取經的對象還包括職場的高階主管與實業家，並囊括認知心理學、神經科學、生理學等領域的最新研究。雖然體育可提供許多例子，但有關堅強的心得適用範圍遠超過運動場。我在這趟旅程學到的經驗與心得簡單明瞭：我們根本性地誤解堅強的意義。**堅強並非保留給天賦異稟人士的一項特質，而是所有人皆可得之。只不過我們多數人困在本章點出的老派心態，抱著錯誤的框架摸索，才不得其門而入。**

本書網羅許多平凡小人物的實例，他們展現巨大的內在力量，拒絕擺出完美與堅強的門面，而是靠著同理心、勇氣、感恩等特質，讓我們看到他們與別人的細微差異，以及人有多複雜。誠如播客李奇·羅爾（Rich Roll）對我總結他訪談數百個對象後的心得：「每個人的生活都會遭遇逆境，沒有人躲得了障礙。」如果要面對障礙，不妨找出駕馭與克服他們的最佳辦法。

真堅強的意義不在於幫助你解決痛苦或提高表現；而是讓你變得更健康、更開心。善用真堅強的原則，你將學會準備、溝通、因應等工作、最後超越不適。真堅強會幫助你走出紛爭、處理情緒、當你瀕臨崩潰邊緣時重掌人生的方向盤。

接下來的章節將帶你了解真堅強的四大支柱，讓你擁有克服一切障礙的工具箱。

- 支柱一：承認困難，擁抱真實。
- 支柱二：傾聽你的身體。
- 支柱三：冷靜回應（respond）取代直接反應（react）。
- 支柱四：超越不適。

但是首先我們得深入了解哪些地方偏離了軌道。為什麼許多人仍採納奈特以及專制型父母奉行不悖的堅強模式？為了往前邁進，我們得先了解為什麼多數人把堅強的基礎建立在表面上。

第2章

魔鬼訓練真的有效嗎？

訓練不是把人擺在困境，逼迫他們應對逆境。
而是教導他們如何克服即將面臨的不適與難題。

在一九五四年，德州農工大學（Texas A&M University）根本不是今天這樣資金充裕、運動風氣盛的大學。當時它是間又小又不出名的鄉間大學，俗稱「乳牛大學」，一間固守過去傳統的男校。正如當時一位學生的評語[1]：「校園看起來有點像監獄。」因此足球教練保羅．布萊恩（Paul "Bear" Bryant，綽號大熊布萊恩）決定離開肯塔基大學（University of Kentucky），改到德州農工大學任教，不僅大家對此覺得意外，也讓農工大學剛起步的足球隊燃起一絲希望。布萊恩一踏入農工大學，知道一些東西得改變，就從季前訓練開始吧。

一九五四年夏天，布萊恩與球隊近一百位球員出發前往德州小鎮賈克申（Junction），小鎮位於奧斯汀以西一百四十英里處，或者更正確地說，位於荒郊野外，前不著村後不著店。球員們個個迫不及待，四分衛艾爾伍德・凱特勒（Elwood Kettler）憶及大家當時的心情❷：「那裡應該有游泳池、如茵的綠地。我滿心期待……心想應該會像渡假。」布萊恩卻有其他想法，他決定讓球隊變強❸，「區分誰該汰、誰該留」，並釋出消息，聲稱農工大學正在醞釀轉型。賈克申訓練營為這項轉型工程提供絕佳寫照。

布萊恩後來寫道❹：「營區設施非常讓人搖頭，光看一眼，就讓你氣餒。」練習的場地也沒有好到哪兒。丹尼斯・格林（Dennis Goehring）數年後回憶道❺：「那不是足球場，根本什麼場地都稱不上。」一波熱浪，加上德州山莊郡（Hill County）出現有紀錄以來最嚴重的乾旱之一，重創賈克申。訓練十分慘烈❻，米奇・赫斯科维（Mickey Herskowitz）在《休士頓郵報》（*Houston Post*）寫了篇報導，稱：「他們進行一場完整比賽，結果球員吐得一塌糊塗，全場到處是嘔吐物。」

訓練日子慢慢過去，球員人數不斷下降，報紙甚至做了統計。《華盛頓郵報》（*Washington Post*）的標題寫道「第六名球員退出德州農工大學球隊」❼。當時一位巴士站站務員羅伯・羅伊・史皮勒（Rob Roy Spiller）憶道，球員拚了命想逃出這個地獄般的訓練營。當球員走進巴士站，斯皮勒問他們：「今天早上你們想去哪裡？」大家千篇一律回道：「隨便，只要能盡快離開這裡。[8]」為期十天的訓練營結束時，根據大多數人的說法，還剩二十七至三十五名球員，近七十名球員退出。吉恩‧史托林斯（Gene Stallings）在吉姆‧丹特（Jim Dent）的經典著作《賈克申男孩》[9]（*The Junction Boys*）中直言不諱總結這次淘汰賽的結果：「我們搭了兩輛巴士出去，回程時只剩一輛。」

布萊恩後來在阿拉巴馬大學奠定大學足球隊傳奇教練地位，拿下六個全國冠軍盃，是史上最受推崇的教練之一。他被阿拉巴馬大學網羅之前，做到了他的承諾，讓德州農工大學成功打入全國賽，在一九五六年取得九勝〇敗的戰績。賈克申男孩訓練營是球隊邁向成功的關鍵，成功改變一支沒落球隊的文化，也培養一群能夠克服一切障礙的核心球員。一九五四年在球隊擔任全衛的鮑伯‧伊斯利（Bob Easleg）道出一切：「經歷十天地獄般的訓練，進來時還是男孩，走出去已是男子漢。[10]」活下來，未來才會精彩。

「賈克申男孩」的故事成為各地教練與球員的樣本。儘管嚴酷，但是地獄式訓練換來令人振奮的成績。若要球隊登頂，得汰弱留強，並磨礪留下的球員。鍛鍊與磨練是成功的祕訣。賈克申男孩的故事變成暢銷書、改編成ESPN電影，廣為傳頌。這是我們一直奉為圭臬的勵志故事，是培養堅強意志的藍圖。

但是賈克申男孩（約三十多名球員撐到最後）在一九五四年那個賽季的表現如何？第一場比賽以九：四十一遭到德州理工大學碾壓。接下來的賽季成績也沒有好到哪兒，一勝九〇。家喻戶曉的神話往往忽略德州農工大學球隊在那個賽季的糟糕表現，只關注兩年後傲人的成就——九勝〇負。賈克申男孩訓練營作為由衰而勝的轉捩點被寫入史冊，但大家都不提只有八名從魔鬼訓練營倖存下來的賈克申男孩[11]，兩年後還繼續效力德州農工大學球隊。

> 約翰・大衛・克羅（John David Crow）一九五七年拿下海斯曼獎盃（Heisman Trophy），是德州農工大學這支不敗球隊的骨幹，不論是進攻達陣或是傳球碼數都領先全隊。克羅是賈克申男孩之一，但是一九五四年他還是大一新鮮人，沒資格與球隊一起前往營地集訓。那麼這支不敗球隊的明星四分衛呢？吉姆・萊特（Jim Wright），另一位沒去賈克申營地的大一新生。查理・克魯格（Charlie Krueger）這位明星防守截鋒呢？也是同樣的際遇，他待在家裡[12]。數年後，在布萊恩掌兵符期間的球員之一艾德・杜德利（Ed Dudley）總結道：「我們〔一九五四年〕的大一新生拿下美聯（AFC）冠軍。[13]」

在賈克申訓練營倖存下來的八位球員扮演關鍵角色，但是農工大學的另一個突破也不能漠視——他們物色績優股球員。透過布萊恩的手腕加上學校打破招募規則，農工大學添了幾位優秀新血，壯大球隊核心球員的陣容。布萊恩在回憶錄中寫道[14]：「第一年挑戰重重。我們很難招募到球員到農工大學，我知道有些校友出去後，收買了一些球員。」選手愈優秀，意味球隊戰績也會攀升，至於教練用什麼手段招兵買馬，似乎不是重點。

雖然布萊恩的魔鬼訓練方式成為體壇的傳說，被奉為培養堅強的圭臬，但實際上絕非如此。賈克申訓練營的重點不是培養強悍的球員，而是「區分球員的好壞與優劣」，但就連這點似乎也沒做到。布萊恩不按牌理出牌的風格，導致一流的新人、未來的NFL球員、甚至未來的戰爭英雄，紛紛退出求去。其中一人是入選西南聯賽（SWC）明星球員的佛瑞德．布魯薩德（Fred Broussard）[15]，後來更上一層樓在NFL打球。另一位是喬．波林（Joe Boring），他離開美式足球隊，轉而加入棒球校隊，帶領農工大學奪下西南聯賽冠軍。

我們忍不住想說留下的倖存者比較堅強，但這說法過於簡單。例如佛斯特．提格（Foster "Tooter" Teague）[16]，據當年報紙報導，他因傷而離開訓練營，後來效力海軍，在越戰期間，駕駛F-8與F-4戰鬥機，成為出色的捍衛戰士。攤開他的簡歷，一長串豐功偉業，包括獲頒銀星勳章、指揮小鷹號航空母艦，獲選加入最高機密計畫成為蘇聯米格戰鬥機的試飛員。像提格、布魯薩德、波林這樣有天份的球員之所以離開訓練營，並非他們無法應付。不管是因傷或是為了其他更重要的事而離開訓練營，總之在又熱又乾的環境下盲目地忍受各種訓練，對他們已喪失吸引力。**離開不代表他們內在脆弱，一如超時工作卻只能賺到最低工資的雇員決定辭職另謀更好的出路，他離職不代表他內在脆弱**。

那些堅持留下來的球員呢？他們留下不是因為天生堅強或堅毅，多數人是因為沒有其他選擇。傑克．帕迪（Jack Pardee）說出自己以及其他同樣咬牙留到最後一刻的人的心聲[17]：「我從來沒想過要退出……如果我退出，我能去哪裡呢？」跑衛巴比．德瑞克．凱斯（Bobby Drake Keith）做出最佳結論：「很多人表示，堅持到底的人比較堅強或是條件較好之類的。但是我認為，我們多數人之所以撐下來，因為足球對我們很重要，所以自然而然為了能留在球隊與學校，盡我們所能完成被要求的一切。不被淘汰是我們的本能。[18]」

成功的因素相當複雜。我並不是說，布萊恩在諸多方面不是偉大的教練或老師，但是說到培養堅強心性，我們必須問問賈克申訓練營到底算不算成功。它實現了布萊恩當時的願望：改變訓練計畫之後，開始淘汰球員。但是真的培養出球員堅強的心性嗎？從那年的比賽斬獲（或是毫無斬獲）看來，並非如此。如果說訓練營確實培養了球員堅強的心性，充其量也只對三分之一的球員有效罷了，在其他三分之二的球員身上並未見效。**猶如把球員當雞蛋對著牆壁扔，看哪些雞蛋不會破。**

時代在進步，已不適用這種舊模式，就連布萊恩也有同感。賈克申營地倖存者在二十五年後的重聚會上，布萊恩向球員道歉，坦言他虐待大家。他在多年後表示：「如果是我，應該會退十多次吧，但他們死也不放棄。我不知道自己這樣做對不對，但那是我知道的唯一方式[19]。」

布萊恩把「接受極端考驗」和「追求成功」畫上等號，這做法自古至今一直存在。布萊恩和賈克申男孩的故事為堅強模式打下基礎，為一整代人如何定義堅強提供制式標準，可以說，是達爾文式適者生存這種堅強的始祖與原型：這種版本的堅強出現在全美各地的家庭裡以及運動場上。淘汰弱者；留下強者。活下來，未來才會精彩。至於沒能成功通過考驗的人，好吧，可以改做一些更容易的事。不准喝水、一直走到嘔吐、讓球員變堅強、皮變厚。一種馬基維利式「為達目的可不擇手段」的概念。

我們怎麼會弄錯堅強的定義？

布萊恩成為足球教練之前，曾在二戰期間服役於海軍。我們對軍事化訓練的普遍想法和賈克中訓練營的做法，竟驚人地相似。但說來真夠諷刺，就連這點，我們也弄錯了。實際上，軍方不會使用新兵訓練營或類似的鍛鍊讓士兵變堅強。沒錯，軍方確實站在培養堅強心性的第一線，只不過採用的方式與大多數人的想像有出入。我們該學的沒學到。

美國海軍特種海豹部隊設計一個名為「地獄週」的訓練，目的不是鍛鍊士兵培養堅強心性，而是區分哪些人能在苦不堪言的戰爭中活下來——看看誰能應付即將面臨的壓力；看看誰在散兵坑裡能順利完成使命。**在體育界，我們誤把區分當作培訓，不幸的是，我們在運動場外也犯了同樣的錯誤。**我們誤以為軍方對士兵分類是培訓，忽略軍方所謂的培訓，實際上是培養士兵如何在極端逆境中保護自己，讓自己活下來。**老派的堅強模式，本質上是把人直接扔進游泳池，卻忘了先教會他們游泳。**

面對極端壓力，我們會陷入奇怪的狀態，感知會改變、記憶力會下降、無力採取任何行動。我們所說的極端壓力，不是上台報告時讓人緊張的壓力，而是身心備受煎熬的那種壓力，例如參戰的士兵、面對浩劫的緊急救難人員、身體遭到凌虐的創痛等等。心理學家把這種經歷稱為「解離」（dissociation）。

解離是一種抽離感，彷彿你的大腦按下退出鍵，退出當下所在的世界與當下的感受。**解離**

可分三大類：失憶、自我感喪失（depersoanlization，像局外人在看自己）以及現實感喪失（derealization，從周遭環境抽離）。我們的感知改變；遺忘、置身事外、感覺什麼也做不了。這是一種極端非自主的保護機制，為了求生存使出的最後一招。當你面臨生死攸關時刻，自己以及周遭人的福祉都取決你的行動時，這時解離絕非你想要的狀態，然而這正是士兵面臨的困境：面臨高壓卻必須行動。我們習慣性地認為，有經驗的士兵強大、堅忍、堅強，這也難怪啦。不過研究顯示，面對極端壓力，九六％士兵會出現解離症狀。六五％有經驗的士兵表示[20]，「不記得發生什麼事」。受訪的九十四名士兵中，僅兩人例外，剩下九十二人都說：「看周遭的世界彷彿被蒙上一層霧。」這些可不是戰鬥與求生存時，你想要的體驗。

雖然幾乎所有士兵在類戰爭的極端壓力下對周遭世界的感知力彷彿被蒙上一層霧，但並非每個人都深陷解離之苦。有些士兵即便在極端壓力下，也能全神貫注、保持冷靜、清晰地思考以及保持認知正常作業。迷霧依舊存在，但他們能找到辦法走出迷霧。對士兵而言，這種能力不僅攸關自己生死，也攸關整個中隊的生死。美國軍方亟需這種能力的士兵，但是要如何訓練？

生存、躲避、抵抗、逃脫訓練

在二十世紀上半葉，生存訓練相對簡單直接。學習若遇上飛機墜毀該怎麼做；在極端惡劣條件下如何求生存；以及一旦被俘，如何盡可能保命。直到韓戰期間，戰俘大量死傷後，生存訓練才開始講究戰術。在一九六一年，空軍率先開設生存訓練學校，海軍與陸軍不久也跟進，於是生存、躲避、抵抗、逃脫（SERE）訓練計畫誕生。

生存訓練包括三個關鍵階段：課堂培訓、躲避和囚禁。後兩者最受關注。躲避訓練會把士兵丟到荒郊野外，並對士兵下達明確任務：躲避裝扮成敵人的教官，並在荒郊活下來。當士兵開始習慣怎麼覓食，卻被俘、蒙上雙眼、然後丟到牢房，接受最後階段的訓練。在多數被保密的戰俘模擬訓練中，士兵被關在牢房，定期遭受身體和心理的折磨。一位前海軍飛行員表示[21]，他得忍受牢房角落裡一直響不停的擴音喇叭，稱：「薩克斯風的魔音穿腦，讓人頭皮發麻。接著是魯德亞德・吉卜林（Rudyard Kipling）用詭異的聲音一遍又一遍朗讀他的詩歌《靴子》（*Boots*）。」在牢房關禁閉期間，不時會接受審訊，包括被塞進箱子或忍受其他形式的酷刑，以及被勸降，只要吐露機密便可重獲安全與舒適生活。

囚禁是SERE訓練的一部份，親身經歷過的人對它感到害怕，聽過的人浪漫化了它。無論如何，這種經歷非常逼真，絕非只是演戲，你打心底相信，自己命在旦夕，很大程度上，這對培養韌性是有效的。不過大家往往忽略第一階段才是SERE訓練的獨到處，旨在培訓而非區分優劣。

被丟到荒野之前，士兵已受過訓練。SERE的第一階段是課堂學習，包括一系列的授課，提供士兵必要的生存、躲避與抵抗的技能。美國空軍的SERE操作手冊有六百五十二頁[22]，涵蓋的內容不一而足，從生存的心理學面向，乃至醫學知識、偽裝方式、生火技能、一直到是「河道水力學」等，族繁不及備載。心理學部份包括如何處理無聊、孤獨、絕望、喪失求生意志與其他二十多種疾病。換言之，SERE的目標是透過訓練，讓你對於即將面臨的困境預作準備，一切訓練都在你踏入森林或被關進模擬戰俘營之前。

事前訓練的重要性

但是SERE最後兩階段抵抗、逃脫的訓練，不是類似賈克申男孩訓練營嗎？**前者的魔鬼式訓練目的不是逼你失敗。而是讓你為可能面臨的實況預作準備。**SERE訓練根據壓力預防接種的概念。**如果事先讓即將面臨高壓的人「注射疫苗」，他們能更妥善地面對困境。**第一步不是把人直接丟入高壓的深淵；而是教導他們學會因應這種情況的必要技能。不先教導技能，就讓他們直接進入第二階段（受困於折磨人的環境中）自生自滅是沒用的。壓力預防接種的核心概念類似真正的疫苗接種：不希望壓力（病毒）強大到讓系統不堪重負而崩潰。

SERE只是開始。在二十世紀下半葉，軍方意識到強迫士兵吃苦耐勞是不夠的。教練大熊布萊恩的魔鬼式新兵訓練營能成功分出優劣，但師資差。在一九八九年，美國軍事學院（慣稱西點軍校）成立了「表現精進中心」（Center for Enhanced Performance），專注於教授學員如何設定目標、學會積極的自我對話以及做好壓力管理。不久之後，陸軍之外的其他軍種也成立心理技能輔導，最後推出十多個提高心理素質與韌性的專案。截至二〇一八年，美國陸軍是聘僱最多運動心理學家的雇主[23]。

在二〇一四年，智庫蘭德公司（RAND Corporation）被委以重任[24]，得回答以下這個重要問題：「空軍是否盡其所能，讓戰場上的飛行員做好準備，足以在壓力下成功執行任務？」評估近十二種讓飛官做好壓力準備的方式中，有兩項高居建議清單的前兩位。首先，強調能提升表現的核心技能，包括自信、目標設定、情緒控制、發揮想像創造心理圖像、自我對話、間隔化（compartmentalization）、基礎心理技能等等。其次，確定士兵暴露於壓力之前，已精通上述技能。換言之，你得先教導他們這些技能。甚至聲名顯赫的海軍海豹特種部隊在二〇〇〇年代初期也認識到這點的重要性[25]，因而開設課程，訓練準隊員如何「監控自己的心理表現，學會最大化自己內在韌性的技巧。」

研究與實務給了明確答案。除非學員掌握駕馭環境的必要技能，否則壓力預防接種也起不了作用。運動心理學家布萊恩・祖勒格（Brian Zuleger）告訴我：「口頭勸大家放鬆是沒用的，除非你教導他們能確實放鬆的技能。」心理力量也是一樣的道理。傳統上靠著磨練肉體培養堅強心性，如果學員身體變強，你至少成功一半。你得先教他們技能，他們才會善用技能。**直接把人丟到水底是行不通的，除非他們先學會游泳的基本技能。**

真堅強是第二道防線

讓我們進一步剖析壓力疫苗的類比。如果你不為自己終須得面臨的壓力預先接種疫苗，會發生什麼事呢？一如每年的流感疫苗，如果醫師與科學家選錯了流感病毒，在疫苗中加入只對今年版的流感有部份免疫力的病毒株，你是不是會倒楣注定變成重症、甚至賠上一命？當然不會。因為你有第二道防線：你的免疫系統。健康強壯的免疫系統可以對抗許多事先不太能辨識或人體不具抵抗力的流行病毒。人體的免疫系統會對抗任何外來入侵者，一旦發現「異己」，會啟動一般性反應（general response）。另外，免疫系統的特化細胞（specialized cells）也會針對某特定病原體做出適應性反應（adaptive response）。適應性反應主要是確保身體免受特定病毒侵害，而一般性反應則是在緊急情況下，為你提供最後一道防線。這兩種反應會以各種方式因應進入體內的異物，即使我們身體從未見過這些入侵者。

心性堅強的人猶如一套強大的免疫系統。這套系統最好的地方是能為特定壓力源預作準備，就算遇到不熟悉的威脅，也有方法因應，不至於束手無策。最近軍方不僅推廣壓力預防接種，也計畫為所有士兵的身心健康奠下堅若磐石的基礎。名為「士兵全方位健康」（Comprehensive Soldier Fitness，簡稱CSF）的計畫[26]希望「（士兵）能最大程度地發揮潛力，因應持久戰中遇到的各種身心挑戰。」持久是這裡的關鍵字。如果求生式訓練是一種疫苗，CSF就是維持健康而強大的免疫系統，側重於培養韌性以及技能，讓士兵能長期地與壓力共存。

全球的軍方採用「以內在力為基礎」的心理發展模式。如前所述，發展「心理技能基礎」是評估空軍壓力預防接種計畫成效的關鍵項目之一。這方式師法正向心理學，不會專注於為最壞的情況預作準備或是改善弱點，而是傳授追求幸福與心理健康的基本技巧，包括學習保持樂觀、韌性、創傷後成長、情緒調控等等。目標是培養基本技巧，協助處理戰場上面臨的特定壓力，以及生活中衝擊我們的各種壓力。在二〇一五年，美國陸軍實施「人本戰略」[27]（Human Dimension Strategy），目的是培養全人型士兵（holistic person），取代強調技術與戰術知識的舊模式。人本戰略的目標包括：智力優化、社會情商、全方位的健康和健身、決策、組建團隊等等。

關於堅強，我們錯誤解讀三軍的訓練方式。不，我們不需要讓運動員經歷可笑的訓練或走專制型控制路線。無須複製軍方講究紀律與服膺要求的方式。堅強甚至不是訓練體力或彰顯男子氣概。我們把區隔個體之別視為訓練。我們只看到訓練卻忽略教導。我們避重就輕，不願意承認折磨人的訓練其實不是為了培養堅強心性。其實軍事訓練旨在模擬和訓練士兵因應在戰場上將面臨的實際情況。**軍方給我們上的一課：訓練不是把人擺在困境，逼迫他們應對逆境。而是教導他們如何克服即將面臨的不適與難題。**我們師法一九四〇年代的軍訓方式，卻忽略一件事實：就連軍方今天也不再認同大熊布萊恩的訓練模式。

頂尖高手如何看待壓力

變堅強不是淘汰賽。我們得教導學員處理逆境的技巧。培訓不只是讓學員通過挑戰考驗。一如軍方所發現的，要沉還是要浮——成敗全看自己，這招已行不通。研究員分析哪些士兵能在極端壓力下依舊保持冷靜的頭腦，結果發現一流的人才有以下特徵：

- 他們把壓力視為挑戰而非威脅，這很大程度是因為他們面對問題時，持較正面的看法。
- 善於變通，利用各式各樣的方法因應壓力，具備高度的知識靈活性。
- 擅長消化內心釋出的訊號，不會隨之起舞。
- 對於負面的攻擊與刺激不做反應，而是改變自己的生理狀態。

換言之，軍方會訓練士兵的生理與心理，希望他們日後遇到挑戰，身心能夠同步作業。這不代表士兵不會經歷風浪，而是若他們被周圍事物逼到快抓狂時，會想辦法保持清醒。**表現出色的人能夠心平氣和駕馭逆境與挑戰。被置於需要以堅強心性應對的處境時，他們不會把自己變成推土機，剷除障礙強行挺進；他們會善用勇氣與不驚不懼的從容心態渡過風浪。**

人中之龍有另一個共通點。不，他們並非天生具備過人之力，能駕馭內心世界，面對逆境處變不驚。也不能說他們對壓力和焦慮有免疫力，能更輕鬆自如地度過難關。那麼他們的祕訣是什麼？面對不適與挑戰，大家都一樣，想放棄。在極端壓力下，我們的生理與心理會勸我們放棄，就連心性最堅強的人也不例外。我訪問了數十位作家、實業家、高階主管、士兵和運動員，幾乎每個人都有想放棄的時候，例如很想把手稿扔進垃圾桶，考慮有什麼辦法可擺脫逼近的截止日期，或是找個洞跳進去結束這折磨人的跑步比賽。**想放棄的消極負面想法十分正常，不代表你是弱者，代表你的頭腦在嘗試保護你。**

我們都面臨內心交戰，一系列感覺、情緒、想法紛紛湧出，一下子逼我們向前，一下子扯我們後腿，一下子要我們堅持不懈，一下子要我們認輸。有時內心會吶喊，要我們放棄；有時勸我們保持冷漠，有時輕推我們向自滿靠攏。阿肯色大學多產學者喬納森．韋（Jonathan Wai）是研究資優教育的專家，他向我描述他與內心的角力戰經常是敗北收場，他說：「我發現自己仰望天空，逃避寫作，不想修改各種論文與研究計畫……我常選擇低垂易摘的果實，喜歡撿容易的做。」我們和他一樣，都會面臨類似的內心拉扯，請理解這過程是找到方向走出難關的核心。

內心的小劇場

現在是週五晚上，你坐在家裡，耐心地等候。你已為今晚擬好計畫，至少你認為你有。當天稍早，你新交往的戀人表示，他會在傍晚傳簡訊給你，安排約會。時針指向五點、六點、七點，時間一分一秒過去，你的手機一直未響起熟悉的簡訊提示聲。

你開始微感不安，這種不安悄悄蔓延全身。因為焦慮，你的肩膀會緊繃。一開始的感覺猶如汽車儀表板上的警告燈號亮了，向你大腦發出訊號，「嘿，好像發生什麼事囉。也許我該注意一下。」但你將它拋在腦後。「他可能下班晚了。他很快就會發簡訊給我。」同時，你更頻繁查看手機；從每十五分鐘一次變成每五分鐘一次，最後變成不停地盯著它。一開始，電視還能讓分散你的注意力，但是隨著夜幕低垂，你全神關注在這個掌握現代行動通訊關鍵的長方形裝置上。不安變成焦慮，你的世界變窄，無法轉移注意力。心思只關注一件事。你大腦的警報器從亮閃燈變成發出嗚響，從警告升級為迫在眉睫的災難。

平靜的內心自我對話變成激動的內部辯論。天使與魔鬼同時出現，互相角力拉扯，讓我們在兩邊擺盪。「也許我該發簡訊給他？不行，我應該給他空間。也許我該 Line 他？不行，這樣會顯得我太黏人。他說了會傳簡訊給我，我只要耐心再等等。」你覺得自己像個瘋子，一路失控往下衝，與自己進行不合邏輯的交戰。你開始胡思亂想，猜你的心上人是不是放你鴿子，甚至甩了你另結新歡。你陷入全面失控的狀態。

這時，你把內在的騷動化為實際行動。對這位可能已移情別戀的曖昧對象狂發簡訊或不停狂叩。這一幕對我們每個人（男女皆然）似曾相識。一開始，你滿心期待對方會發簡訊給你，然後情況急轉直下，直到失去理智，把自己變成瘋子。我們從受人尊重的成年專業人士，淪落到掉入萬丈深淵的絕望青少年。我們把自己搞得一塌糊塗。

無論你是在力抗放棄的念頭，還是力阻自己狂發簡訊給新戀愛對象，堅強心性的關鍵在於能夠駕馭生理和心理的喧囂。本章從一開始就一直暗示這整個內心劇的先後順序，但這裡還是再次清楚定義，到底我們從遇到不適乃至採取行動，中間先後經歷哪些過程：

感覺➡內心交戰➡衝動➡決定（失控抓狂或淡定找出路）

我們一開始會冒出一些感覺或情緒，同時腦袋充斥各種矛盾想法，互相拉扯，把我們推向不同方向。感覺和思緒在背後輕推或力勸我們做出某個決定。最後做出決定前，會在放棄、堅持、抑或改變目標之間擺盪掙扎。

與其把這些過程視為涇渭分明的步驟，不如說他們是互相影響的混搭體。有時我們能清楚區分每個階段的感受：先是心情難過、接著思考為什麼難過、最後因為難過忍不住衝動行動。有時我們才稍稍冒出一些感覺就直接跳到決定，但是每個環節都會彼此交互影響。例如稍微感到害怕，這時腦袋若冒出一連串「如果……會怎樣……？」的劇碼，可能會一路失控下去。當我們身心俱疲，或是飽受高壓與焦慮煎熬，可能更會趨易避難，竭盡所能以最快方式找到出口。我們會選擇最簡單的道路。

大腦極力維持平衡

根據最新科學理論，大腦的功能是維持秩序[28]。我們的大腦是一台降低不確定性的機器，會竭盡所能把意外降到最低，即便付出高昂代價也在所不惜。面臨導致內在狀態失衡的問題時，會想辦法解決，找出讓失序恢復到有序的辦法。有時這意味放棄。例如一項專案進行到三分之一，但因為看不到終點線，我們往往選擇放棄，讓未知變成已知。有時這意味開始一項任務前，改變我們的期望值。或者意味探索、接受或避開任何導致不安或不適的因素。降低不確定性需要結論。我們的天性裡要求凡事需要句點，無論用什麼方式都要滿足這個天性。

堅強心性講究在充滿不確定的條件下，讓想要結論的本能做出有利而非有害自己的反應。這需要訓練心性在面對不確定時，給自己足夠長的時間，然後輕推或指引反應朝正確方向前進。給自己空間，以免自己遇到不如意就直接跳到最快的解決方案，而非「正確」的解決辦法。

重新定義堅強的第一步：了解自己哪裡出錯，理解為什麼推土機的做法往往導致更糟的結果。本書接下來將繼續剖析從感覺一直到決定這個週期（過程）牽涉的每一個支柱，如何用這些支柱逐一解決每個環節出現的問題。

第一支柱

承認困難，擁抱眞實

第3章

務實評估自己的能力

面對與擁抱現實。
精準評估現實的要求＋精準評估自己的能力。
把專注力放在現實上。

在一九六六年，美國總統詹森（Lyndon B. Johnson）推出「總統體能測試」，內容包括一系列體能挑戰項目，目的是評量一個人的運動能力，並鼓勵中小學生健身提升體力。該測試自上路以來，一英里跑步一直是測試的主要項目之一。

我決定到德州霍德小學看看。到了該校，看到一群學生正在二百米紅土操場上跑步，一共要跑八圈。他們的跑步情況不同於我這些年來觀看的數千場大學比賽或專業競賽。當老師帕斯莫爾

（Passmore）對學生喊道「開始！」，孩子們衝出起跑線，以拚命三郎的精神往前衝，想要一馬當先。跑完一圈後，現實來了：他們發現還有七圈要跑，速度明顯下降，從短跑衝刺變成馬拉松慢跑。那些跑在隊伍中間或殿後的人，速度變化更戲劇性，從跑步變成了走路。進入中段之後，僅剩少數人還繼續跑步，其餘學生在走路和快馬加鞭短暫衝刺之間輪流切換，發憤圖強往往是因為老師或同學為他們歡呼打氣之故。快接近終點時，大家無一例外全都一鼓作氣做最後衝刺，速度堪比一開始衝出起跑線的速度。這八圈的鍛鍊猶如溜溜球，在跑步和走路之間來回擺盪。

耐力型運動員不同於這些比他們年紀小的中小學生，採用等速配速策略，保持舒服而平穩的速度，優化表現。所以我們要如何轉型？放棄在衝刺／走路之間切換的模式轉而，改用等速配速的跑法？

說到耐力型運動，不管是自行車、游泳、還是跑步，我們會用簡單的指標微調配速：費力的感覺。最新理論顯示出，我們有一張內在地圖，可以大概算出比賽進行到哪個時間點，你會感受到什麼樣的難度。大腦知道，如果我們參加比較長距離的比賽（例如馬拉松），前面幾英里會相對舒適。如果跑了一段距離後，感覺比預期困難，等於告訴我們要放慢速度，否則後面可能會遇到麻煩。我們把費力程度當成汽車的油表刻度，比較汽車的耗油率與到目的地的距離。在運動科學領域，有一個簡單的公式，計算如何利用費力程度控制配速，進而決定我們最終的表現：

表現＝實際需求 ÷ 預期需求

如果感覺速度遠比預期舒服，你會加快步調。若感覺比預期更具挑戰性，身體的疼痛感與疲憊感會上升，內在對話會出現負面情緒，這時你很可能會放慢速度。如果你跑完四英里，覺得呼吸困難喘不過氣，這時身體可能會兵敗如山倒，全面失控不得不退賽。一路上，大腦都會計算與斟酌，費力的感覺超出預期還是低於預期。痛苦與疲憊是我們身體發出的訊號，輕推我們走向正確方向。身體告訴我們，既然保持不了這個速度，不妨放慢速度。如果我們不聽身體的聲音，身體會接手主導，讓我們當機，以免身體嚴重故障或受損，就像一輛汽車距離目的地還剩幾英里時若油箱見底，也會罷工不跑了。

清楚了解自己的實力到哪裡

真堅強的跑者不會被盲目的野心或信心左右，他會正確評估外在要求與自身的條件。魔法藏在如何微調，讓實際表現滿足預期的要求。如果對自身能力的評估不符實際要求，我們的表現大概只有小學生的水準。憑著不顧一切的信心開始一項專案，倒頭來只能仰天，感歎原來事情不如預期簡單。預期與實際若有出入，我們可能自我懷疑、陷入不安全感，最後不得不放棄。若實際表現符合預期，我們能一步步邁向完美。如果是運動以外的領域，應能百分之百發揮目前的實力。**這就是為何以有經驗的作家不會奢望初稿能十全十美，他們明白初稿往往不是佳作。**不同於老派人士對堅強的看法，我們會務實地帶點懷疑，讓自己不會偏離軌道，更可能地堅持下去。

真堅強是接受所處的現實，完成該做的事，而非自欺欺人、莫名其妙的自信心爆棚、或是逃避現實。這些只會讓我們先盛後衰，全力衝出起跑線，一旦了解現實不如想像，立刻放慢速度，從跑步變成走路。堅強早在我們進入比賽場地或是站上舞台之前就已開始。堅強始於預期。

心如止水的攀岩高手

爬梯子到自家屋頂不是特別危險。只要梯子製作精良、堅固牢靠、配有踏階，就能讓攀登到屋頂這段短距離一路四平八穩、平安無事。雖然這樣的攀登過程相對安全，但是第一次攀爬時，一旦爬了幾個踏階後，一股不安的情緒會突然往上竄，甚至感到一絲絲恐懼，心想「如果我摔下來怎麼辦？」快登上頂部踏階時，如果往下看，恐懼感會被放大。我們開始合理化這些感受，說服自己，摔下來的可能性不大，即使真的失足摔到地面，雖然可能受傷瘀青，但不至於喪命。一旦接受自己是修理工的角色，漸漸適應爬梯，恐懼與負面情緒會紛紛消失。焦慮與恐懼慢慢消褪，我們感到心安。

現在想像你不是站在安全牢固的金屬踏階上，不是從十英尺高處往下看，而是站在數千英尺高、險象環生的岩面上，沒有露頭也沒有攀附的支點，往下俯視，幾乎看不到地面。雙腳與手臂只能靠岩石邊緣小小的凸凹支撐，抓著岩石凸凹的邊緣，這凸凹最多只有幾毫米。你不是用整隻手抓住支點，而是用指尖將自己固定在花崗岩的壁面。不同於所有理性的攀岩者，你沒有安全網，沒有繩索將你固定在岩壁，保護你不至於因為手指或腳掌一旦放錯支點而摔死。只有你一人獨自在岩壁上。歡迎來到徒手獨攀的世界。在二〇一七年六月，攀岩高手亞歷克斯・霍諾德（Alex Honnold）面臨的就是這樣的挑戰：他在沒有任何保護裝備下，徒手攀登優勝美地國家公園內三千英尺高的垂直花崗岩絕壁——酋長岩，沒有繩索與安全帶的保護，只靠雙手與雙腳的小面積抓力，沒讓自己摔死地完成壯舉。要完成這樣浩大的工程，精通攀岩技巧自是必要條件，但是要如何克服恐懼、焦慮與壓力？我們多數人光是從飯店房間的三樓陽台往下看，就可能害怕，霍諾德如何控制自己的情緒以及內心戲的對話，因應艱困的挑戰？他的綽號「沒啥大不了的」透露一些端倪。

神經科學家珍・約瑟夫（Jane Joseph）檢查霍諾德的大腦❶，希望能找到答案。霍諾德躺著接受功能性磁振造影（fMRI）掃描，檢查腦部血流情形。霍諾德看著一系列讓人不安的圖像，包括流著血的變形屍體、塞滿屎糞的馬桶等等。這些圖片的目的是讓人心生恐懼。即便是百毒不侵的強者，看到這些圖片，即使外表不動聲色，沒有露出內在本能的反應（visceral experience），大腦裡顯示受到刺激與挑釁的電波訊號也會出賣我們。受刺激時，大腦裡有個叫做**杏仁核**的地方會亮燈。杏仁核有許多功能：其中最主要的功能之一是偵測威脅並做出回應。看到噁心或帶威脅的圖片時（例如拿給霍諾德看的圖片），杏仁核會被活化，接著啟動一連串訊號，指示內分泌系統分泌激素，最後刺激神經系統做出反應。這一系列反應稱為「壓力反應」❷。

刊登在《鸚鵡螺》科學雜誌（*Nautilus*）的一段對話裡，霍諾德被問及兒童被火燒的畫面是否稱得上壓力？儘管約瑟夫一再向他保證，這類照片通常會讓觀者出現情緒起伏，就連攀岩者、喜歡追求快感與刺激的人看了也不例外，但是霍諾德回道：「我無法百分之百說它是壓力，因為我覺得，都一樣啦，差不多。」根據約瑟夫持續的觀察，發現霍諾德並非演戲。他的大腦反應與他的感受相符，fMRI 掃描後沒發現大腦的威脅／恐懼感應區有亮燈，仍然是一片灰色。霍諾德的杏仁核對於任何一張令人不安的照片都沒有反應。沒有亮燈。霍諾德致勝的祕密武器可能是有著像和尚一樣心如止水的心境。我們其他人都在猛按恐慌按鈕、忍不住走向情緒失控之際，他的大腦則在欣賞沿路風景，冷靜地思考，心道：「這裡沒有威脅。」

霍諾德不是超人。他第一次嘗試攀爬酋長岩，才爬了不久就想：「這太難了❸，我不想待在這裡，我受夠了。」他拔掉插頭決定喊卡，稱：「不知道是否可以在所有人的注視下完成攀爬，這實在太恐怖了。」不能說霍諾德從未遇到威脅，也不能說他的杏仁核從來不會亮燈，而是他需要杏仁核亮燈，它才會亮燈。那天的第一次嘗試，恐懼鈴響，霍諾德聽到了，決定在釀成不可收拾的巨災前，喊卡打道回府。他計畫改天再嘗試完成無防護攀岩的壯舉。

憑著一點運氣、愛冒險的基因、長時間的身心鍛鍊與預演，霍諾德微調了腦袋偵測威脅的機制，只有在事情真正變調前才會啟動。這個時間點不在電腦螢幕播放圖片時，而是在他無法真正完成自設的目標時。我們身體的警報系統是可調整的，所以我們不必像和尚一樣心如止水，而是要懂得調整自己的敏感度。必須更善於預測。

研究結果一再顯示，**心性堅強的人會把壓力視為挑戰而非威脅❹**。挑戰固然困難，但可以應付。至於威脅，則是得設法克服以求生存。心理上對兩者不同的評價，並非因為有不可撼動的信心，也不是因為比較堅強的人習慣淡化難度。其實，視眼前情況為挑戰而非威脅的人，能快速又正確地評估現況，也具備能力因應。如實評估是為了提供大腦正確數據，提高預測的準確度。一如傳染病學家預測公眾對一種新病毒有何反應，正確評估能讓我們做出那個時刻與那個壓力下所需的反應

大腦的預估反應

每每遇到新狀況或是壓力時，身體會盡最大努力為即將發生的事預作準備。但是我們等不及想知道刷子裡發出的噪音是怎麼回事，或是我們的飯碗保不保是否取決於會議室所做的報告。我們的身體會作弊。這次的任務是否危險？大腦不會等著答案揭曉，而是會提前預測該怎麼做才能活下來？才能活得精彩？這也是為什麼你上台之前身體就開始緊張或心跳已開始加速。何以新手跳傘員被飛機載到合適高度準備跳傘時，心理七上八下，充滿恐懼，而老手跳傘員則興奮不已。新手身體會分泌皮質醇，老手則是腎上腺素飆升。明明是同一件事，但是每個人身體會分泌不同的荷爾蒙，為即將登場的事情預作準備。無論是爬梯子或是登山，我們的生物反應以及感受，不僅受到實際經歷的影響，也受到預期想法指揮。怎麼看待所在的世界會決定我們的反應方式。

我們登上舞台或是站上打擊區之前，身體已經進入表演狀態。感覺「腎上腺素激增」是為了

跳下飛機或是衝出起跑線預作準備。誠如「腎上腺素激增」這句話所暗示，這種生理反應是體內神經系統被激活、刺激荷爾蒙分泌所致。我們的身體利用這些化學反應，為將要面對的一切預作準備。

壓力反應讓我們為下一步行動預作準備。我們習慣把壓力反應簡化為二擇一模式：戰鬥或逃跑。但其實有很多方式為我們即將面對的一切做準備。荷爾蒙分泌和神經系統活動，兩者組合推著我們做出某種反應。腎上腺素激增為我們快速移動做準備。催產素荷爾蒙鼓勵我們集體努力一起度過難關。皮質醇釋放細胞裡儲存的重要能量，讓肌肉與大腦準備好應付接下來幾個小時的工作。配方中的成份以及份量每改變一次，壓力反應也會改頭換面。

一些壓力反應會讓肌肉做好行動的準備，其他反應還包括擴張血管或減慢血流速度，有些反應則是號召免疫系統，為可能的傷害或傷口預作準備。彷彿我們的身體有一套自己的九一一系統，決定是否派出救護車、警察、消防員、社福工作者或是飛虎隊。問題是，身體怎麼知道要派出哪一個？這很大程度靠我們對於自身與所處環境的評估，最後決定要走哪條路：求自保還是正面攻擊。

我們能否像專業的馬拉松跑者，在比賽期間不論什麼時候都能正確匹配預期的難度與實際遭遇的難度？還是我們會像小學生一樣誤判一英里跑起來的難度？我們對自己技能（實力）的評估是否符合實際情況的要求？內外在情況的要求（situational demands）與我們因應能力之間的差距不僅決定跑步的表現；也決定我們對壓力的反應模式。若我們把壓力視為可能傷害身心的威脅時，我們可能做出受到威脅的反應——皮質醇激增，打開防禦和保護機制。當我們面臨自己無百分之百把握可處理的要求時，身體會調集能量因應威脅。一如跳傘新手，我們只求活下來。我們如何在身心完好無損下走出困境？我們要少冒點險，**一切反應求的是不輸，而不是以贏為目的。**

換個角度想，若我們**把壓力視為自我成長或有所收穫的機會，雖然困難但難不倒人，這樣較可能做出接受挑戰的反應。**我們的身體不再全都依賴皮質醇，而是釋放更多的睾酮素和腎上腺素。影響所及，我們可能想辦法拿下比賽，設法實現目標。迎接挑戰或逃避威脅，兩種反應沒有好壞之別；兩者各自有其目的。如果在小徑上遇到一隻保護幼崽的熊，我們應做出威脅反應：保持不動、評估情況、然後冷靜地後退。但是若我們希望發揮最佳表現，透過威脅的鏡頭看世界不符我們所需，我們應改變視角，把眼前的任務視為挑戰。**我們如何評價自己以及所處情況會改變我們前進的方向。**

只是淡化難度並非解方

如果預測多少決定了我們的感受、思緒與行動，那麼淡化難度是最佳做法嗎？告訴自己事情沒有想像困難或痛苦嗎？當預期的難度與實際難度有差距時，大腦會修正方向。亦即差距的大小會決定反應。如果預期與實際的差距大，大腦會過度修正。參加考試或甄試時，心想這不過是小菜一碟，沒啥難度，一旦出現困難的跡象，大腦會說：「蛤？這怎麼回事？不是應該不難嗎？」

結果我們不是想方設法克服不適，而是關機，進入全面保護模式，整個人止住不動。

為最壞的情況預作準備比較好嗎？預期即將登場的比賽、報告或專案將難如登天，這樣比較好嗎？以跑步為例，如果預期這是一場困難重重的挑戰，實際比賽後發現比預期簡單，所以我們會跑得更快，成績也更出色？大錯特錯。如果我們的期望與實際差距太大，大腦會進入我稱為「這麼做有意義嗎？」的模式。亦即既然挑戰會超出自己能力所及的範圍，就沒必要用盡全部精力迎戰挑戰。**在比賽開始前，我們的成敗就已注定。亦即我們的「堅強」心性以及處理逆境的能力早在我們遇到困難前就已開始。**首先得接受現實以及認清自己的實力。

我們評斷遇到的情況是威脅抑或挑戰，取決於如何看待壓力與要求，以及如何看待自己因應壓力的能力。我們有足夠資源處理這些要求嗎？

務實地面對現實

「若你知道自己有能力處理壓力，心性就容易堅強。當你無法處理時，真正的考驗才開始。」這話出自我以前培訓的一位選手卓文・安德森－卡帕（Drevan Anderson-Kaapa）。他是三屆大學聯賽冠軍，也代表美國參加世界大學生運動會（世大運）。他不僅是比賽常勝軍；也總是有辦法，無論碰到什麼情況，都能駕馭自己的身體，讓自己發揮到極致。在休士頓大學的田徑校隊裡，他成了傳奇跑者，關於他的豐功偉業，每一屆新生都不陌生。有一次他在錦標賽的個人賽摘下一面金牌後，自願參加四×四○○接力賽，但他在大學期間從未參加過這種比賽，不僅不熟悉，而且團體總分和另一隊在伯仲之間，哪一隊拿下四×四○○接力賽，就能抱回一面團體金牌。儘管卓文壓力山大，他還是走到兩位教練面前，他們正是田徑界傳奇人物卡爾・路易斯（Carl Lewis）和勒羅伊・伯勒爾（Leroy Burrell），他鄭重告訴兩人：「我來跑，而且我要跑最後一棒。」他和大學聯賽裡名列前茅的幾位好手一較高下。沒錯，他贏了，在最後五十米一馬當先，為團隊奪下一面金牌。

但卓文之所以脫穎而出，靠的不僅是田徑場上的傲人成績。在他就讀大學期間，不僅參加菁英賽事，也順利拿到碩士學位，還參加美國預備軍官訓練團（ROTC）。一畢業，他卸下田徑隊國手的身分，轉而到軍中服役。說到堅強，我很少遇到擔待得起這個形容詞的代言人，卓文是少數人之一。

二○一八年秋天，他坐在我家餐桌前，兩人就「堅強」交換意見，他分享從體育界和軍中觀察到的心得：「每個人都戴著面具，戴著它趴趴走，把自己想要成為的人設秀給外人看，但是當你碰到壓力，面具與門面就會消失，只剩下面具下的東西。壓力暴露了你赤裸裸的一面。」我請卓文進一步解釋，他概述在體壇以及在軍中服役時觀察到的兩種不同面具。第一種人看起來很得體，愛逞強又一副自信的姿態。這類運動員喜歡吹噓，還小看挑戰的難度，老愛在賽前表示：「這不過是小菜一碟。」然而一旦碰到問題，他們的自信心馬上兵敗如山倒，變得膽怯，對自己的能力沒有把握，比賽進入最困難的階段，阻礙與挑戰登場，他們往往會退縮。第二種人一開始與第一種人類似，也是自信滿滿，流露一種「凡事都在他們掌控之下」的篤定感。但是站在起跑線時，他們不會小看或低估即將發生的事，而是清楚知道眼前任務的難度。

這裡舉一個顯著的例子。卓文和同伴在森林深處接受求生訓練，他們只有起碼的物資，睡眠被嚴重剝奪，藉此考驗他們本事與技能。隨著體力不斷下降，你的世界縮小到只能專注於滿足基本需求：食物、水和睡眠。相形之下，其他都不重要。你輕易地忘記其他人，只專注於自己。卓文觀察著其他同伴，發現有些人幾天前還以團隊為重，也對自己的能力深具信心，而今卻向生存的壓力屈服低頭。他們拿走超過他們配額的口糧，輪到自己值班站崗換其他兄弟休息時，會偷偷多睡幾分鐘。儘管如此，小組中其他人仍然謹守紀律，保持機靈的反應與專注力。**在正常情況下，保持堅強不難。但在極端受迫下，堅強沒那麼容易。我們會本能地選擇簡單又輕鬆的路走。**

我問卓文，能夠保持冷靜的人和其他人有什麼不同？他回道：「若你的預期和能力之間存在差距，這一切都會在遇到壓力時崩潰。反之，若你對自己誠實，清楚知道自己的長處和短處、自己的實力、以及自己害怕什麼，你就可以在面對壓力時，接受它並處理它。走在街上的你和困在叢林裡的你，兩者沒有太大差異。因此，只要用洞悉的雙眼以及務實的心態評估處境，切勿費力符合虛假的標準。在跑道上也一樣。那些認為自己必須跑出一一〇%超標成績的選手，最後會不可避免地崩潰。那些站在起跑線認為『這場比賽很容易』或『這場比賽難如登天』的參賽者，最後成績都低於水平，因為他們生活在被竄改的現實中。反觀參賽者若知道，『這些是我能做到的，這些是比賽開出的要求，我會根據這兩個面向調整表現。』這些人的表現還蠻一致，不會忽高忽低。」

卓文的經歷並非獨一無二，而是有科學研究支持。在二十世紀末二十一世紀初，一群科學家分析各軍種的士兵，他們均經歷與卓文類似的求生訓練。研究發現的現象和卓文的觀察心得差不多。幾乎每個士兵都遇到高壓考驗，但其中一組士兵似乎在狀況外，放空至幾乎與現實脫節；另一組人多半能保持清醒頭腦，發揮應有的實力。兩組人因應壓力的方式截然不同。專注權衡現實的人更擅長處理任務的各種要求，這些更有韌性的士兵把任務視為挑戰而非威脅。研究員總結他們的發現[5]，稱更堅強的士兵「能更精準描述他們承受壓力期間經歷的遭遇。」他們務實地面對現實。

面對與擁抱現實。

精準評估現實的要求＋精準評估自己的能力。

把專注力放在現實上

真堅強的重要環節之一是承認困難，而非假裝它不存在。務實評估自己實力與所處情況，始能對壓力做出有效的回應。影響所及，我們的身體會朝恐懼 vs. 興奮做出反應，或是朝挑戰 vs. 威脅做出回應。接著，我們會決定要冒險、迴避、或是充分發揮潛力。面對現實或擁抱現實並非坐在那裡思考你的能力以及將要面臨的挑戰。獲得研究支撐的做法可協助我們校準注意力，推動我們做出精準的評估，更重要的是，協助我們做出有效的壓力反應，為接下來的行動做好準備。

有效應對壓力的五個做法

一、設定難易適中的目標

設定目標時，大家常勸我們要有登月的雄心或敢做大夢，但研究結果卻給了相反的建議：目標只能比目前的能力稍高一點。如果差距太大，動機會下降，就好比大腦會兩手一攤，自暴自棄地說：「這有什麼意義？反正我們也贏不了。」只要目標或期望值設太高，我們可能在變堅強的路上掉入「失控」或崩潰的階段。所以與其求大，不如把挑戰設在可管控的程度。

二、設定符合真實自我能力的目標

荷蘭心理學家做了一系列研究[6]，希望了解為什麼有些人能夠進步並實現他們的目標，有些人卻屢次失敗。三項研究中，研究人員發現，目標愈符合真實自我（authenticity），愈有助於實現目標。目標若能反映內在的真我，而非外在公開示人的假我，更有可能堅持到底。失敗的人往往選擇父母、教練或整個社會強加給他們的目標。對於成功人士而言，目標是根據自己內在想要什麼而設，反映他們是什麼樣的人、以及他們關心什麼。高度的自知之明讓他們清楚看見自己的目標。

看清現實不僅意味了解自己的能力與實力，了解任務的實際要求；也意味要花時間了解自己是什麼樣的人，什麼對自己才重要。無論是透過自省、寫日記，還是與親密親友交談，都要努力地一問再問，自己看重什麼以及為什麼。堅強的人有自覺力，他們接受現實、了解自我，靠這些自知之明實現目標。

三、重新定義成敗

如果大家都接受電影《王牌飆風》（*Talladega Nights*）中瑞奇鮑比的觀點——「不是第一，就是最後」，到頭來可能會遇到麻煩。我們設定大膽的目標，很快地意識到自己能力不足，無法實現目標，結果會怎樣呢？若發現自己成功無望，無論是比賽還是學業，大腦會自動當機。我們的思緒會轉到保護模式，心想「嗯，既然不會贏，何必浪費精力做白工呢？」如果我們以「不是第一就是最後」這麼狹隘的方式定義成敗，會不知不覺扼殺努力的動力。

我目睹太多人因為不當定義成功，以致於影響動機和表現。他們只關注結果，忘了最後出爐的名次與口頭報告的成績，很大程度上不受他們掌控。**若能把重心從結果轉向過程（例如可以付**

出什麼樣的努力），將有助於平衡這種不受自己掌控的情況，也能提供重要的回饋，讓你未來愈來愈好。若只單憑抵達終點線的名次評斷自己，這對於如何提升未來的表現，可提供的實用訊息是零。反之，若根據付出的努力多寡，或自己是否確實執行計畫，認真分析自己的成績，將可為下一輪的表現該做哪些努力，提供可指點迷津的路線圖。

四、調整狀態以符合現況

法國南特大學一組研究員想知道❼，壓力如何影響一個人對自己實力的評斷。他們選擇的測驗很簡單：估計自己可以跨過多高的欄杆。其中一個機關是，參與者必須在實驗室裡連續二十四小時不睡覺、保持清醒，然後再猜自己能跨過多高的欄杆。睡眠剝奪（睡眠不足）會對大腦造成傷害，也會造成壓力和疲倦。不管受試對象在正常狀態下能跨過多高的欄杆，**只要睡眠不足，他們會嚴重低估自己能跨過的高度。亦即，壓力改變我們對自我實力的判斷**。另一項研究裡，研究員發現，患有慢性疼痛的人往往會高估步行到目的地的距離。運動心理學家提伯・德尚（Thibault Deschamps）根據這些發現指出❽：「人會根據在環境中付出的行動成本感知環境。」

另一項研究中，研究員要求站在山腳下的人猜測山的陡峭程度。絕大多數人都大大高估了坡的陡度，有人猜二十度、二十五度甚至三十度。實際上，這座山的陡度只有五度。有一組學生做了正確判斷：他們是越野隊。如果可以不用承受太大壓力，不用在背負過份要求的條件下跑上山，他們會正確評斷坡的陡峭程度。反之，若壓力太大，這山看起來會難以招架。所以研究員設計一個有趣的轉折，讓跑者先在戶外跑一大段距離，才讓他們回到山腳下判斷坡的陡峭程度，結果他們喪失專業的判斷力[9]。因為疲勞，他們大大高估坡的陡度。

疲勞影響了他們的能力，也改變他們對環境的感知力。

一旦進入受威脅的狀態，出現僵住動彈不得的反應（freeze reaction），或是崩潰到全面失控的程度，可能連平常一般的事都做不來。這時會出現過度代償的現象，大幅降低原本的能力。若想要做出正確評估，其中一種做法是調整方向（course-correcting）。**如果感到累、疲乏或焦慮，學習如何找到出路。知道自己可能小看自己，有這自覺，就會想辦法振作，在壓力與疲憊加重時，重新調整狀態。**

五、調整大腦生物反應，進入最適狀態

在二〇一八年，倫敦大學學院一組研究員想知道[10]，壓力如何影響我們對訊息的反應方式。他們的研究對象是即將出勤的消防員和即將上台演講的學生，想知道他們獲悉好消息或壞消息後會如何因應與處理。例如，告知他們發生車禍或是在火災中受重傷的機率遠高於他們預期，他們會做何反應。如果是在放鬆的狀態下聽到這些消息，受試對象多半會忽略壞消息，只撿好消息聽。亦即獲悉自己有更大機率遭遇不幸，不會影響他們的行為或情緒。反之，若是在壓力下被告知這些訊息，一如首席研究員塔莉·沙羅特（Tali Sharot）所做的總結[11]：「他們聽到所有壞消息都變得高度警戒，也會改變既有想法，即使我們提供的壞消息和他們的工作無關（例如信用卡詐

欺率高於他們預期）。」

因為壓力，我們的想法變得負面消極，這是為了保護我們不受傷。在壓力下，我們大腦會努力搜尋與辨識環境中的危險或威脅，這是人類演化而來的重要生存機制，不過若是沒遇到真正的危險，這機制反而會阻礙我們的表現。為了抗衡演化這個獨特的特點，我們應訓練大腦搜尋機會而非威脅。我在我的共同著作《一流的人如何保持顛峰》（*Peak Performance*）裡概述一項研究，研究結果顯示，**若運動員在暖身時「做他們喜歡的事」，這會改變他們的荷爾蒙狀態，讓他們變得積極正向**。同樣的現象也適用於藝術家和高階主管。愈接近登場時，愈是將自己一步步調整到最佳狀態，對自己的專長有十足把握。登場前還在分析失誤、解決弱點，以及負面地提醒自己「打不到滑球，所以要看準才揮棒」，這些只會適得其反，因為早在你踏上打擊區前，這些都應該已經找到解方。

＊＊＊

真正堅強的心性早在我們踏入比賽場地或進入會議室前就已開始。堅強心性始於如何評估所處情況以及自己的能力。對內外環境的期望與評斷，會為我們做出什麼樣的生物反應預先鋪路。我們的評估會影響堅強鏈上的每一個環節，最後讓我們傾向於覺得痛苦[12]，甚至在不該失控時失控。在被惡狠狠地擒抱攔截之後，若想努力東山再起，你必須擁有正確的心態。面臨任何挑戰之前，我們的生物學已準備就緒，帶領我們朝某個方向偏移。**我們最終會走向的方向，很大程度取決於我們如何看待自己以及周遭的世界。**

第4章 真自信vs.假自信

一個人長期地看重自我，依賴的不是外人的評價，
而是靠自己實際的表現與努力，以及和他人建立實質的連結。

倫納德．「巴迪」．艾德倫（Leonard "Buddy" Edelen）是追求完美的專業人士。這位等著摘下奧運金牌光環的長跑新秀，對於細節的要求已到吹毛求疵的地步。每天早上一睜開雙眼便測量自己的心率，紀錄自己睡了幾小時。他追蹤自己的體重、鍛鍊項目、以及完成鍛鍊後的感覺，這一切都是為了優化他的表現，確保體能與疲勞的平衡模式（fitness-fatigue balance）維持在正確方向。他將這些數據和筆記傳給教練佛瑞德．威爾特（Fred Wilt，儘管他熱愛長跑，但他的正職

是聯邦調查局幹員）。威爾特針對艾德倫哪裡做錯以及該如何改進提供一些看法與建議。

這種獨特的教練夥伴關係讓艾德倫締造傲人的成就。他打破馬拉松的世界紀錄，將原本的世界紀錄縮短了近一分鐘，成為近四十年來第一位保持該頭銜的美國人。這個成績是威爾特與艾德倫靠著辛苦又專業的訓練方式寫出來的。

你可能會問為什麼你不知道艾德倫是誰。他是上個世紀的人，所以他和威爾特不用摩登的電子郵件通信，而是以郵遞方式保持聯繫。艾德倫在一九六三年打破世界紀錄，當時距離跑步愈來愈受重視進而帶出慢跑熱潮還有幾年之遙。儘管艾德倫以專業方式精進跑步事業，但是他的正職是學校教師，訓練方式多半就是每天跑步上下班。他沒有名氣，當時跑步也不像今天這麼熱門，但是威爾特與艾德倫做到當時大家始料未及的事：讓一位美國人變成地球上最佳跑者。

威爾特的訓練走在生理學與心理學的前端。在威爾特那個時代，訓練知識尚在萌芽階段，許多人擔心訓練恐過頭，但威爾特勇於創新。他寫信給全球一流的跑者與教練，從全球各地收集訓練樣本。他還請了一位催眠師，改變艾德倫的心態，把痛苦視為可擁抱而非避之唯恐不及的東西。威爾特與艾德倫打破疆界，儘管最後成功得勝，但是人類不安全感的本性依舊蠢蠢欲動。

在兩人的一封通信中，艾德倫詳細紀錄重要比賽登場前兩天的一次跑步訓練，威爾特在紀錄旁邊空白處寫道：「我不能說這四十分鐘的慢跑會傷害你，我只能說這練習在比賽前兩天對你沒有幫助，只會顯現你內心充滿了不確定感。**訓練有訓練的時間，休息有休息的時間——沒有只做一半的休息**。這是一個慘痛教訓，你還沒學會接受。」字裡行間透露教練對得意門生愛之深所以責之切。威爾特發現，儘管艾德倫的實力已至極高的水平，但有明顯的不安全感。艾德倫的強迫症——顯現在偏高的訓練量、追蹤一切他可以想像到的數據（當時量化個人身體活動訊息尚未蔚為潮流），這些都會阻礙他。他拚命努力向前，不敢休息。

懷疑和缺乏安全感

艾德倫在一九六四年接受《體育畫報》（*Sports Illustrated*）訪問，他說：「如果你像我一樣一週訓練量那麼大，沒有人會認為你正常。但如果我在完成那麼大的運動量後休息一兩天，我會感到非常煩躁和緊張，彷彿有什麼東西從我身上被偷走。訓練讓我可以平靜❶。」艾德倫需要跑步，不僅為了提高體能，也為了平息疑慮。

運動選手擔心如果暫停訓練，成績就會落後對手，體能會慢慢下降。這現象普遍見於各行各業的高成就者。企業家若充滿不安全，會不停地「磨人」。執行長因為害怕落後對手，連週末也待在公司加班。靠創意賺錢的人遲遲不發表作品，直到作品令人滿意。**我們經常用追求完美以及累死人的工作量掩蓋內心的不安全感**。艾德倫靠著跑步將自己載入史冊，他在一九六四年奧運馬拉松選拔賽以將近二十分鐘的差距拔得頭籌，當時的氣溫高達攝氏三二．二度，而且不流行中途補充水分。但是艾德倫因為缺乏信心，在賽前該休息時，違背教練計畫偷偷練跑。如果連艾德倫這麼心性堅強的人在賽前都缺乏自信，無法駕馭自己的不安全感，那麼我們這些凡人又怎麼可能做得到堅強呢？

懷疑和缺乏安全感是人性的一部分。即使你已是世界頂尖也不例外。我們努力建立信心，希望心裡有一種篤定感，覺得自己無論做什麼都能脫穎而出。缺乏自信或信念時，不安全感和疑慮就有作怪的空間，小自不經意提醒我們，預期必須符合現實；大至不斷提醒我們，自己不夠快、不夠強、不夠聰明。懷疑一旦接手主導認知，我們會縮小對自我能力與優點的認知，影響所及，對自我能力的評價會與即將登場的比賽產生差距。最後為了平息疑慮，於是上路跑個短程幾英里，而不是明智地在該休息時休息。信心在堅強心性中扮演關鍵角色，可以平衡我們天性中的不安全感。信心可以控制我們的疑慮，協助我們充分發揮能力。然而傳統上培養信心的方式在很大程度上卻不是這麼回事。

有信心看似小菜一碟：學習相信自己。這句話被貼在全美各地的教室裡，幾乎每個家長、教練或老師都喜歡掛在嘴邊。老式的自信模式關注外在，打造看起來強大、自信的外表。我們告訴孩子要相信自己，卻不對他們解釋該何培養自信。我們傾心於ＩＧ版本的自信，重視投射在外的表現，不願對外表底下的實力下功夫。我們需要一套全新的方法建立自信，捨棄外表改而重視內在的方式。

頂尖高手也可能喪失信心

在二〇〇九年，運動表現心理學家（performance psychologist）凱特．海斯（Kate Hays）和馬克．鮑登❷（Mark Bawden）有機會與十四位頂尖運動員齊聚一堂，請他們分享自己的高峰與低谷。其中十三人曾在重大錦標賽（如奧運）拿過獎牌，唯一沒有抱回獎牌的人也不賴，是世界紀錄保持人。以這種獨特方式探索一流運動員的內心不單只是一次採訪，而是英國體育學院所做研究的一部分，剖析「自信」對爬到金字塔頂端的運動員有何作用。

我們習慣性認為，人中之龍不同於你我，所以不會懷疑自我或有不安全感。不過我曾和不同領域的世界級高手合作，發現一個不變的道理：他們是人，跟我們所有人沒兩樣。他們不是沒有感情的機器，不會百毒不侵到對壓力或糟糕表現完全免疫。誠如海斯和鮑登研究後發現，儘管這些運動員已經達到事業顛峰，但不約而同表示會有低潮期，信心會下降，連帶影響表現。

表現一流的明星選手也會信心崩盤，但問題不只這麼簡單，這現象會一點一滴滲透，影響他們的思維、感覺和行動。信心下降，運動選手會「喪失理智、無法控制緊張的情緒、無法正向思考、無法保持對例行訓練的專注力。」彷彿他們的大腦被綁架，世界觀只剩黑暗陰鬱的一面，簡單的練習或比賽也變得困難。正如海斯和鮑登的研究，**少了信心的運動選手會出現三大症狀：錯誤的認知、負面情緒和無效的行為。**他們無法保持專注力因為注意力被其他人正在做的事吸引，或是滿腦子被疑慮佔據，無法正常思考。他們充滿負面情緒，包括緊張、不開心、無法樂在比賽。快樂和興奮變成焦慮與絕望。他們開始把比賽視為威脅而非挑戰。最重要的是，一旦少了信心，他們的行為反應會隨認知與情緒起舞。出現膽怯、猶豫不決、退縮不前等行為，也缺乏平時的戰鬥力。儘管已是世界上數一數二的頂尖運動員，但信心不足就像超人的剋星——氪石，也成為他們的剋星，導致認知、情緒乃至於思考力處處與他們作對。

當我們的信心偏低，因應壓力的工具箱會變小。海斯與同事主持一個訪談時，一位運動員表示：「我試著應用自己的心理學技術……但沒有一個派得上用場。我就是無法集中注意力❸……一切都走樣，實在很可怕。」缺乏自信會限制我們的反應。

當不適與疑慮升高，腦袋裡「站在左肩上的惡魔（代表誘惑）」會保持高度警戒，努力搜尋支持其認知的證據——任何可以合理化放棄或偷懶的東西。若我們信心不足，心思容易往負面想法嚴重傾斜。我們已對自己能力產生懷疑，不確定能否達到預期的水平，**大腦一發現這種徵兆，立刻緊抓著不放，只要輕輕推一下，我們就會走向全面失控**。

「假自信」是怎麼出現的？

當然，若我們信心十足，情況則正好相反，能完全專注，心無旁騖完成任務。此外，我們的情緒積極正向：樂在其中、平靜與興奮。我們的身體語言出現變化，感覺自己能支配內外在的情況。研究顯示，若是充滿信心，我們能處理內外情況的各種要求，將緊張的心情調整為興奮之情，也能在疲憊不堪時繼續撐下去。相較於信心低弱的日子，信心十足的日子，烏雲和雨天被你換成了藍天與陽光。

信心猶如過濾器，影響我們看待挑戰的視角，連帶左右我們處理這些挑戰的能力。亦即，信心會決定我們的天平傾向於樂觀還是悲觀。若是充滿信心，我們足以因應外在與內在的要求，足以管控恐懼和疑慮，讓負面消極的聲音閉嘴，並調整注意力，專心解決眼前的任務。信心擴大我們的行動力與管理力，協助我們成功度過各種困境。自信和堅強相輔相成。難怪教練、勵志演說家、投身自我成長領域的人，無不強調自信是現代人深層的需求。長期以來，我們一直被灌輸，有了自信可以完成任何我們嚮往的目標。自信不僅能讓我們發揮潛能，還能提高我們的幸福感，若知道自信有這些好處，為什麼連高手中的高手也對自我充滿懷疑？原因之一是：**我們花了太長時間培養錯誤的自信**。

說到自信，舊式的堅強模式強調「表演」（acting）而非「踏實地行動」（doing）。我們表現得很自信、挺著胸膛走路，一副對自己和自己的工作表現有十足的信心和把握。我們高談闊論，卻從不提及自己的不安全感或疑慮。這一切都是表演，讓人「看到」你的信心。一旦碰上緊要關頭，這種花拳繡腿式的自信就會破功。**真自信必須建立在真實情況上，而且來自內在**。自信不會漠視人類難免會有疑慮和不安全感這樣的天性，而是學著接受他們，並看清與接受自己的實力水平。自信的重點不在於完全消除懷疑，而是允許適量的懷疑以利自我克制，同時安心地知道自己總會找到方法克服路上的絆腳石。長期以來，我們一直堅信自信的價值，這方向沒錯；只不過我們建立的自信，卻不是真正的自信。

「裝久了，就變成真的」（Fake it until you make it.）這是一句老掉牙的建議，不斷灌輸給運動員、實業家以及每一位想在公司出人頭地的職員。這個建議概括了我們對自信的看法：自信是成功的必要條件。如果我們沒有貨真價實的自信，最好也要裝出一副知道自己在做什麼，以免洩了自己的底。這麼多年來，我們沒有停止這麼建議成年人。當成年人擁護肯定自我是一種美德，以及它的好處時，**整整一世代的孩子也跟著追求膨風式的自信。他們的自信不是靠克服挑戰或是創造真正的價值，而是靠大人一再向他們保證，他們有多麼優秀。**

信心猶如過濾器，影響我們看待挑戰的視角，連帶左右我們處理這些挑戰的能力。

九〇年代的打造自信運動

「乖巧。善良。好朋友。跑得快。喜歡企鵝。」過去三十年來，這張包膜的紙卡一直掛在我父母家的冰箱邊上，紙卡上寫著小學同學對當時九歲的我的評價與看法。對我父母而言，這個小裝飾品證明了他們養出一個「好」兒子，所以同齡小朋友對他們兒子的評價很高。這張紙卡也顯示出，當時的人比現在更善良、更溫和。不過，對我來說，無論當時還是現在，它有著不一樣的意義。

紙卡上以整齊筆跡寫出的評語出自我最喜歡的一位小學老師設計的課堂活動。活動的目的是提高我們對自我的肯定，希望同學之間彼此友愛，並提升我們對自我的整體感覺。我們為每個同學寫下一句讚美的話，然後交給老師彙整。我當時九歲，覺得這活動有些奇怪。班上有幾個學生並不友善，但我不得不努力列出他們的優點，所以寫下一些通俗的陳腔濫調，比如「喜歡踢球」。當我拿到別人對我評語時，我快速瞄了一下，區分那些是實至名歸、哪些是公式化的套詞濫調。有些讚美有意義，有些則無。

我成長於一九九〇年代，在學期間遇到大量提高自尊的類似練習。不論是全校性的集會還是課堂活動，校方無不希望我們更加肯定自己。校園之外，也鼓吹看重自己、肯定自我的運動，這可從我不少的獎盃得到印證，但架上幾十個獎項只代表一件事：我是團隊的一份子，無論比賽輸贏，只要參賽，都可獲得獎盃。

我是千禧世代的新人類，經歷滲透美國意識、教育和職場的心理學熱潮。這期間社會發現造成悲慘童年和社會弊端的關鍵：缺乏對自我的肯定與尊重。

一九八六年，加州州長喬治・杜克麥吉安（George Deukmejian）簽署一項法案，成立一個特別工作小組，承諾改變處理社會問題的方式。該工作小組的推手是約翰．瓦斯康塞尤斯（John Vasconcellos），一位喜歡砸重金的加州政治人物。瓦斯康塞尤斯召集了二十多位來自不同領域的專家，希望解決犯罪率攀升、藥物濫用、教育水平下降、以及一九八〇年代加州其他諸多弊端。他們成立的小組全名是「加州提升自尊、強化個人與社會責任特別工作小組」。

瓦斯康塞尤斯曾為了自己的心理問題接受過心理治療，治療重點聚焦在加強自尊，他後來成為「傳教士」，向所有願意傾聽的人宣傳看重自我的好處。他的邏輯很簡單：如果我們能讓每個人都覺得自己有價值，那麼大家就能充分發揮他們的潛力。如果大家覺得自己沒價值，自然會想擁抱毒品、酒精或犯罪。雖然他主持的特別工作小組最初受到嘲笑和譏諷，但瓦斯康塞尤斯秉持宗教般的狂熱，努力完成使命。他要改變世界，讓世界變得更好。

任務進行兩年後，瓦斯康塞尤斯延攬的社會學家尼爾．斯梅爾瑟（Neil Smelser）研究自尊的影響力，並向工作小組彙報初步研究結果，稱：「自尊與解決社會問題之間有非常正向、非常具說服力的關聯性❹。」瓦斯康塞尤斯以此為證據——並設計有梗的妙語，上遍各個新聞台宣傳，包括《歐普拉脫口秀》（*The Oprah Winfrey Show*）和晨間節目《今天》（*Today*）。

一九九〇年，瓦斯康塞尤斯出版他的代表作《邁向自尊的狀態》❺（*Toward a State of Esteem*），指出，已公認看低自我會導致一系列偏差與問題，包括濫用藥物或酒精、犯罪與暴力、窮困或依賴社會福利、家庭與工作出問題等等。這份一百六十一頁的報告讀起來感覺工作小組已找到糾正社會問題的關鍵。實際上，它在第二十一頁指出：「自尊最可能出線成為社會疫苗，給我們力量，讓我們能夠負責任地過生活；替我們打預防針，讓我們抵禦犯罪、暴力、藥物濫用、未婚懷孕、虐童、長期依賴社會福利、學業無成等誘惑。」

只不過有個小問題，這份關於自尊報告的結論根本是謊言，它是瓦斯康塞尤斯的個人意見而非專家的實際研究發現。科學界的獨行俠斯梅爾瑟根據數據做出結論，他說：「自尊仍難以捉摸，因為它很難用科學方式精確定位……沒有發現自尊和它被預期的結果之間有顯著關聯，兩者關係不明顯或者沒有關聯。」可見瓦斯康塞尤斯主持的工作小組宣導的結論是謊言，並無科學證據支持。

但是斯梅爾瑟那句「一切社會問題起因於低自尊」是怎麼回事？要知道推動自尊運動的工作小組就是拜他這句話才受邀至歐普拉的脫口秀。原來這話被斷章取義。作家威爾．史托（Will Storr）為了替英國《衛報》（*The Guardian*）撰寫一篇文章，回頭聽了斯梅爾瑟向工作小組的口頭報告錄音，發現斯梅爾瑟說這句話時，指出一小部分的研究剖析自尊與學術成就的關聯性，隨即繼續說道：「在其他領域，自尊與成功的相關性似乎不大，我們不太清楚原因。若能找到兩者之間的相關性，我們也不能確定，造成兩者交集的原因是什麼[6]。」斯梅爾瑟的總結是：自尊沒有那麼重要。

斯梅爾瑟的研究結論充其量是沒有結論，但大家不在乎，因為培養自尊、肯定自我價值已經被定調為成功的關鍵因素。政治人物和媒體搶搭自尊運動的列車，讓該運動一飛沖天，在全美掀起熱潮。學校推動肯定自我的運動，我和其他數百萬人在兒時都曾體驗過。就連家長與孩子的交談方式也發生變化。心理學家尚・圖溫吉（Jean Twenge）指出，諸如「相信自己，一切皆有可能」這樣的口號在一九八〇年代與九〇年代頻頻出現，全美各地的教室裡貼滿寫著積極向上的名句。在那之前呢？沒有那麼普遍。圖溫吉接受雜誌《*The Cut*》訪問時指出：「他們都非常個人主義、非常以自我為中心、也都好妄想。『相信自己，一切皆有可能』？不，事實並非如此⑦。」

身為千禧世代，我們這代人常受到莫名其妙的批評，諸如自我中心、自以為是又自戀。我們自信過人；相信自己可在成功的階梯上扶搖直上，無須歷練「辛苦耕耘」的平凡時期；我們只做讓自己開心的事。每一個世代都在詆毀下一個世代，但這些批評也反映若干實情。根據研究⑧，千禧世代比較自戀，比較容易感覺自己優於平均水平，也較看高自己的價值。但是與其抱怨千禧世代，不如自問：你還能對這樣一個族群懷抱什麼不一樣的期待呢？畢竟他們已被溫水煮青蛙，被教育成自己是特別的，做什麼都能成功。

自尊並非建立在讚美之上

對自我感覺良好是人類天生的傾向。不難理解為什麼某一代的父母、教師和政府官員都被自我感覺良好的重要性所吸引。自尊與一些攸關健康和幸福的重要因素（如對生活的滿意度）絕對相關⑨。**看重自我是好事。但我們錯在把看重自我本身視為目標，誤以為我們應該為這種感覺而努力，但其實看重自我應該是附帶結果，它是自然發生的現象，而非刻意追求的目標。**提升自尊運動弄錯方向，把看重自我視為焦點，把建立自尊視為目標，認為自尊是一種透過讚美、緞帶、獎盃就可建立的東西。其實自尊和自信相輔相成，只有建立在現實的基礎上才算實至名歸。

社會尺標理論（sociometer theory）將自尊視為一種感應偵測器（sensor），提醒我們對自我價值與自我意義保持感知力。這個知名理論認為，自尊代表對自我的認同，而認同來自於我們自己以及我們所在的社群。對自我認同的程度愈高，自我尊重感就愈強。**成功人士往往有更高的自尊，不是因為他們把肯定自我價值當成努力追求的目標，而是在克服挑戰以及與其他人建立有意義的連結時，連帶地肯定自我的價值，亦即認同自我價值是附帶結果。**當我們面臨挑戰與逆境時，內心的劇本會發生變化。我們為艱困的任務付出努力的期間，會內化（認同）自己有強烈職業道德。我們將會愈來愈有自知之明，清楚自己也能和問題「ㄎ磨」，直到問題消失。**一個人長期地看重自我，依賴的不是外人的評價，而是靠自己實際的表現與努力，以及和他人建立實質的連結。**

提升自尊運動卻改寫劇本，提升小孩的自尊，卻未要求配套的行動和努力，因此小孩建立的自尊並非實至名歸。更糟的是，我們把培養自尊的重心放在外在的口頭讚美與獎勵，而非讓小孩打心底樂於付出努力。我們培養的是一種「人為的自尊」，一種基於妄想的脆弱自尊。我們建立的自尊是有條件的，而且過於專注外在形式。

假自信陷阱

若自我價值依賴外在的評價，我們會出現研究員所謂的「條件式自我價值」。**若我們對自我的感覺來自於外人對我們的想法與評價，等於把評價自我的控制權交給外部因素。**言不由衷的讚美以及徒具虛名的獎勵，與條件式的自我價值特別相配。一如馬克．費里曼（Mark Freeman）在《你不是石頭》（*You Are Not a Rock*）一書提出的結論：「就邏輯而言，追求自尊會讓你自尊低落。我們又陷入相同的陷阱：如果你相信自己的價值來自於別人的評價，等於把自我形象的控制權交給別人。如果他們不給你那些你看重的東西，你的大腦就會順理成章地認為，自己一定毫無價值⓾。」

同理，當我們對自我的評價取決於口頭表揚或外在獎勵時，我們的動機也跟著轉移重心。在二〇一二年，我還是個年輕教練，旗下有三十名自願者聽我差遣，他們是一群大學長跑選手，我稱這些人是我的「雜牌軍」。不同於大學越野長跑隊的傳統模式，他們分別來自不同的社會經劑階層、族群與背景，比較符合貧民區三流大學的模式。我的任務是利用有限資源提高這個團隊的成績，並招募到更優秀的選手。我開始搜尋哪些辦法能夠最大程度提高選手成績，並縮小選秀範圍，瞄準有成長潛力的新人。所以我讓選手接受各種心理測試，評估他們的膽識、心態、乃至因應壓力的能耐。過程中出現一些有趣的花絮，但這些心理數據的價值與重要性直到好一陣子之後才開花結果。

五年後，我已忘了這件事，相關數據被存放在電腦裡的一個文件夾。有次回顧另一個賽季的表現時，決定回去找找每個運動員這些年來的進步幅度，發現有些人的成績突飛猛進，從替補隊員變成了校史上最優秀的選手之一。有些人以一流選手的身份被學校網羅，最後卻雷聲大雨點小，辜負大家的期待。我習慣透過訓練視角評估選手的成績為何停滯不前。我的邏輯是，訓練要嘛有效，要嘛無效。但是當我看到進步曲線起起伏伏時，突然想到多年前收集的心理學數據。

當我回頭分析每個選手的跑步生涯，比較他們的動機模式與成績進步幅度，發現一個因素特別明顯。在選手的動機量表上，若**外在調節（external regulation）的動機型態——外在動機（extrinsic motivation）得分較高，成績進步幅度較低**。外在調節的動機型態定義如下⓫：「從事體育活動不是為了樂趣，而是為了獲得獎勵（如表揚），或者為了避免負面後果（如父母批評）。」外在調節動機型態得分最高的五名選手，也是成績進步幅度最少的五人。當我們唸出這些人的名字時，不禁嚇了一跳，我的助理教練內特．皮內達（Nate Pineda）脫口道：「這太不可思議了！這關聯性也太巧了吧。」這些高居榜單的人正是我們身為教練努力想辦法拉高成績的一群人，可惜事與願違。

說到自尊，我們設計了一些提高自尊的方式，這些方式朝條件式自尊以及外在動機型態靠攏。條件式自尊是脆弱的自尊。若依賴外在獎勵或讚美建立自尊，這種自尊會起起伏伏，不受我們控制。說到建立自信，我們經常落入同樣的際遇。脆弱的自信建立在虛張聲勢和對外炫耀，靠讚美、獎勵、甚至分數灌水提振信心水平。這種自信往往是不勞而獲或外強中乾。影響所及，大家誤以為，建立自信的做法應該是盡可能與失敗保持距離，而非擁抱失敗，畢竟失敗會粉碎信心。我們現在也犯了同樣的錯誤，因此建立的自信只是虛有其表，而非發自內心地相信自己。

愈沒安全感就愈狂妄；自信建立在腳踏實地上

在體育頻道ESPN《凱蒂．諾蘭深夜秀》（Always Late with Katie Nolan）節目上，諾蘭請一位大學生達瑞爾（Darrell）參加大家耳熟能詳的足球選手例行鍛鍊——四十碼（三十六．五公尺）衝刺。達瑞爾並非運氣好而參賽；他上節目是因為不知天高地厚，他在推特上寫道：「我真的想知道自己在四十碼衝刺的表現，我有信心能跑出四．四秒的成績。」諾蘭向健身狂達瑞爾下戰帖，要他以行動證明自己說的話。在他繫好運動鞋的鞋帶前，諾蘭問他：「你有信心跑出四．四秒的成績？你覺得自己堪比小奧德爾．貝克漢（Odell Beckham Jr.）？」達瑞爾答道：「百分之百。」結果達瑞爾並未以全力衝刺的方式跑出四．四秒成績，而是以更像大滑步的跑法跑出五．五秒。這個成績讓他與慢到墊底的三百磅大塊頭鋒線球員差不多，或者說與他的目標差了整整一個宇宙之遠。

自信是我們憑直覺理解的東西，一種能讓我們認為「這個難不倒我」的感覺。當我們想到堅強的人，腦海經常浮現渾身充滿自信的人。不過實際上，我們目睹的自信經常不是一種篤定、有憑有據的自信，而是類似達瑞爾那種信口開河的偽自信。

一如自尊，自信也有兩種版本，一種是貨真價實版——內斂、基於證據與互相理解；一種是偽自信——基於虛張聲勢。偽自信源於不安全感，彷彿面具，一個人戴著它，靠偽裝與表演，讓人覺得自己很厲害[12]。男性似乎較易受偽自信影響，例如八分之一的男性不知打哪兒來的自信，認為他們與網球巨星小威廉絲（Serena Williams）對打可以得分，不會全軍覆沒。妄想和偽自信兩者相輔相成。

這種大言不慚裝厲害或是眼高於頂的現象讓人困惑，而且不限於體壇。沒有人比美國前總統川普（Donald Trump）更能體現這一點[13]，他宣布他「比任何人還懂」的東西洋洋灑灑一長串，包括競選財務、法院、社群媒體、再生能源、稅收、建設、科技以及其他數十個領域。大聲喧嘩不等於自信，反而恰恰相反。最近的研究發現，習慣大聲嚷嚷的人——無論是在人前還是在網路上[14]，其實是因為內心缺乏自信。我們經常把眼高於頂、大言不慚和自信混為一談。我們誤把形諸於外的行為視為顯露內心活動的指標，卻沒有意識到，當一個人對外宣稱他信心十足，無疑正是在告訴大家，他絕非這種人。

我們甚至鼓勵這種觀念。自我懷疑已被妖魔化，若你露出任何弱點，面有任何猶豫之色，肯定是在告訴大家，你沒資格被加薪。謙遜和脆弱代表你無力處理「艱困」情況。這是我們自少年足球隊就開始內化的教戰守則。表現自信十足的樣子會讓你邁向成功之路。反之，若讓任何懷疑或猶豫進入你的腦袋，你就站在等式錯誤的一邊，勢必走向失敗和崩潰。我們告訴彼此，想要成為什麼，必須先裝得像什麼！或者在運動員表現不佳後，告訴他們要展現自信的樣子，好像自信像開關按鈕一樣，說開就開。我們把外在表現與內在自信混為一談，以為如果我們能說到做到，就能言出必行。**就像建立自尊一樣，我們搞錯了方向。信心必須出自內心深處。**

面對挑戰時，期望和現實應該高度重合。只要兩者有差距（亦即信心很強，但完成任務的能力很低，或者反過來），會大幅降低我們咬牙完成挑戰或是竭盡所能的可能性。我們更可能趨易避難，包括喊停、退出、找出一個不需要搬開擋路石頭的輕鬆解決方案。我們為什麼要給自己定一個無法實現的膨風目標，然後在競技場上慘遭現實打臉？

眼高手低，一事無成

你若只會大聲嚷嚷卻無任何行動，你的大腦已意識到這點。它不是傻瓜，它的工作是保護你，不讓你因為愚蠢的自我而跌得鼻青臉腫。若我們過於自信，會為失敗埋下伏筆。這說法並非空穴來風：不論是參加體育比賽，還是了斷一段關係、乃至決定工作的去留等等，研究員在這些困境中都發現了這現象。一開始容易覺得自信滿滿，不過與現實交手後，發現自己可能達不到目標，我們會經歷心理學家所謂的「行動危機」⓯。我們的心態跟著改變，從以目標為導向（聚焦於實現目標）轉變為滿腦子揮之不去負面想法和感覺的狀態。我們放棄一心想成功的狀態，改而和自己交涉，說服自己放棄目標。高估自己的偽自信會影響我們在任務的難度與自己的實力之間取得關鍵的平衡點。如果我們高估自己的能力，一旦大腦意識到「等等，我們已經力不從心」，它會立刻按下保護鈕，讓我們關機。手邊的任務被視為威脅，我們決定省下精力，留給更有價值的事情。

例如，那些自信滿滿走入考場的學生，儘管他們只是臨時抱佛腳，沒有為考試做萬全準備，但還是可以裝模作樣，給自己打氣，說服自己可以憑吹噓與胡謅的本事在寫作題目上大做文章，或是利用單選題發揮自己的優勢。但是一遇到幾個讓他們感到絕望的考題，現實感便慢慢滲入，他們的身體被壓力荷爾蒙淹沒，恐慌佔據了他們的心思。**期望和現實之間的差距愈大，問題就愈嚴重。**

紐約州立大學水牛城分校教授趙明明[16]（Ming Ming Chiu）評估自信如何影響兒童的閱讀水平。研究對象來自三十四個國家的學生，趙明明與同事發現，有點自信可能有助於提升閱讀力，但過於自信可能反而有害。過度自信與閱讀能力較差有關聯。趙明明在研究報告中提出解釋，稱：「過度自信的學生若選擇了一本太難的書，如《魔戒》（*The Lord of the Rings*）而不是《哈利波特：神祕的魔法石》（*Harry Potter and the Sorcerer's Stone*），可能讀了幾頁後就放棄，任書籍在書架上生灰塵。相形之下，一個更有自知之明的學生可能選一本比較簡單的書，成功讀完並繼續閱讀更多的書。」

如果我們以人為的方式提高自信，告訴自己這只是小菜一碟，或者說服自己這不過是探囊取物，**大腦不斷接到這樣的訊息後將其解讀為：我們不必太費力就能實現目標。如果事情這麼容易，為什麼要浪費多餘的資源？**一旦發現實情並非如此，我們會直接跳到失控狀態。我們的腦袋可能會想「怎麼回事？！這不是很容易嗎？我們不是穩操勝券嗎？」偽自信會造成不安全感，讓大腦胡思亂想。

這正是脆弱的外在自信有別於牢靠的內在自信。一項針對一萬兩千多人所做的研究發現，相較於零自信的人，稍稍裝得有些自信的人可能會加分一點。但相較於那些打從心底自信的人，這招就不管用了。針對自我激勵、自尊、韌性、應對技巧、適應力和堅定等特質所做的評價中，外在自信高的人，可能會讓上述的分數稍稍進步一些，若以滿分一百分計算，也許能從三十五分提高到四十二分。但擁有高度內在自信的人，得分可落在七十或八十分以上。內在自信讓一個人出現「質」的改變。伊洛娜・傑若貝克⑰（Ilona Jerabek）是一家公司總裁，該公司參與了該研究，她對研究結果做出評論，稱：「假裝自信在某種程度上雖然有效……然而，就像我們創造的任何門面一樣，撐不了太久。」

在不太需要特別費力的事情上，偽自信多少有效。偽自信可在輕鬆的任務中派上用場，這些任務挑戰性低，只需要稍微鼓勵一下就能讓你邁出第一步。在職場，研究顯示，偽自信雖然能騙過那些狀況外的人，但對於多少熟悉狀況的人，會立刻嗅出你對這項課題少根筋，缺乏敏感度。在需要堅強心性的情況下，偽自信多半會失敗收場。裝出來的自信脆弱、不堪一擊，碰到壓力或不確定性時，立刻潰散。反之，內在自信固若金湯。雖然想到堅強的對手與高階主管時，腦海會浮現他們有不可撼動的自信，但現實是，迎戰挑戰最好的方式不是信口開河，而是悲劇式的樂觀精神（tragic optimism），亦即短期內面對現實，長期而言仍保持希望與樂觀的心態。

四步驟建立內在真自信

我們在培養自信時，觀念與做法都不對，誤以為無論在什麼情況下，或是無論能力是否能因應挑戰，都得無條件相信自己，才叫有信心。誤以為堅強的人可以承擔一切。其實，我們必須降低標準，**認清：自信僅代表完成能力所及的事，而不是無限上綱到以為自己無所不能。**

四步驟建立內在真自信：

一、降低欄杆高度，提高最底水平。

二、捨棄完美，擁抱自己。

三、相信自己所受的訓練，相信自己。

四、讓內在的自我安靜下來。

一、降低欄杆高度，提高最底水平（最低平均值）。

當我們努力提升表現與成績時，大多數人習慣用提高天花板的做法（lift-the-ceiling approach），亦即以「歷來最佳成績」評斷自己。以田徑賽為例，我們會以個人在某次比賽的最好成績定義自己的實力。若要更上一層樓，意味要跑得比之前任何一次都快。但職業跑者布萊恩・巴拉薩（Brian Barraza）用另一個角度看待進步，稱：「我的目標是提高底部水平（raise the floor）。每次站上跑道，相信自己能在設定的時間內完成比賽。」巴拉薩並未使盡吃奶的力氣要求突飛猛進，而是設定一個最小的期望值。「若你的目標是提高最低水平，表現會更順其自然、水到渠成、最後輕鬆達到比預期目標還好的成績。這做法不代表我們自降標準或只敢打安全牌；**這一切是為了建立信心**，深信自己讓人驚豔的表現會重複出現，而非空前絕後。只要是我們能力所及、在我們可控範圍內，那麼無論遇到什麼情況，我們的表現都能達到一定的水平。」巴拉薩有天結束練習後對我這麼說。

當我看到這個想法漸漸滲入運動員心理時，我注意到一個趨勢：那些把重點放在提高最低水平的人，都有一種內在自信。這個曾經看似瘋狂的想法，現在已成常規。

亞當斯州立大學運動心理學家布萊恩・祖勒格（Brian Zuleger）教我練習如何重新訂定期望值。與其追求最佳表現（亦即我們鮮少能達到的水平），不如提高最佳平均值。若我們用歷來最好的成績為依據評價自己，不可避免地會經常以失敗收場。反之，若取最近五次表現的平均值，雖然這目標還是難但並非緣木求魚。

訂定目標的首要原則是：保持一致性。不要為了讓自己有信心而降低對自己的期望值。了解自己的實力，設定一個在能力範圍內或稍稍超出能力範圍的標準。你必須擁抱現實，而非好高騖遠。要知道，突破現狀靠的不是偽自信。你得相信自己的實力已達某個水平，只要機會出現，就願意敞開心胸勇於冒險一試。

二、捨棄完美，擁抱自己。

真自信的基礎是了解自己以及自己的能力。真自信來自於勇於表現脆弱，而非建立在虛妄的英雄主義之上。你想更上一層樓，不是透過不切實際的自我評價，而是認真審視你當下的處境，包括了解自己的實力、挑戰的性質以及白己的弱點。真堅強的人，謙遜而理智地承認自己的優缺點；正確找出風險與報酬的比例；平衡期望值與挑戰的要求。脆弱——承認自己並非無堅不摧，並非是痛苦與壓力的絕緣體，也絕非永遠的贏家，**脆弱是建立內在自信的唯一途徑。**真堅強的人不介意探索自己的弱點。他們內心強大到勇於表達脆弱與受苦的一面，不擔心因此顏面掃地。拒絕探索或承認自己的弱點，代表這個人沒有安全感，並不是充滿自信。

當我們脆弱時，只要我們承認並接受自己的弱點，那些可能激怒我們的文字、短語和批評就會失去力量，無用武之地。反之，若我們試圖隱藏自己的不安全感，這些詞彙才有機會見縫插針。假自信是一種掩飾、一種錯覺、誤以為自己無所不能。我們建立假自信的理由與我們建立假自尊的原因如出一轍：保護我們自我敏感的部分，以及對外隱藏我們的弱點和不安全感，因為我們擔心一旦暴露弱點，外人會覺得我們是表裡不一的騙子或是自己不夠優秀。

如果我們能坦然接受自己真實的樣子，接受自己的缺陷，就會慢慢擺脫自己的不安全感。例如，當我們的長相、寫作能力或智力受到批評時，常會因不安全感作祟而變得畏縮。所以我們可以重新定義與這些東西的關係，不再把它們當作需要掩飾或隱藏的對象，而是應互相了解與學習的對象。

當我們接受自己的缺點，心態上比較不會懷疑自我。本章討論了人類和兩個主要心理建構（psychological constructs）——自尊與自信你來我往的心路歷程。兩者都可歸結到同一個問題：我們如何看待自己以及周圍的世界。換句話說，我們對自己的看法是清晰（自知之明）還是錯覺（自以為是）？身分認同對於我們如何看待世界扮演了關鍵的角色。年輕時，我們的身分與角色多變，在音樂人、運動選手、書呆子或任何青少年愛用的標籤之間穿梭。我們可以在像是寒假這樣短暫的時間內汰舊換新一個角色，雖然隨著年齡增長，身分開始定型，但定型的程度還是取決於自己。

我們可能不太希望和青少年時期一樣，身分變來變去，但也不希望身分僵化到一成不變。我們希望對自己的身分感到自在，但也希望身分有調整的空間。換言之，我們需要安全但靈活可變的身分。如果身分一成不變，遇到內在設定的自我劇本受威脅時，我們可能會視之為攻擊，影響所及，我們會絞盡腦汁，不計一切代價捍衛自我，並動用「認知偏見」（cognitive bias）保護自我認知，讓它毫髮無傷。反之，若願意承認自己的弱點，有助於擺脫這種防衛狀態，因為我們清楚自己是誰，有關自己是誰的結構穩定，但細節可變動。所以對方的攻擊不是攻擊，反而有利我們理解自己的弱點。

三、相信自己所受的訓練，相信自己。

在本章一開始，我們提及教練佛瑞德·威爾特對馬拉松選手艾德倫賽前充滿不安全感的狀態說了重話。威爾特的態度透露幾世代教練都在重複的簡單訊息：**相信你受的訓練，相信你的體能狀態**。這些簡單的訊息背後還有更深刻的意義：**真自信建立在身體力行之上**。

因為恐懼或神經質作祟而不得不為，無助於建立信心，因為投入練習是因為害怕失去或擔心失敗。當恐懼成為行動的驅力，不安全感就會蔓延。反之，**當行動是為了變得更好而為之，為了享受過程而為之，為了精進技藝而為之，那麼信心就會逐漸增強**，有一種「我以前好像做過，或是我已做好準備，不怕遇到挑戰」的感覺。這就是作家何以每天坐在書桌前筆耕不墜。舞蹈家花無數時間讓舞步行雲流水。高階主管對每一種可能的情況都事先預演。最後結果可能無法次次如願，但能夠培養安全又可靠的信心，因為這種信心靠的是穩紮穩打與苦幹實幹。

洛杉磯湖人隊籃球明星勒布朗．詹姆士（Lebron James）可謂地球上最出色的籃球高手。二〇一四年，他在訓練中增加了一個新項目：一對一單打訓練，規定只有用不習慣的腳與手運球投籃進球才算得分。詹姆士努力不讓自己的弱項在比賽時扯後腿。用不習慣的手腳投籃，得分機率當然不如優勢的手腳，但這練習讓他在比賽時若遇到同樣情況能夠應付自如，也給自己製造更多得分的機會。

難怪籃球之神麥可．喬丹評論史上最佳球員時曾說：「**如果你出手投籃時心存疑慮、感到不安或『壓力』，那是因為你練習不夠。緩解這種壓力的唯一方法是增強基本功**[18]**，不斷反覆練習，所以當比賽落後，你有能力處理一切狀況。**」簡言之，若想建立自信，應該從自我成長的角度看待努力，而非因為恐懼才努力。大膽無畏是掙來的，不是靠想像。

四、讓內在的自我安靜下來

自我就像一個唸中學的孩子，努力學習適應自己與他人，希望能獲得別人喜歡與青睞。一旦覺得快失敗或可能讓自己顏面掃地，會立刻找藉口脫身，卸責給他人，以及與衝突中心保持距離。例如會把不小心把牛奶撒在地毯歸咎給手足，或者找其他任何一個藉口。例如每次歷史測驗不及格，就會編出「老師就愛找我碴，老是看不起我！」之類的藉口。自我的防禦反應完全是為了保護主人。

我們喜歡帶著一個劇本到處走，劇本裡的我優秀、體面、有能力。每當與劇本相反的證據出現，內在的自我就會全力以赴地合理化、找理由，或是解釋為什麼與劇本相反的人設絕不可能成立。自我為我們做了許多好事，彷彿一套社會免疫系統，擊退不利心理的各種威脅。但是若自我建構的自我意識與事實不符，這就像過度活躍的免疫系統，反而有破壞性。我們並不想讓自我關機噤聲，只是想讓它的活力降到合理的水平。

社會心理學家海蒂．魏門特[19]（Heidi Wayment）率先提出「安靜的自我」這個概念。她接受期刊《科學美國人》（*Scientific American*）訪問時指出，所謂安靜的自我意思是：「調低自我的音量後，才可以聽得見別人和自己的聲音，努力以更有人情味和更有同理心的方式過生活。」一

安靜的自我強調保持自身的平衡——一來承認我們需要自信，同時也清楚知道自身的優缺點以及所處環境的優劣勢。**安靜的自我會對他人保持開放與接受的態度，而非防衛和封閉**。它能拉遠鏡頭、改變視角、理解短空往往是長多的一環。如何讓自我安靜下來？可自問：「什麼造成你

刺痛、考慮再三與抽離？什麼導致你心理預設在防衛狀態？受到抨擊，你是斷然反駁？還是會考慮一下並評估看看？」

你要學習的是自我覺察與反思，以及建立足夠的安全感。對自我有一點懷疑、有一點不安全感是正常的。但是若防禦性或保護性太強，代表內心的自我聲音太大。若我們結合感知、覺察與安全感，就可擺脫虛張聲勢的偽自信。真自信是肯做難事，雖然有時會失敗，但看得清自己的實力與弱項，然後努力練習改進。

「區隔化」vs.「整體評價」

失敗時，我們會怎麼做？如果你的數學被死當，你是否認為自己的數學很爛？自暴自棄地認為數學不是你的專長？如果你的業績超過季報的收益目標，你是否會歸功於自己狡猾的商業手段？培養自信很大一部分在於建立安全但靈活的自我概念。至於我們對自我的想法，很大程度取決於如何將成功和失敗融入我們的內心劇本。

英國提塞德大學（Teesside University）運動心理學家珍妮佛・梅格斯（Jennifer Meggs）的博士論文指出，我們通常會用兩種不同的方式把積極和消極的想法同化（assimilate）到我們的自我中：分別是「區隔化」（compartmentalization）或「整體評價」（evaluative integration）。所謂「區隔化」，代表非黑即白、非此即彼。亦即這件事要嘛絕對正面，要嘛絕對負面。以一門課被當為例：區隔化告訴我們，被死當絕對是壞消息，我們可能在這門領域毫無前途可言。

反觀，善於「整體評價」的人，會針對討論項目提供更多細微的差異之別。他們能看到情況的好與壞，可能會感到焦慮或沮喪，但仍然相信自己可以完成眼前的任務。這不是非此即彼的零和遊戲。研究員根據受訪者所屬的自我建構群（區隔組 vs. 整體評價組）對他們進行測試，並比較他們在堅強量表上的得分，結果很明顯，比較擅長進行整體評價的受訪者更堅強，更善於「在逆境中茁壯成長[20]」。

這正是真自信的關鍵。**承認凡事好壞皆有，每個人有弱點也有長處。活在現實，與現實打交道，而非裝模作樣，訂定自己的標準。**正如英倫才子艾倫．狄波頓（Alain de Botton）在《論自信》（*On Confidence*）一書中所說：「提高自信的方法不是打消我們對自己的尊嚴的疑慮；而是要和我們難免犯傻所做的糗事和平共處。」

第5章

找回自主掌控權

一個人覺得自己足以控制與影響所做的事，自然會有更好的表現。擁有控制權不僅是克服逆境的關鍵，也是讓自己快樂、健康的核心。

在俄羅斯生理學家伊凡・巴夫洛夫有關古典制約的實驗裡，狗被訓練到聽見鈴聲就開始流口水。一到吃飯時間就聽見搖鈴聲音，漸漸地，狗將鈴聲與食物兩件事聯想在一起。把刺激與積極反應相結合，就會讓狗聽到鈴聲時開始流口水，期待食物出現在眼前，即使食物一直沒出現，口水依舊照流。

數十年後，賓州大學教授理查・所羅門❶（Richard Solomon）主持的實驗室進行和巴夫洛夫古典制約實驗類似的實驗，只不過把獎品換成了處罰。這次鈴聲連結的不是食物，而是電擊。所羅門進行的是恐懼制約實驗。鈴聲響起；狗被電擊。一遍又一遍，一直到狗兒學會鈴聲等於警告訊號，代表將受到電擊。二十四小時後，已被制約的狗被放在一個箱子裡，箱子裡只放了低矮的柵欄，狗狗很容易逃脫。所羅門的實驗室認為，已被恐懼制約的狗，一旦聽到電擊的提示聲就會或奔、或跳或盡一切可能逃離箱子，畢竟即將受到電擊。但這些狗並沒有試圖逃跑。鈴聲響起，狗狗只是坐著不動。

馬丁・塞利格曼（Martin Seligman）和史蒂芬・邁爾（Steven Maier）是剛加入所羅門實驗室的兩名年輕研究員❷，他們確信，「完全不想逃跑是一個值得研究的現象」。

塞利格曼和邁爾對狗的無動於衷感到困惑，心想這些狗被制約後，明知鈴聲意味將受到痛苦的電擊，但他們為什麼不逃？因此想弄清楚到底是怎麼回事。在一系列的實驗裡，他們再次對狗電擊，但這一次並非所有的狗都困在箱子裡無法逃脫，而是讓其中一些狗可以跑出去。對於其中一半的狗而言，如果想避免被電擊，只要用頭去撞箱子裡的隔板，便可關閉電擊開關，這些狗很快學會如何結束電擊。至於另一半的狗，撞隔板也沒有用，依舊會被電擊，對於電擊何時開始或何時結束完全束手無策。在整個實驗過程中，狗狗經歷了看似隨機沒有規律的痛苦電擊。其中一組狗可以逃脫，另一組狗則被困在箱子裡，不得不忍受電擊之痛。

習慣不同的電擊裝置後，兩組狗被放在由兩個長方形構成的籠子裡，中間隔著只有幾英寸高的木製柵欄。電擊和逃脫的殘酷實驗並未結束。這一次，電擊是透過地板傳到其中一個隔間，但不會傳到另一個隔間。不同於第一輪實驗，這次每隻狗都有同樣逃脫的機會，只要跳過矮柵欄到另一個隔間就可避免電擊之苦。對所有狗而言，安全只在一步之遙。

塞利格曼和邁爾的發現讓人驚訝。第一輪實驗中，那些透過撞擊隔板學會避開電擊的狗在第二輪的實驗中做了明智的反應：跳過障礙物逃到安全地帶。而在一開始經歷電擊束手無策的狗呢？儘管這次有同樣的機會和能力逃到安全地帶，卻沒有這樣做。超過三分之二的狗狗乾脆放棄，懶得尋找逃生之道，連一次努力都沒有，即使實驗重複了十次也一樣。那些最後發現自己可以逃脫的狗，幾乎是撐到實驗接近尾聲，第一次被電擊後就發現可以逃之夭夭。反觀對電擊習以為常的可憐狗兒，意興闌珊、蜷縮在角落裡哀鳴，連試都不想試❸。

讓人自動放棄的「習得無助感」

塞利格曼和邁爾從實驗中發現了他們稱之為「習得無助感」的現象（learned helplessness）。這些小狗漸漸得知他們無力控制痛苦和折磨，對於發生在自己身上的事束手無策，唯一能做的就是接受並忍受痛苦。同樣的現象也重複出現在其他動物身上。研究員對實驗鼠進行類似實驗，發現無法按下槓桿逃脫電擊的老鼠出現更嚴重的壓力反應，胃潰瘍的比例也翻倍。老鼠若無法控制自己的命運，會出現和狗一樣的模式：不再試圖逃脫自己的處境。**習得無助感模式清晰可見：剝奪動物對痛苦的控制權，他們漸漸學會認命、自暴自棄，即便逃脫絕望的出口就在眼前，也不會**

選擇逃脫。

現代職場、體育聯盟、甚至學校，經常訓練我們做出和動物相同的因應方式。一如舊版的堅強模式，這些場所習慣依賴控制和約束。他們剝奪我們的選擇權，以專制的教練為例，透過恐懼和懲罰激勵運動選手。講究微觀管理的老闆追蹤員工分分鐘鐘的工作狀態，連員工何時點擊臉書也不放過。父母隨時隨地限制和掌控孩子，導致孩子喪失探索的天性。事實證明，一旦人被剝奪了控制權和選擇權，我們就會出現和上述無助狗狗一樣的行為。

我們覺得任何努力都是徒勞的。人沒有了控制權，即便非常積極的人也會熄火沒勁。一旦不能自主，感覺無論做什麼都是徒勞時，我們的大腦會收到這樣的訊息：「有什麼意義呢？」現代職場裡，我們看到這樣的轉變。年輕而熱情的新進職員逐漸變成不用心的工作機器，從有為之士變成只求溫飽。這樣的職業倦怠幾乎充斥各行各業，但這其來有自。追根究柢，我們花了多年時間，高舉培養紀律的名義，結果養出消極的無望感。**所以我們需要換一種方法，一種強調回饋、提高自主性的方法。這種方法可以幫我們打開工具箱，指引我們走出不適。**

長期絕望的移民

一六六六年，一百零五名男子乘坐「忠實蘇珊號」（Susan Constant）、「順風號」（Godspeed），「發現號」（Discovery）三艘船，從英國出發穿越大西洋，經過四個月航程，在詹姆斯鎮（Jamestown）上岸，這是英國在美洲新世界建立的第一個永久性殖民地。一百零五人包括士紳、鐵匠、木匠和維修工匠，他們在一六〇七年五月十三日在詹姆斯河畔建立了新家。在一百零五人抵達詹姆斯鎮之前，沒有任何一個遠征隊成功過，加上穿越浩瀚大海前往尚未開發的新天地，的確有其風險和危險，所以這些人很清楚這趟旅程危險重重。

第一年結束，第一批殖民者中僅三十八人倖存。儘管死亡率居高不下，還是有不少人陸續跨海湧入。作為一個殖民地，詹姆斯鎮非常不適合居住：該地發生嚴重乾旱、農作物栽種不易、病媒蚊滋生、加上美洲原住民對這些英國人有敵意。絕望、孤立、飢荒、死亡是家常便飯。

寄回老家的家書中，殖民人士表示，整個村落瀰漫懶怠和冷漠。一封寫於一六一〇年的家書中[4]，威廉・斯特雷奇（William Strachey）指出，大家無所事事，無聊之至；無法「為自己的肚子播下玉米種子，也無法在花園或任何一塊土地上，為自己種植根莖作物或是藥草等……」過了幾年，另外一位殖民者寫道[5]：「大多數人自暴自棄，抑鬱而終。」

回顧那段艱辛時期，針對不斷被提及的冷漠和懶怠，常見的解釋是，飢餓耗盡當年殖民人士的精力和工作慾望。也有人認為，殖民者對新世界的嚴酷生活條件毫無準備。不過現代歷史學家凱倫・庫伯曼（Karen Kupperman）則有不同見解，他稱飢荒確實是威脅，但是有沒有可能長期與死亡和絕望為伍，久而久之影響他們的心理生物學狀態，最後抑鬱而終呢？

根據庫伯曼的論文《早期詹姆斯鎮居民的冷漠與死亡》，詹姆斯鎮居高不下的死亡率曾短暫回落。當時英國探險家約翰・史密斯（John Smith）負責詹姆斯鎮的殖民工作，也是與原住民公主寶嘉康蒂（Pocahontas）傳出傳奇故事的主角，他喊出新口號「不幹活就挨餓。」（Work or starve.）他掌舵之後，死亡率一度短暫下降。史密斯要求每個英國人每天從事四小時農活。根據他的報告，在他當家的十個月裡，只有七、八人死亡，遠低於他掌舵前後的比例。史密斯指出「無所事事以及不用心思」才是詹姆斯鎮的問題肇因。其他人似乎也有同感。在一六二〇年，殖民者喬治．索普[6]（George Thorpe）指出：「在這裡，死於精神疾病的人高於身體生病的人。」難道簡單的求生慾不足以讓詹姆斯鎮新移民為了求生存而振作起來？不願意投入農活養活自己？還是他們覺得做什麼都徒勞無益？

「放棄一切」病

在韓戰期間，戰俘出現一種新病。他們一副無精打采、提不起勁的樣子，彷彿行屍走肉，情緒和生命力都被抽空。隨著時間，戰俘漸漸枯萎凋零，放棄日常例行活動，甚至懶得打理個人衛生。他們的動作類似僵屍，走路腳跟幾乎黏著地板，彷彿要保存每一分力氣。這種疾病不會出現器官衰竭的徵兆，也沒有可識別的內在壓力，但預後評估很不樂觀：死亡。該病叫做「放棄一切」。

放棄一切這種疾病並非起源於韓戰。類似的現象也廣泛見於受過極端創傷的人。例如，第二次世界大戰期間，關在納粹集中營受苦的人，他們內心的光隨著生活無望而慢慢黯淡，變成沒有生氣的人。此外，最近從海上迷航歷劫歸來的倖存者表示[7]，不幸在航程中喪命的船友也經歷類似的現象。

在二〇一八年，心理學家約翰・李奇（John Leach）追蹤該現象的歷史和科學背景，寫成報告，取名《再探放棄一切的現象》（*Give-Up-It is Revisited*）。根據他的說法，走到放棄一切這一步的人會經歷五個階段。一開始是廣泛性退縮、然後是淡漠、喪失情感反應、對任何外部刺激缺乏反應。連簡單地動一動都不想，直到連最簡單的事都無法完成，一副無精打采、萬念俱灰的狀態，最後是精神死亡（psychogenic death）。

放棄一切這種病很容易被外人嗤之以鼻。死於缺乏繼續生活下去的動力，不符我們的醫學思維，傳統醫學需要死因，例如器官衰竭、傳染疾病等等。但是我們在受到電擊與折磨的狗狗身上看到同樣的現象——陷入被動狀態，完全不想逃離痛苦。其他研究顯示，被制約而出現習得無助感的老鼠被放入水箱後[8]，因為放棄求生意志在短短幾分鐘內溺斃，儘管他們有不錯的游泳能力，要活命並不難。放棄一切不見得一定會導致死亡，但喪失控制感，對一切漠不關心的精神死亡確實存在，而且很普遍。

一個可悲的變化球是，美國中情局將這些發現納入逼供的酷刑裡，如二十一世紀初動用水刑。根據聯邦參議院的一份報告[9]，中情局希望囚犯喪失所有「控制感和可預測感」，取而代之的是習得無助感以及對一切漠不關心。

控制你能控制的事

也許有一種療法可以治癒放棄一切的心態。精神病學家暨納粹大屠殺倖存者維克多．法蘭克（Viktor Frankl）指出，當他被關在奧許維茲集中營時，另一名囚犯告訴他，若想提高生存機會，應該做到兩件簡單的事——刮鬍子以及站得挺。換句話說，**控制你能控制的事**。這與約翰．史密斯對詹姆斯鎮新移民的建議類似。李奇認為，若想讓危險的處境恢復一些常態，「這人需要覺得，他至少對目前的處境有一些控制權，在心態上尚未完全認輸。」法蘭克續道：「有選擇權顯示，精神上的無助感已被逆轉，已重新找回對逆境的一些控制權，這是恢復求生意志的關鍵因素……放棄一切是精神認輸的臨床表現[10]；是一種被動式因應反應（passive coping response）的常見病理現象。」

放棄一切的、心灰意冷的心態不止移居到遙遠新世界或經歷極端折磨的人才會出現；它是現代性之惡，死亡並非這裡所指的最終結局，但萬念俱灰肯定是。當今的工作不再是朝九晚五按時上下班。電子郵件必須隨時隨地獲得回覆。我們得二十四小時開機，二十四小時保持連線狀態。如果你未隨時回覆父母、老闆或客戶，你可能會有麻煩。大家希望我們像個陀螺不斷「旋轉」，如果我們覺得不堪負荷，老闆會說，多的是人在後面排隊等著你的工作。在當今的職場，我們放棄了所有自主性，只為了多賺幾個錢餬口。隨著工作滲透到生活的方方面面，我們積極地在各領域訓練習得無助感的消極心態。當我們覺得自己被剝奪了發言權或選擇權時，我們會走上萬念俱灰、逆來順受之路。我們和那些狗狗一樣，經由學習，知道自己無論按多少次求救鈕都不會有人理會。難怪碰到難以決定的重大時刻，心理會不堪負荷。難怪我們當中有這麼多人會跑出去運動，甚至在三更半夜洗碗。我們歸咎於缺乏意志力或動機，但是實情是，當我們覺得自己對生活缺乏控制權，我們會對一切變得淡漠、意興闌珊。

自主權能增加堅韌力

彼得・伯恩（Peter Bourne）一九六二年自埃默里大學（Emory University）醫學系畢業後⓫，在美國陸軍服役三年，並前往越南參戰，越戰是所有戰爭之惡的縮影，型態也不同於其他最近發生的衝突。例如，突襲和伏擊取代過去行之多年的結構化戰爭。伯恩對於一個人如何因應壓力充滿濃厚的興趣，他認為越南是了解人體如何因應這類危險的絕佳地點。他服役的營區位於胡志明小道（又名長山道），是越共運輸物資與武器的補給路線，伯恩每天測量幾位士兵、軍官和無線電操作員在爆發衝突前的壓力荷爾蒙皮質醇含量。伯恩希望了解身體事前如何預測和應對壓力，以及事後如何恢復。一旦不可避免的攻擊終於出現，伯恩會在戰火已歇，重新恢復正常後，繼續追蹤他們的壓力荷爾蒙分泌量。

當他比較這些人的皮質醇反應時，發現一個模式。士兵們都出現皮質醇水平在預期攻擊的那一天明顯下降。但無線電操作員與軍官的皮質醇水平卻上升。攻擊結束後，士兵的皮質醇上升，軍官的則下降，但兩者都回歸到基線水平。即使攻擊結束，無線電操作員的皮質醇水平依舊上升。所有人都在同一個營區，經歷同樣的環境，預期同樣的攻擊，但他們的壓力反應卻大不同。伯恩認為，差異在於對控制權的感知。士兵經過訓練，加上對環境的適應力，能夠因應即將發生的突襲。他們為戰鬥做好了準備，已一而再、再而三地接受操練，知道該怎麼做。他們的工作不是制定作戰計畫或研擬戰術，而是服從上級指令。此外，士兵堅信，只要遵循指令就會成功，畢竟他們是世上訓練最有素的軍隊。他們沒有時間反覆思考問題，一如幾世紀前約翰·史密斯對詹姆斯鎮殖民者喊出「不幹活就挨餓」一樣，越戰美軍要幹活：必須打理營區、確保防線堅固、準備武器與裝備等等。由於訓練有素，他們覺得自己多少可控制危險的局面。

軍官沒有這麼好命。表面上，他們掌握更多的控制權，但說到影響最終可能的結果，軍官的控制權不多。相較於士兵，軍官的確擁有更多的訊息和情資，但他們得聽命更高指揮官下達的命令，然後對戰略和戰術做出最佳預判，並希望自己的預判正確。同理，無線電操作員負責傳遞訊息，他們是中間人：角色很重要，但他們對戰場上發生的事沒有發言權或影響力。

我們對控制權的感知會改變我們對壓力的反應方式。不僅在戰場，也擴及至我們生活的所有領域。想像一下：中階管理層夾在老闆的指令和職員的需求之間，感到左右為難；教師被告知不得偏離教育局編定的統一課程，儘管他們的學生愈來愈跟不上進度。**當我們沒有了控制權，壓力就會激增。當我們感覺到自己多少可以影響現況時，皮質醇分泌會降低**[12]。控制權不僅改變我們的壓力荷爾蒙反應，也改變隨壓力而來的體驗。研究員用 fMRI 掃描實驗對象的大腦時發現[13]，若疼痛可控，實驗對象的焦慮會降低，同時大腦的威脅感應區（杏仁核）的反應也會降低。若感知到疼痛可控，不僅杏仁核警報系統的反應會降低，另外一個更好的情緒控制器（前額葉皮質）也能比杏仁核更快地介入，迅速撲滅火勢。換言之，**當我們感知到自己擁有控制權，警報系統會保持安靜，就算響了也比較容易關閉。**

我的跑步經驗

控制權不僅改變我們對壓力的生理反應，也會改變我們能否堅持下去的心態。我們若相信自己足以影響最終結果⓮，可能會更願意堅持下去，即使面臨挫折也無所謂。最大攝氧量測試（VO2 Max test）是傳統測量心肺耐力的指標。這是一項殘酷的測試，一個世紀以來一直是運動生理學的標配。受試者在跑步機上跑步，生理學家每隔一兩分鐘上調一次速度或坡度，直到受試者喊停或因疲憊跑不動被跑步機甩出去。受試者會戴著一個面罩，透過面罩上的呼吸管呼吸，測量心血管系統有多強、效率有多高。

在我的跑步生涯中，進行過幾次這樣的測試，但總是讓我感到有些困擾。它與實際的比賽幾乎找不到任何共通點。在跑道或公路上比賽時，你可以控制何時該加速或減速，但最大攝氧量測試則剝奪這個選擇權。因此，二〇一四年秋季的某一天，我跳上跑步機，決定來個不一樣的測試，讓運動員拿回控制權的測試。這個測試不要求我堅持到求饒認輸「喊爹叫娘」為止，而是要求我在十分鐘內耗盡自己的體力。我全權掌握節奏，根據自己的體能調整速度或坡度。當我站上跑步機，原本的恐懼感消失不見了，我很清楚該如何耗盡自己的體力，尤其是知道自己的極限與終點線在哪裡的時候。完成這個測試，不僅心態上更喜歡這種測試，身體能夠吸入和使用的氧氣量也明顯增加。

下一步顯而易見：詢問我指導的運動員是否願意成為最大攝氧量測試的小白鼠。接下來一週，我讓他們進行兩次最大攝氧量測試，傳統的測試由身為教練的我控制，而新的版本則由他們控制速度與坡度。我們分析數據後發現，在實際跑道上跑得更快的運動員在最大攝氧量測試的表現也更好，當他們拿回控制權，最大攝氧量會跟著提升。反觀在跑道上速度較慢的運動員，在傳統測試的表現略佳。

事後與運動員討論後發現，**出色的跑者顯然需要自主權與控制權，希望清楚自己的極限所在，並掌控自己的配速**。至於哪些跑得稍差的運動員，則須把目標簡化為堅持到底抑或放棄之間二擇一，這有助於他們將注意力聚焦在一件事上：心無旁騖繼續前進，這才能提升他們的表現。不過對於經驗更豐富以及成績更優秀的跑者而言，這還不夠。他們需要控制權，需要自己做出選擇，才能跑出最佳成績。

控制權會影響我們對壓力的反應。當我們感知到自己擁有控制權，警報系統會保持安靜，就算響了也比較容易關閉。

做決策背後的科學真相

如何做選擇不僅關係到毅力與成績高低，也是一個人正常運作所須具備的能力。「自我決定理論」（self-determination）與「自我效能理論」（self-efficacy）是兩個剖析動機和人類成長的知名理論。**根據自我決定理論[15]，自主性（希望自己的生活自己決定）與幸福感緊密相關，是三大基本心理需求之一，能讓我們茁壯成長並強化動機。**此外，傳奇心理學家亞伯特・班杜拉（Albert Bandura）提出自我效能的開創性理論[16]，指出控制權也會發揮類似的巨大影響力。根據班杜拉的說法，**自我效能「反映一個人有信心控制與調整自己的動機、行為和社會環境。」**自我決定論與自我效能論都與動機、工作表現、快樂、幸福感、生活滿意度、學術成就等息息相關。**一個人覺得自己足以控制與影響所做的事，自然會有更好的表現。擁有控制權不僅是克服逆境的關鍵，也是讓自己快樂、健康的核心，這一切反映在我們的大腦裡。**

若我們有權自己做選擇，我們的大腦會有反應，彷彿選擇權本身就是一種獎勵。紋狀體

（striatum）是大腦裡與獎勵有關的區域⑰，當我們能自主選擇時，這塊區域就會被激活。在實驗室，我們因選擇正確答案而獲得獎勵時，紋狀體會亮燈。若是靠運氣或機運獲得相同的獎勵⑱，紋狀體則按兵不動。擁有自主選擇權不僅提高運動員的表現，也提高日常生活項目。例如在安養院，給老人更多的自主權，包括自主決定護理方式與居住環境⑲，可以有效改善他們的情緒、警覺性和幸福感。在職場⑳，員工若感覺擁有更多自主權（或是沒有受到緊迫盯人微觀管理），對工作的滿意度與表現都較優。我們打從心底需要一些自主權，感覺自己能掌控周圍環境，尤其是自己的生活。**一旦放棄這種感覺，覺得一切努力都是徒勞時，我們會失去自我感。一旦持續或反覆的喪失自我感，連最簡單的挑戰，我們都無力回應。**

在二〇一一年，率先提出習得無助感現象的科學家史蒂芬・邁爾（Steven Maier）回頭藉助現代神經科學希望擴大習得性理論，並微調了一開始的理論。習得無助感的心理現象意味著，實驗狗漸漸學會放棄努力，因為一切努力都是徒勞。受了痛苦和絕望等折磨，他們已經自暴自棄。邁爾及同事使用類似一九六〇年代的電擊實驗，對老鼠進行實驗與評估，其中一些老鼠接受可掌控的電擊，另一些則受到不可掌控的電擊。但這一次做了一些改變，受過電擊後，他們將所有老鼠與一隻幼鼠關在一個籠子裡，同時監測他們的大腦反應。當不認識的老鼠彼此相見時，行為反應和狗類似，權大勢大的老鼠或年長老鼠會去嗅聞年輕老鼠。受到可掌控電擊的老鼠也遵循典型的模式，嗅聞年輕的老鼠。反觀受到不可控電擊的老鼠呢？他們蜷縮在角落裡，幾乎無視幼鼠的存在。

邁爾分析老鼠的大腦時發現一個明顯的差異。畏縮老鼠腦幹中的背側縫核（DRN）區會被活化起來。DRN位於腦部最先演化的區域，會對壓力做出反應，並向鄰近區域釋出血清素。不同於畏縮鼠，那些接受可掌控電擊的老鼠一開始也出現壓力反應，但他們的前額葉皮質很快被活化起來，抑制DRN的本能壓力反應。若你還記得，本章前面曾提過，前額葉皮質扮演掌控角色，會發出訊號關閉警報系統。邁爾的實驗進一步刺激受到不可控電擊而產生過度DRN壓力反應老鼠的前額葉皮質，結果發現，這些老鼠不再出現習得無助感的任何特徵。警報系統已被關閉，重新恢復安靜。正如邁爾在美國心理學會演說時表示[21]：「這就像前腦在說：『冷靜點，腦幹，我們已經掌控了情勢。』」

老鼠和狗的無助感並不是學來的，那是大腦演化的預設狀態（default state）。狗必須學習才知道他們有控制權。用科學術語來說，他們可以活化前額葉皮質，打開控制器，然後關閉警報系統。如果老鼠覺得自己能夠掌控局面，就不會無望地屈服於自暴自棄以及對一切無感，而缺乏控制權似乎預告會發生這種無助感。我們也需要訓練自己能夠關閉警報器。這不是習得無助感，而是「習得懷抱希望感」（learned hopefulness）。

重新拿回主導權

當感覺生活脫離掌控，或是眼前任務難以招架，大腦很容易轉到無望的預設模式，心想「努力有什麼意義？」這是自然演化的結果，既然沒希望，所以下令身體先保留體力，等待來日有機會再戰。影響所及，我們得訓練大腦抱持希望，清掃前方障礙以便繼續前進。而這並不需要什麼豐功偉業，只要給出小小的訊號，顯示你有掌控權以及影響力，就足以讓前額葉皮質重新啟動。

如果電子郵件多到讓你惶恐不安，不妨每天挪出一個固定時間回覆郵件。若悲傷讓你萬念俱灰，允許自己情緒大起大落，瘋狂追劇，但也試著放手。你無須在失敗後的隔天就急著「恢復正常」，但你可以邁出一小步，動動自己的肌肉，先找回一些控制權，再慢慢回到常軌：例如不用接受一整套的鍛練菜單，只要出去走走，與朋友見面喝杯咖啡，或是每天花一小時埋首於工作。很多時候，我們習於冷漠以對，因為「希望肌」尚未被活化。建議做些可控的事讓自己看到希望，提醒自己並非全然無助，藉由小小動作，感知自己有選擇權，對於訓練大腦恢復在線功能大有幫助。

其他研究證實了邁爾對於前額葉皮質的研究結果。經歷痛苦時若能活化前額葉皮質，可以減少我們的負面情緒反應。憂鬱症患者的前額葉皮質功能下降。其他研究顯示，阿茲海默氏症患者的冷漠現象也非常普遍，他們的前額葉皮質活動力也呈現下降。所有跡象顯示前額葉皮質區的重要性，它不僅有助於調節我們的情緒，也有助於調節隨情緒而來的冷漠感。

當我們有控制權能自主做出選擇[22]，前額葉皮質會被啟動，讓我們有能力調節對壓力或逆境的情緒反應。若無法自主選擇，前額葉皮質就會關閉，讓壓力反應肆意作怪，影響所及，面對任何挑戰，我們會變成被動的反應者，放棄一切嘗試。人若被剝奪了選擇權，大腦會習得無助感，而非希望感。

為期刊《認知科學趨勢》撰寫的一篇評論中，研究員羅琳・李奧提（Lauren Leotti）、希娜・艾揚格（Sheena Iyengar）與凱文・歐克斯納（Kevin Ochsner）強調了掌控權的重要性。他們的結語指出：「證據顯示，行使控制權以及自主選擇能力，攸關生存。」他們接著繼續總結研究的結果，指出：「**掌控權不是靠後天學習獲得，它是與生俱來的欲望，因此很可能是出於生物學動機。我們天生就渴望能夠自主選擇。**」我們人類有個基本的內在需求，希望對自己打理的事情有一些控制權。工作地點若只會箝制和控制員工，剝奪員工的掌控權，員工一意識到企業文化有這跡象可能就會想辭職走人。自主感是我們能夠堅持下去的電源開關。

淪為傳聲筒的美國教師

「我們的目標是巡視每間教室時，每間教室的上課情形都一樣。老師在同一時段，教授同樣的科目，使用同樣的活動。」這樣的指示聽起來彷彿回到二十世紀初，也許是為福特汽車廠的新穎裝配線量身設計。但你可能已經猜到了，這段話其實出自美國一所現代化學校。當我和該校老師交談時，他們一個接著一個重複相同的際遇：學校不准他們自主性教學，整個教學更類似按數字編號依序填色的填色本。每天的日程表細分到按分鐘來安排。課程猶如腳本，老師不斷逐字逐句重複唸給學生聽，然後再搭配事先計畫好的活動。

乍聽之下，可能會讓人驚訝，畢竟學校的辦學宗旨裡充滿因材施教和滿足學生適性發展的使命感與價值觀。但是社會愈來愈看重學生的考試成績，讓學校的壓力愈來愈大，影響所及，校方行政管理層出現反彈，視教師為傀儡，認為提高考試成績的魔法是教材，而非教師，所以教師不過是學區斥資數十萬美元添購標準化教材的傳聲筒。校方開始講究效率和掌控，而非鼓勵賦權或創意性教學。正如一位教師所言：「我覺得自己可以被任何有腦袋的人取代。只能按照劇本行事，不得偏離計畫。我之前上學受教育為的是什麼？我的知識和經驗都被浪費了。」我們被教導乖乖聽話，甚至連教師這些本應擔任領導與指導的人也不例外。

沒有選擇權的選手、員工

體壇的情況也是如此。你不妨親自視察當地高中或大學的足球場，看看任何一個球隊的選手在受訓時如何被制約。教練精準地指示大家做什麼，運動員幾乎沒有任何掌控權。例如下一個鍛鍊要做什麼、槓鈴的重量、短距離衝刺的次數、運動後恢復的時間、甚至什麼時候可喝水等等，都受到支配和控制。運動員被教導要聽命行事。一些比較傳統的教練甚至會懲罰無法完成指令的運動員，如果其中一名運動員沒有在規定時間內完成最後一次衝刺，他或整個團隊可能被迫再做一次。無論你的教練是進步派或傳統派，或是你從旁觀察的教練是進步派或保守派，你發現運動員缺了什麼嗎？選擇權。運動員沒有任何選擇權。

說到培養堅強心性的傳統訓練方式，教練習慣把運動員操到精疲力盡到極限的邊緣，操到他們嘔吐無力再往前。他們認為，這種訓練方式會讓運動員對疼痛和疲勞產生免疫力。在職場，可能不會出現到讓員工嘔吐的程度，但一樣是靠折磨磨出「堅強心性」。新進低階員工每週工作八十小時，以此證明自己的價值。我的一位教練級客戶是投資銀行專家，他告訴我，實習生和新進員工會使用電子郵件高效管理應用程式，所以三更半夜還繼續發送幾封電子郵件，讓他們看起來好像二十四小時不停機一直在工作。《紐約時報》在二〇一五年的一篇報導指出[23]：「午夜之後，電子郵件才寄到對方信箱，隨後還發短訊追蹤，詢問對方為什麼不回信。」這種想要證明自己，讓上級認為自己「耐操好用」的工作文化遍存於各個領域。似乎能夠生存下來代表員工心性堅強，能夠勝任職場嚴酷的環境。

但是這些例子裡，運動員和員工只能二擇一：堅持或退出。由於權力的動力學，這種選擇往往是假性選擇。畢竟堅持是為了求生存之故。就像在跑步機上進行最大攝氧量測試的跑者，被剝奪或限制了掌控力。個體無處可逃，特別是如果任務失敗的話。如果你不想堅持下去，只有被解雇、被責罵一途。我們沒有訓練他們啟動前額葉皮質，處理隨疲勞而來的負面情緒，而是讓他們學會了無助感。我們把他們訓練成冷漠絕望的狗兒，放棄跳過低柵欄逃到安全地點。

更糟的是，不僅是無助感，這種剝奪掌控權的做法還讓大家學會如何因應恐懼。如果你堅持的唯一原因是為了避免被責罵、受體罰、或者被解雇，那麼腦中根深柢固的想法是：只有別人當面痛罵你，或是懲罰近在眼前時，才會讓你產生動力。到了比賽當天，只有運動員一個人在場上的時候，我們期待他們會有什麼反應？就是反映腦中根深柢固的想法。

傅柯的權力觀

吉姆·丹尼森（Jim Denison）曾是一位運動員，現在是體育社會學家，他看待成績與表現的視角稍微有些不同。他擔任「加拿大田徑教練中心」（Canadian Athletics Coaching Center）主任期間，參與教練的培訓課程，並接觸多位地球上出類拔萃的頂級運動員，他覺得教練需要的不是接受更多培訓，才知道如何讓選手更強、更快、體能維持在更佳狀態。反之，他和同事約瑟夫·米爾斯（Joseph Mills）借鏡法國哲學家傅柯（Michel Foucault）的理論。我想傅柯可能一輩子沒有討論過運動員成績。當我和丹尼森談到傅柯如何影響田徑教練的指導方式時，他指出傅柯對權力的看法。

根據傅柯的權力觀，權力是調控（regulate）時間、空間和努力的核心。在政治界，他批評權力架構對個人的影響。**他認為，權力會影響掌控權，當一個人放棄自己的權力時，會變得被動和百依百順**。丹尼森和米爾斯認為同樣的概念也適用於運動員和教練。兩人指出：「教練很容易變成技術官僚，不太努力於了解訓練的所有成果與影響，反而花更多心思於權力，包括掌控、監測、干預、調控、區隔、以及糾正運動員等等。然而，矛盾的是，比賽並沒有什麼結構性和確定性可言。長跑比賽過程，一切會不斷地發生變化；運動員必須在當下做出與他們身體狀態相符的各種決定。」丹尼森和米爾斯繼續指出[24]：「因此，我們關心的是，如果是看台上的身體（教練）而不是跑道上的身體（運動員）支配了整個訓練過程，那麼訓練計畫會有多大成效？」

運動員參加比賽，在場上是一個人孤軍奮戰，必須自己做決定。然而在訓練場上，教練卻承擔決策的重任。丹尼森和米爾斯建議應該翻轉這個概念，不過並非讓運動員全權設計訓練內容，而是把一大部分掌控權還給他們。例如讓運動員自主選擇：是否加快速度、減速、再來一次、還是今天到此為止等等，善用選擇權的影響力。若是讓人得以自主選擇，可以「啟動」並訓練他們的前額葉皮質，讓他們了解並調控疼痛、疲勞和焦慮等感覺，這些感覺往往伴隨艱困時刻出現。允許運動員放手試一試、做些調整、甚至失敗，畢竟學習才是重中之重。根據丹尼森和米爾斯的研究模型，教練放棄發號施令，放手讓面臨挑戰的運動員自己想辦法、搜尋、以及選擇因應挑戰的方式。

丹尼森和米爾斯的建議除了改善運動員的成績，還有其他優點。一項針對兩百多名男性與女性受訪者的研究發現[25]，運動員若在支持自主性的環境接受訓練，這樣的環境與他們對於幸福感這樣的基本心理需求被滿足有關聯。反之，控制性環境讓人覺得個人的基本需求被打壓，對整體的滿意度也較低。此外，丹尼森與米爾斯發現，**在支持自主性環境受訓的人往往有更高程度的堅強心性與更好的表現**。

提高堅強心性的關鍵不在於約束和控制受訓對象。不在於設計重罰讓他們學會教訓。不在於對他們咆哮，逼他們完成眼前不堪負荷的艱困任務。若被剝奪控制權，我們會失去反應能力。若有了選擇權，才有機會磨練自己變堅強。從字面上看，我們的大腦被啟動，會設法排除萬難完成手邊的工作。我們生來就是要做選擇，所以努力學習精進吧。

當我們被剝奪控制權，我們會失去反應的能力。若有了選擇權，才有機會磨練自己變堅強。

訓練自己擁有控制感的四個練習

無論是在運動場還是在職場，如果你的目標是訓練堅強心性，必須讓自己擁有一定程度的自主權，僅僅咬牙忍受或經歷不適是不夠的。為了訓練堅強心性，我們必須培養以及維持控制感。

在接下來的四個練習中，我將會概述如何在自己身上培養這種控制感：

一、從微小的事開始

設想會造成不安的棘手情況；也許與成績有關，也許是令你卻步的對談。碰到這情況，我們經常做的是試圖控制「那件事」。因此，若焦慮是你要解決的問題，我們會設法從神經和恐懼下手。強迫自己降低緊張程度，若這一招不管用，我們的大腦根據邏輯做出結論：認定我們無法控制自己的身體或困境，既然「我無法控制焦慮，為什麼還要努力？」

與其和巨大的怪獸搏鬥，不如從自己能控制的最小單位著手。是自己的呼吸嗎？你能刻意放慢呼吸嗎？或者完成一些簡單到不行的項目，例如準時出現或是跑完一英里（一．六公里）。把難事分解成可控和可行的小單位。目標不是停在原地，而是找到立足點，以便你能逐漸攀登到下一個高度。**一旦你對最小的單位有了控制感，才繼續升級到稍大的單位。由小而大、按部就班。**

二、給自己選擇的餘地

我們會在不知不覺中把自己逼到絕境，走投無路。我們覺得陷入困境，被逼著無論如何都要堅持下去。每當我們沒有選擇的時候，我們就無法培養堅強的心性。例如，你要求自己必須在下午三點前完成這項任務，若這是一項可控的任務，這要求可能有用。不過若這項目超出自己的能力範圍，你很可能扔掉毛巾直接認輸，告訴自己「這根本不可能」，並選擇放棄，而非堅持下去。我們經常被告知，養成一個習慣，比如上健身房，需要嚴守紀律，制定具體目標。每天早上七點到健身房報到，並且一天都不能缺席。

但研究顯示，若給自己選擇的餘地，例如「如果有必要，我允許自己每週缺席兩天」，這麼一來，運動習慣才會持久，不會三天打魚，兩天曬網，最後不了了之。行為科學家凱蒂．米爾克曼（Katy Milkman）在《零阻力改變》（*How to Change*）一書中，稱這種做法是「允許自己重打一球」（allowing for a mulligan）。這就是為什麼研究顯示㉖，節食減肥時，允許自己抽出一天大吃大喝的「作弊日」其實是有用的。**走極端，要嘛全要，要嘛全部不要，往往會讓你一事無成。**

給自己選擇的餘地，有時意味考慮退出、放慢速度，甚至放棄等選項。這並不是說我希望你這麼做，但是透過給自己選擇的餘地以及自己拍板做決定，可以感覺到自己握有主控權。例如，考慮是否退出，這個選項讓你得以影響最後的結果，即便結果是負面的。透過積極考慮退出，可以讓你訓練堅強的心性，而非一味地排擠它、絕不讓它成為考慮選項。現在考慮一下，如果放棄目標或辭職，結果會怎樣。

三、翻轉劇本，顛覆傳統做法

美國大學體育協會（NCAA）地區越野跑錦標賽的前夕，我的隊伍即將與德州、阿肯色州和路易斯安那州的最佳選手對決。這支女子隊伍取得十多年來最佳排名，由實力雄厚的三位女將領銜，三人都在顛峰狀態，登上NCAA全區冠軍地位的日子指日可待。問題是，大四學生梅瑞迪絲．索倫森（Meredith Sorensen）狀態極佳，卻患上我見過最嚴重的「演出焦慮症」（performance anxiety）。兩週前，在分區錦標賽上，當她站在起跑線等待槍響時，卻轉過身吐了一地，然後開始比賽。對梅瑞迪絲而言，這反應很正常。她賽前緊張到根本無法嚥下食物，一吃就吐。那場比賽她最後進了醫護站打點滴。兩週後，她的身體狀況被允許參加比賽，而我一籌莫展，不知如何幫助她，讓她能在場上充分發揮實力。

比賽前夕，我在當地一家酒吧遇到安迪・斯托佛（Andy Stover）。他曾是大學長跑運動員，現在擔任社工，擅長借助創新方法，也是我婚禮上的伴郎。當我轉述我對梅瑞迪絲試過所有傳統招式——包括讓她為所有可能的不適與難關預作準備、把挑戰具體形象化（visualization），勸她改變心態（將焦慮視為興奮）等等，安迪嘲諷道：「翻轉劇本。把一些控制權還給她。」看到我臉上露出疑惑的表情，安迪繼續道：「如果她每次比賽前都吐，那就成了慣例。她預期自己會吐，可能為此心生恐懼。因此，當嘔吐一次又一次發生，她竭力制止無效，她的大腦知道自己已經無力控制。讓她停止與自己對抗，把控制權還給她吧。」

第二天，當梅瑞迪絲準備熱身，她走過來對我說：「我覺得我快要吐了。」我回道：「很好！你想什麼時候吐？」她的表情從擔憂變成不解。「我不想這樣。」看到她的困惑，我回道：「我知道，但這遲早要發生，所以你想什麼時候吐？在你慢跑前？做完例行練習之後？還是在你做跑速訓練之前？你想在暖身例行練習項目中的什麼地方安插嘔吐？比賽上午十點開始，我應該把嘔吐安排在什麼時間？」她臉上的疑惑表情不減，但她似乎接受我的建議，道：「九點四十五分，我完成最後一次跑速訓練之前。」我對這瘋狂的想法盡可能表現出胸有成竹的自信態度，我回道：「很好，那就九點四十五分。我會設置鬧鐘，這樣我們都知道何時開始嘔吐，何時搞定這件事。」

九點四十五分一到，我的鬧鐘響了，我走到梅瑞迪絲身邊，告訴她該嘔吐了，趕快把這事搞定。只不過她沒有照劇本演出。這是多次比賽以來，她第一次沒有嘔吐。她也稱不上完全不焦慮，但她已奪回足夠的主控權，心思走出嘔吐的牢籠，重獲自由的她，專注於現在正在做的事，而不是專注於對抗焦慮和即將出現的嘔吐。她跑出運動生涯中最好的成績，比她之前最好的成績提高了近二十個排名，在二十分鐘的比賽中只差幾秒就能拿下令人羨慕的全區冠軍頭銜。

除了跑道，你也可以先想想什麼事會讓你恐懼或是迴避，然後翻轉劇本。這些觸發因子往往是一個訊號，暗示我們該翻轉劇本，顛覆傳統做法。例如，是否覺得自己是個冒牌貨，不配負責手邊的項目？問問身邊好友，他們是否真的知道自己在做什麼？很可能他們會告訴你，他們只是裝出自己很厲害的樣子。當你對公司各部門行銷自己的想法時，是否感到不知所措？不妨直接告訴他們你的感受。有一次對著專業體育教練以及企業高管演講時，我在投影機螢幕上放了一張自己八歲參加兒童運動會的照片，笑稱：「我當時的足球知識高居這輩子之最，在座每一位都比我懂得多，所以我有點緊張。但我確實知道關於運動表現的科學論述，如果你們願意給我一次機會，我想它會幫到你們。」

當我們翻轉劇本時，我們便拿走了「那件事」對我們的掌控力，允許自己做一些我們認為不好或不對的事。結果發現，這種微妙的轉變往往給了我們自由，反而有利演出時充分發揮實力。

四、建立儀式感

波士頓紅襪隊的明星內野手諾馬·賈西亞帕拉（Nomar Garciaparra）一踏入打擊區，開始進行講究的例行儀式：調整雙手的打擊手套，拉緊左前臂上的束帶，接著重複這一個過程，有時會再重複一次。然後拍拍頭盔的帽沿或是身體其他部位。接著再次拍拍頭盔的帽沿。在胸前以手勢畫出十字架，然後揮動他的球棒，直到準備擊球。賈西亞帕拉不是唯一建立講究儀式感的棒球運動員，甚至也不是唯一這麼做的運動員。例如網球明星納達爾（Rafael Nadal）和小威廉絲（Serena Williams）都有特殊的習慣——從繫鞋帶乃至水壺的放置位子等等，同樣講究細節。為什麼這些頂尖運動好手要煞費苦心建立這些看似愚蠢的儀式感？答案是主控權。

根據補償性控制理論，我們靠著建立外部世界的秩序，希望掌控內在的世界。站上打擊區，即使是高手中的高手也需要一點運氣，面對時速九十英里高速球的各種不確定性，打者只能對可掌控的事做些什麼。**儀式感可幫助我們把注意力轉移到可控的行為上，同時把無法掌控的事置於腦後。儀式感是大腦的一種應對機制，讓大腦相信我們擁有的掌控制權比實際還多。**如果你負責的任務具有高度不確定性，而你能掌控的程度又低，不妨建立屬於自己的儀式感，平撫內心負面的聲音和情緒。

領導者培養控制感的三個原則

本書大部分篇幅聚焦在我們可以做什麼提高自己堅強的心性，不過個人對自己的生活以及各方面的表現有多大的掌控感，有時多少得取決於老闆、教練等位居領導地位的人。如果你是領導人，你得承擔訓練和賦權（empower）的重任。出於這個原因，這裡快速介紹一些練習，幫助你在領導他人或與他人合作時，培養掌控感。

一、先做好「放手」的心理準備

若你被放在領導人的位子，例如教練、校長或執行長，難免會想用緊迫盯人式的微觀管理，鉅細靡遺列出每個人在什麼時候應該做什麼，以及他們在工作日分分鐘鐘應該在哪裡。微觀管理之所以佔上風是因為擔心員工會擺爛或摸魚。身為領導人，你在發號施令和行使控制權時，也在對部屬傳遞出「我不相信你能完成工作」的訊息。

正如特種部隊常掛在嘴邊的一句話，「**信任但要核實**」，這是在信任和過度管理之間取得平衡點，但我們常站在過度管理這一邊，畢竟身為領導人，管理成效攸關我們的名聲和自我形象。其實，正確做法應該是稍稍鬆開韁繩，教導部屬技能，然後放手讓他們自由發揮。偶爾檢查一下，確保他們朝著正確的方向發展。隨著時間推移，韁繩應該愈放愈鬆，你的目標是讓大家有能力勝任崗位上的工作。

二、設置界線與底線，然後放手

賦權並不是讓大家沒有方向地亂跑。必須畫好界線或底線，然後放手。若員工還是新人，這一點尤其重要。**你不能放任他們自生自滅，然後冀望他們出人頭地。**設置邊界，讓他們在範圍內自由探索，同時對他們可能還未具備必要技能的核心領域，持續把關。例如，在田徑的訓練場上，要求運動員須完成十次一百米短跑練習，但每次練習之間的休息時間，則由他們自行決定與選擇。在職場，告訴你管理的對象，你將與他們一起為季度報告選出三張最重要的PPT，但讓他們自由設計和製作剩下的PPT。

我總是和我合作的人說，我的目標是讓自己被淘汰。我努力訓練他們自己獨當一面，而不是凡事依賴我。一開始從小處著手，每個月允許運動員決定其中一個鍛鍊項目。隨著時間推移，我逐漸放手，讓受訓對象承擔愈來愈多的責任：帶領他們前進，當他們偏離方向時提出糾正，但我絕不會越俎代庖，包辦一切，然後說：「看吧！你需要我。現在又得我來告訴你，你該怎麼做。」

三、允許失敗，從中反省和改進

此外，下放控制權意味允許運動員與部屬犯錯，以及讓他們有更多的自主權和控制權，處理在他們能力之內的任務。**不要把一個要求極高的作業交給他們，然後跟他們說：「自己想辦法。」冷眼看著他們掉入水深火熱的深淵，飽受煎熬。**你必須一點一點地下放控制權，最終會聚沙成塔。然後建立一個允許反思和成長的系統。在體育界，比賽結束後，教練會分解比賽影片。**優秀教練不會因為運動員犯錯而責罵他們，因為木已成舟，追究責任並無意義。**教練們利用影片回顧，教導運動員該怎麼做。在軍中，受訓期間，士兵用漆彈代替彈藥，接受逼真的模擬作戰訓練。在結束時，他們會進行「行動後檢討」（after-action review），一一分析哪些地方做得不錯，哪些地方有待改進。他們不會因為任何一個敗筆而互相指責，而是正視敗筆，回頭找出改進之道，避免下次重蹈覆轍。

「真堅強」是在困境中做出正確決策

允許失敗在體育界偶爾會獲得肯定與迴響，但商業界卻忽視失敗的重要性。只要不會讓你丟了大客戶或是大訂單，不妨允許員工犯錯或壞事。

若覺得自己喪失了自主掌控權，情緒和內在的聲音就會扶搖而上。感覺任務更難、痛苦更嚴重、疑慮更強烈。當我們變得冷漠無感，喪失行動的意願，我們的動力會驟減。當你認為自己無望走出目前的困境，別奢望自己會變得堅強。我們會聳聳肩，對自己說：「努力有什麼用？」堅強是為了走出這種困境，以便繼續前進。**堅強不僅僅是在面對逆境時，能夠堅持下去。堅強也是面對逆境時，能夠做出不錯的決定。**

有時，艱難的決定代表轉過身、離開、罷手。想像一個登山客，花了多年時間準備攻頂。她離山頂只有幾百米，她的心和身體都在催促她繼續前進，心想：「如果我攻頂……」，因此不顧身體疲勞以及內心浮出的疑慮。碰到不容易做的決定，必須擁抱這些負面想法與感覺，承認自己沒有體力攻頂後順利下山回到營地。自我推著她前進；難做的決定是轉身。我們經常把堅強與堅持畫上等號，但在某些情況下，兩者恰恰相反。**堅強是駕馭搖擺不定的內心，以利自己做出優秀的決定。有時結果是堅持下去，有時結果是放棄。**

選擇權可讓我們拿回掌控感，決定是要繼續堅持，還是放棄。掌控權太重要，彷彿是超能力，有助於我們恢復信心，幫助我們對抗情緒，協助我們學習、調適和成長。難怪有人指出，即使上司給了他們毫無意義又無關緊要的其他選擇[27]，但聊勝於無，感覺眼前艱鉅的任務變得更可控，做起來也比較開心。**如果想培養他人堅強的心性，必須把對方放在可做決定的位置上，並授權他們自主做決定。**長期以來，我們一直在訓練無助感。足球運動員被要求做波比跳，直到做不動為止。教師被要求完全按照進度上課，若偏離就會被扣分或扣錢。我們已經把所在的世界以及大部分訓練變成另一個版本的最大攝氧量測試實驗。

生存或是放棄。現在該是擴大而非限縮的時候。請給大家選擇權，讓他們把自己訓練成充滿希望感。

第二支柱

傾聽身體的聲音

第6章 培養內感受能力

情緒是傳遞訊息的郵差，不是支配者。

閉上雙眼，想像這輩子最幸福的一刻。也許是把孩子帶到這世界的那一刻。也許是與伴侶結為連理的那一天，你發誓要在餘生珍惜和支持另一半，你深被彼此超然的愛與緊密連結所感動。光是回憶那些幸福的時刻，也會讓你的心情重新沉浸在各種喜悅之中。

我們珍惜有愛、幸福和快樂的時光。這些時光讓生活變得不平凡、有意義。但是如果你體驗不到愛或快樂呢？如果你對這些快樂感到麻木，或者站在結婚聖壇前無法釐清心裡為何七上八下，那會怎樣呢？

在二〇〇九年，一個叫史蒂夫的男子（澄清一下，不是我）娶了一生的摯愛。就像我們期望的那樣，他笑得很燦爛，顯示他和妻子對這神聖的一刻感到滿滿的幸福。唯一的問題是，他其實是裝出來的。不是因為什麼邪惡的理由，他的確很開心即將與妻子共度未來，但是他根本無法感受到愛或快樂，因為他有「述情障礙」（Alexithymia）。

史蒂夫接受雜誌《馬賽克》（*Mosaic*）採訪時，提到這個毛病，他說：「就內心感受而言，我做任何需要情緒反應的事情，感覺都像在造假。我給出的情緒反應大多數是靠後天學來的。在一個場合裡，身邊人都沉浸在歡樂和幸福中，但我覺得自己在撒謊、在表演。事實上它就是假的，所以一切都是謊言❶。」

技術上，述情障礙並不是一種病；它是一個概括性的術語，字面意思是沒有辦法用文字形容自身與他人的情緒。該字指那些難以描述和識別情緒的人。有這種障礙的人，嚴重程度因人而異，包括完全沒有感覺、或有一些感覺但難以用文字形容。史蒂芬描述自己的情況時，與這種複雜性不謀而合，稱：「我能感覺到某些東西，但我無法真正區分那是什麼感覺。」因此有述情障礙的人會出現負面後果並不令人意外。例如，它與士兵的創傷後壓力症候群（PTSD）、一般民眾冒出自殺念頭有關。有述情障礙的人，不僅內在說的是不同語言，語言形式也令我們不解，彷彿第一次看到古埃及象形文字但還少了羅塞塔石碑幫忙解謎。有述情障礙的人，內心世界是一堆亂碼。

雖然述情障礙是極端案例，但大家在判讀、區別和理解自己的情緒時，能力當然會因人而異。這能力是一種技能。感受和情緒概括性地顯示我們整個身體生理功能的穩態性（homeostatic function），也就是一種關於身體生理現狀的狀態更新。**情緒的功能是提醒、建議和調節，讓體內系統維持相對恆定。然而，在舊版的堅強模式中，我們被教導應該忽視和壓抑情緒。我們迴避而不是擁抱感受。舊模式已經落伍。為了克服不適感，我們必須傾聽身體發出的聲音。**

感覺和情緒的差別

感覺（feelings）和情緒（emotions）是近親，我們經常交替使用這兩個詞。一如我們很容易混淆緊張和恐懼、不悅和嫌惡之別。談到堅強心性，可以簡單將感覺和情緒做個區隔。感覺是傳遞訊號的信差，代替身體說話，告訴我們：「嗯……事情有點不一樣，」然後暗示我們應該仔細思考為什麼會有這種感覺。

至於情緒則較複雜，需要結合背景並賦予意義。例如，一開始僅是不悅，後來變成悲傷，我們得思考悲傷意味什麼。把一開始的感覺（快樂）結合自身內外在環境正在發生的事，搭配一點之前的經驗，突然間，我們感受到愛這個情緒。若說感覺是告知和提醒，情緒就是警鐘，尖叫地對我們說，事情已出現變化，我們得做些什麼。情緒一上來，我們的反應從「輕推」升級到「使力往前擠」。

說到堅強，感覺和情緒扮演關鍵角色。每當遇到需要展現堅強心性或做出艱困決定時，感覺和情緒就會先為我們搭個台子，讓我們傾向於做出某種反應，但並不會控制我們。正如作家羅伯特·賴特在《令人神往的靜坐開悟》（*Why Buddhism Is True*）一書中寫道：「情緒能做的——情緒的功能——是活化和協調模組化功能（modular functions）。用達爾文的話說，適合當下的模組化功能。」換句話說，感覺和情緒是我們一系列反應中的第一步。

想像你正走在一個陌生城市的暗巷裡，心裡有一絲不安，脖子上汗毛直豎，肩膀也因緊張而高聳。你沒有發現任何危險的跡象，但你的身體已處於高度警戒狀態，彷彿歹徒就躲在下一個昏暗的角落。這些感覺從何而來？如果是白天，或者走在自家附近的巷弄裡，你會不會有同樣的感覺？為了明白感受和感覺從何而來，我們需要窺視一下大腦如何處理感官數據。

大腦處理感官數據

欣賞風景時，注意到陰影中有個東西在動。走路時，發現人行道有個坑洞。鼻子聞到空氣中的氣味。耳朵聽到綠草隨風擺盪的沙沙聲。皮膚感覺到葉子或微風輕撫。身體內，心跳加速、體溫升高、甚至是肌肉酸度的變化。這些感受提供大腦必須解釋和理解的訊息。神經纖維穿梭我們全身上下❷，傳遞每塊肌肉、每個關節、每個器官的各種訊息，包括機械、化學、代謝、溫度、缺氧量和荷爾蒙等等的狀態。換句話說，我們身體安裝了監測系統，猶如百貨公司在每一個衣架、電源插座、空調和設備上都安裝了感應器。只要任何一個物件被碰觸、擦拭、移動（包括物件沒有發生任何預期該發生的事），所有感應器都會把數據傳回大腦，回饋給「主控演算法」（master control algorithm），然後決定是否示警保安、啟動警報器、或是按兵不動。

這個體內感應網絡有一個名字❸——內感受（interoception），位於大腦，從大腦皮質延伸到前扣帶迴（ACC）和前額葉皮質（PFC），並向下延伸到腦島（insula）。內感受網絡概述我們全身生理功能的穩態性（homeostatic function），也就是一種關於體內生理活動的現狀。體溫正常嗎？血糖水平是否過高？內感受系統活躍在各種感知中❹，例如口渴、碰觸、搔癢、性興奮、暖意、心跳、甚至與品酒相關的感官體驗。內感受系統有助於提醒、建議和調節生理功能，讓他們維持相對穩定。內感受系統就像飛機駕駛員眼前的儀表板，駕駛員可根據提示聲、警告聲、顯示聲，做出相應的反應。只不過，我們的身體沒有數位顯示器，無法把體內生理狀態的數據顯現在螢幕上讓我們知道。但是它會改用一種巧妙的辦法：感受和感覺。

自稱現代心理學之父的德國心理學家威廉・馮特（Wilhelm Wundt）在一八九六年提出「情感優先」的觀點❺（affective primacy）。他的理論主張，感覺和感受會搶在任何其他線索之前，第一個抵達我們的意識。正如他所說：「情感因素只要足夠強大，會第一個被注意到。他們會在其他東西被意識感知之前，精神抖擻地強行進入意識，然後固定在那裡不走。」馮特認為，喜悅或不悅這類幾乎是瞬間的感覺（sensations）會指揮我們的行動，讓我們靠近或遠離啟動感覺的源頭。馮特的理論被束之高閣了近一百年，直到最近才和現代科學重新相遇。

神經科學專家安東尼歐・達馬吉歐（Antonio Damasio）在《事物的奇怪順序》（*The Strange Order of Things*）一書中總結我們目前對情緒的理解，稱情緒和感覺「提供他們的視角，告訴我們有關內在分分鐘鐘的健康狀態……當我們體驗到一種有利於生命延續的狀態時，我們會用積極正向的語言加以描述，並稱其為愉悅。」感受——可能是興奮、疲勞或是不安，概括了我們內感受系統的視角，提供我們訊息，顯示有些東西已經開始改變，我們應該提高警覺。

感覺不僅提供我們體內健康狀態的最新資訊，也肩負憑特「情感優先論」的角色：鞭策和引領我們走向可能的解決方案；靠近或遠離某樣東西；吃下一片水果（愉悅）或把它吐出來（苦澀／不悅）。感覺輕推著我們行動，評估該訊號是否意味危險，評估我們是否應該忽略它並繼續前進。如果我們傾聽，我們的感覺會透露訊息並引領我們。

感覺是事前預測，而非事後反應

你是否曾經感覺到手機在的口袋裡震動，拿出來點開一看，卻沒看到新的電子郵件、通知或來電？不要擔心，你不是唯一。最近的一項研究顯示，超過七〇%的學生有過這種「幻覺振動症候群❻」。這些學生出現預測功能失常（prediction malfunction），他們的大腦掃描周遭環境並產生了一種錯覺。我們太倚賴口袋裡這個長方形機器，以至於大腦已被訓練成時時保持高度警戒，等著手機振動或響鈴。**你愈是依賴手機❼，愈容易出現手機振動的幻覺，這現象並非巧合。**

感覺不光是一種反應，告訴我們發生了什麼事；感覺也是預測與準備，提醒我們下一刻可能發生什麼。最新的科學理論指出，大腦會預測將收到的回饋是什麼。我們之前提到店內安裝警報器的比喻，可以把它想成，體內不僅有個感應器，時時進行偵測然後回饋，體內還有個人，會預測哪個房間或玻璃櫃最可能出現危險。有時甚至在小偷還沒行動或是東西還沒被偷之前就啟動警報。**大腦會對下一刻不斷地預測，在實際收到肌肉、心臟或皮膚傳回來的實際訊息之前，就已經預測會收到什麼感官回饋。**

這也是為什麼傾聽我們的情緒非常重要，是培養真堅強心性的關鍵：情緒告訴我們重要的訊息。感覺和情緒不僅是汽車儀表板上的油箱指示燈，更像是個指標，告訴你油箱空了之前，車子還能再開幾公里。我們的大腦會接收感官傳來的訊息，並在事前對這些訊息會讓我們知道什麼做出最佳預測。

根據研究員的理論，感覺和感受提醒我們，即將發生的事會對身體造成多大的負擔。油箱會用掉多少汽油？等待上台時，內心感到焦慮？那是我們的身體在告訴我們，要把一些系統操到超出平常狀態到多遠的位置？或者換一種說法，感覺是指標，顯示我們很快就必須調用其他的資源，這與我們走在陌生的巷子裡感到不安或緊張沒有兩樣。我們的大腦評估風險後，認為安全比遺憾好，這時覺得有潛在危險的感覺佔上風，出現在我們的意識，並啟動警報，告訴我們最好做好逃跑準備，即使這反應可能是錯的。

當我們以「堅強」名義，選擇忽視感覺勇往直前時，我們可能不了解自己的需求，甚至不了解自己的能力。我們浪費了可以幫助我們做出更好決定的寶貴訊息。忽視感受與感覺，猶如無視儀表板上的指標，不想知道汽油什麼時候會用完，一切只憑猜測。

吊橋實驗

想像自己站在一座木製吊橋上，寬度只夠一個人勉強通過。每走一步，橋就左右搖晃。吊橋懸在兩百多英尺高空，往下一看，是萬丈深淵。每走一步，橋就跟著晃動，你的心跳加速，腎上腺素開始狂飆，被興奮或不安的感覺席捲。你正在過橋時，一個你認為有吸引力的人迎面而來，請你接受一份簡短的問卷調查。你把填好的問卷遞回去後，調查員在問卷一角寫上她的電話號碼，撕下號碼給你，她說如果你想進一步了解實驗訊息，可打電話給她。

一九七四年，加拿大社會心理學家唐諾．達頓（Donald Dutton）和亞瑟．艾倫（Arthur Aron）在溫哥華的卡皮拉諾吊橋上進行了這項實驗，目的不是研究懼高症，而是過橋者受到調查員吸引的程度。

完成研究後，一半的男性受訪者撥打了女性調查員留下的電話號碼。若受訪者不是站在險象環生的吊橋上，而是站在堅固、距離水面僅三公尺的矮橋上接受同樣的實驗，換言之站在一座幾乎不會引起任何恐懼反應的橋上，結果只有十二．五%的男性受訪者回撥電話給調查員。這種差異並不是因為受訪者的勇氣或信心程度不一使然，而是源於研究員所稱的「錯誤歸因」

（misattribution）。男性把站在搖晃吊橋上引起的生理反應與另一種生理反應混為一談，亦即誤以為自己心跳加速是因為那位有吸引力的女性調查員使然。

站在高聳搖晃的吊橋上，心跳加速、內心焦慮，這些生理反應被（錯誤地）歸因到攔下他們的美麗女性。受訪男性的大腦做了一個快速演算，他想：「嘿！我的腎上腺素飆升、心跳加速，感到強烈的生理反應，而且有一個女性站在我們面前，我一定是被她吸引了！」他們忘記站在橋上的危險，心想一定是那位女性之故。男性把興奮的生理反應錯誤歸因到女性調查員。研究顯示，錯誤歸因不僅發生在我們上台表演這類可能導致緊張或害怕的行為上，就連只是鍛鍊（例如增加心跳速率、活化神經系統等）也會出現錯誤歸因的現象。

再次回到飛機儀表板這個比喻，說到感覺，彷彿儀表板上所有燈號都沒有標示，所以機師不知道燈號代表什麼：是左油箱、右油箱、飛行高度、還是溫度呢？我們只有感覺，必須借助上下文推敲它們代表的意義。我們該感到害怕還是興奮？我們可能被拋落還是可以放心地享受刺激時光，就像坐雲霄飛車一樣？說到達頓與艾倫的實驗，男性受訪者弄錯了造成感覺的背景。他們並沒有罹患述情障礙症，但他們彷彿聽過這個術語的字面意思，然後解讀成比喻的意思。

高手懂得管控情緒

感覺的角色是，告知或輕推我們採取某個行動，但感覺也容易被扭曲誤判。**我們若愈能正確**

理解出現在我們意識中的內感受訊號，對他們的詮釋以及根據這些訊號做出的決定就會愈正確。歐洲所做的兩項研究中，一群心理學家發現，**清楚自己感覺的人，包括了解感覺從何而來，代表的意義等等，他們比較能在壓力、焦慮、壓力環伺下，依然成長進步。他們把焦慮轉化成與奮[8]，把壓力變成訊息和動力，而這一切都要歸功於他們能清楚解讀身體發出的訊號。**

感覺是我們身體的第一道防線。就算最勇敢、最有男子氣概的人也不該漠視感覺；感覺提供重要的訊息。幫助我們做出更恰當的決定。神經科學專家達馬吉歐與同事研究情緒如何影響決策，研究對象是一群無法正常體驗情緒的患者。他們發現病患大腦的腹側中央前額葉皮質（vmPFC）受到損傷，這是處理情緒至關重要的區域。

在一系列的研究中，研究員讓病患觀看一連串會喚起他們情緒反應的照片和故事。結果發現[9]，通常會讓人開心或反感的照片對他們幾乎沒有引起任何情緒反應。面對道德兩難的故事，例如是否允許謀殺，vmPFC受損的病患往往選擇與對照組相反的做法。遇到若須評估潛在危險的情況，他們是差勁的決策者。他們連輕微的反感或不悅都不曾出現，而這兩種感覺不僅影響我們對於對錯的決定，也影響我們的日常生活。達馬吉歐在《笛卡爾的錯誤》（*Descartes' Error*）一書中，概述了實驗室結果如何與現實世界相呼應。這些人對日常生活的相關決定，非常地不在行。患者的人生經常被差勁的決定搞得烏煙瘴氣，影響到家庭和工作。**當一個人必須做決定時，感覺和情緒並非壞事，而是必要的參考指標。**

研究結果很清楚。「賈克申男孩」的堅強模式訓練我們忽視或壓抑感覺，這並不符合我們大腦和身體的實際運作。只有真正盤點並分析自己的實力後，「堅持到底」的口號才有意義，而這正是堅強的舊定義弄錯之處。感覺是訊號，需要我們弄清楚是怎麼回事。痛苦這感覺，不該讓我們害怕或迴避，它是一種訊號，需要我們解讀。有時訊號需要我們花心思關注，有時可以讓它過門不入。**如果我們把「挑戰」誤認為是危險，把緊張誤認為是焦慮症全面發作，那麼不管我們多「堅強」，都會直接走向「失控」的地步。**

真堅強的第一步是訓練身心理解和解釋收到的訊號。

感覺易被扭曲。好壞取決於背景脈絡和詮釋的能力。我們詮釋能力愈強，最終做出的決定就愈好。

如果鐵達尼的結局改變了……

根據所有的數據，電影《鐵達尼號》（*Titanic*）都是文化界現象級事件。這部由詹姆斯・卡麥隆（James Cameron）執導的電影，票房超過二十億美元，獲得十四項奧斯卡提名，最後抱回十一座奧斯卡大獎。影評家和影迷都被卡麥隆的巨作震撼。但二十年後，卡麥隆一個決定所引發的爭議仍繼續延燒。

在電影高潮的一幕，男女主角——蘿絲和傑克在船沉了之後，漂浮在冰冷的海水中。他們抓到一塊漂浮的門板，蘿絲和傑克兩人試著爬上木板，結果都掉了下去。試了一次之後，傑克做了一個崇高的決定，把蘿絲的生命擺在第一位，幫助她爬上木板，並強迫她留在木板上，他自己則浸在冰冷的海水中，陪在她身邊，傑克最後被冰冷的海水凍死。傑克犧牲自己，拯救所愛的女人，這是無私行為的最高境界。

「我認為那塊門板其實可以承受他的重量，」在影片中飾演蘿絲的女星凱特・溫絲蕾⑩（Kate Winslet）在二〇一六年這麼告訴電視主持人吉米・金梅爾（Jimmy Kimmel）。溫絲蕾指的是傑克到底應不應該死的「門板門」（Doorgate）大辯論。網路上針對傑克是否可以爬到門板上和蘿絲一起等待救援展開激辯。企圖找出真相的網路偵探花了大量時間抽絲剝繭，還繪出門板的面積並計算其浮力，就連卡麥隆也加入論戰⑪，稱：「答案很簡單，因為〔劇本〕第一四七頁上說傑克非死不可。」

我們可能都同意，傑克捨身救人的行為很高尚，可能還稱得上英勇。但卡麥隆需要傑克犧牲性命，所以在電影中，傑克必須死。但如果換一個情況呢？如果不是傑克主動犧牲自我，而是蘿絲命令他：「不行，傑克，你下來！讓我上！我需要活命！我需要活下去！」是否會改變你對這一幕的看法？

又或者如果蘿絲和傑克都不必犧牲，而是反覆嘗試各種辦法，終於可以一起待在門板上等待救援呢？又或者，幾次嘗試後，傑克發現，如果兩人一起上了門板，最後可能都會死，所以他把蘿絲推入海裡？這下你對傑克有什麼感覺？

或者，如果門板上有三個人——兩位主角加一個陌生人，但兩人很快便發現，這扇門板根本無法支撐三人的重量，所以決定把陌生人推下去以求活命？如果這第三人不是陌生人，而是電影中的「反派」——蘿絲的傲慢未婚夫卡爾・霍克利（Cal Hockley），你會怎麼想？

劇情每改一次，你可能出現不同的感覺或感受。若讓傑克和蘿絲把第三人推下門板，可能會讓你心生反感，改變你對男女主角的看法。若第三人變成電影中那個反派，你可能不會覺得反感，反而認為合情合理。儘管同樣是自私之舉，但現在感覺變了，覺得兩人這麼做並無不妥。

電車的道德難題

賓州大學的一個研究小組設計類似的劇情，針對電影場景中的暴力，受訪者要嘛感覺合理正當（例如殺死有暴力傾向的另一半），要嘛不覺得暴力有理。不僅受訪者對不同的劇情有不同的感覺，他們的大腦也有不同的反應。當受試者看到可被合理化的暴力場景時[12]，大腦中與道德評價相關的區域會亮燈，顯示觀者認為暴力可被接受。

幾十年來，哲學家和心理學家一直利用這樣的劇情分析我們如何處理道德抉擇的複雜性。我們如何判斷對錯之別？這些假設性情境被稱為「電車難題」，在所有假設的情況中，最終的結局都一樣（亦即有人死亡），但如何做出最後的抉擇，背後的理由與背景各異。在這個經典的電車難題裡，有個人站在轉轍器旁邊，看到一輛失控的電車即將撞上軌道上五人，這人現在面臨一個選擇：啟動轉轍器，電車就會轉到另一條軌道，但這條軌道上站著一個工人。或是什麼都不做，讓電車碾壓五人。第一個選擇救了五人，只有一人犧牲。另一種情境則是，不需決策者啟動轉轍器讓電車改道，而是親手把一個人推到電車前面，讓他擋下火車拯救其他五人。同樣是犧牲一人，救下五人。但情境改變是否會改變決定以及對這個行動的道德觀？

二〇〇一年，哈佛大學心理學家約書亞・格林⑬（Joshua Greene）給受試者看了電車難題幾個不同的結局，同時對他們大腦進行 fMRI 掃描。他們看到的結局中，有一半的結局是決策者為了救人不得不親自動手（例如，決策者親手把人推到電車前面）。剩下的結局則側重於非決策者親手傷人（例如啟動轉轍器）。前者的結局較可能引起反感或不快的感覺，後者則否。若犧牲某人時，不是由決策者親自動手，反感的程度會下降。格林和他的同事根據 fMRI 掃描結果發現，當受試者看到決策者親手傷人時，大腦中與情緒處理相關的區域會亮燈。這些感覺和情緒區亮燈也和每個受試者如何評價情境牽涉的道德性有關。感覺的強弱程度可以預告他們會做出什麼樣的決定。

感覺輕推著行為

強納森．海德特（Jonathan Haidt）在《好人總是自以為是》（*The Righteous Mind*）一書中，延續格林的研究，概述了道德推理的演變。雖然我們可能習慣性認為，邏輯與理性是判斷一件事道德與否的依據，但海德特認為，其實感覺才是影響道德判斷的重要依據。海德特在書中總結道：「我們決定對某件事的看法時，我們往內看，亦即會先看自己的感覺。如果感覺不錯，意味我一定喜歡它，若感到有任何不悅，代表我不喜歡它。」雖然我們關注的是道德判斷，但感覺對我們所做的任何決定也發揮同樣的影響力。感覺是傳遞訊息的信使，像反感這樣的感覺，等於在告訴我們，這東西對我們是利還是弊。感覺不僅傳遞訊息，它還輕推我們採取行動，幫助我們決定走哪條路。

碰到兩難的情況，感覺和情緒開始喧囂。**理解他們是信使和推手的角色，能協助你釐清思緒，不會被困惑所淹沒。感覺提供線索，提醒你自己的身體正在預測什麼**。若你感到一絲焦慮，表示你可能對即將發生的事有點警覺，但你完全有能力因應。若是感到恐懼，你明白身體正在為最壞的情況預作準備，準備按下彈射座椅的按鈕，這時你可能還需要試試不同的應對辦法，確保自己能成功克服挑戰。感覺提供線索，告訴你，你的身體正在用什麼方式避險。你愈清楚這些線索，愈容易做出選擇，決定到底該順著感覺走還是另謀新的出路。

感覺對你發出訊息，告訴你一些線索，並推動你採取行動。

高手懂得閱讀身體訊號

二〇一五年的一項分析顯示，近一七%的青少年曾以利器傷害自己或出現某種自殘行為[14]。大多數情況下，自殘不是為了造成嚴重、持久性的傷害，而是一種因應方式。為了因應嚴酷的生活壓力，有人靠自殘消極因應困境，藉自殘感覺自己與這問題無關。他們用一種感覺（身體上的痛）取代另一種感覺（心理上的痛）。

英國斯旺西大學（Swansea University）所做的一系列研究中，心理學家對於人為何自殘提出另一種解釋。他們的研究重心不是自我傷害的消極因應面（coping element），而是誘發自殘行為的感覺和情緒。海莉．楊（Hayley Young）與同事提出的假設是[15]，因人而異的內感受能力——亦即處理和概念化身體送出的各種訊號的能力——會對自殘行為產生影響。他們的初步研究發現，那些自我武裝的人與他們對自己內感受能力的評價，兩者存在關係。會自我傷害的人對於內感受的覺察力較低，比較不清楚內感受系統發出的訊號。

一旦建立兩者之間的關係，研究員又進一步探索。他們讓受試者安靜地坐著，數自己的心跳次數。但他們不能把手指放在脈搏上或使用任何其他簡單的工具。這種對內感受能力的測試，強迫我們專注於自己體內發出的最基本回饋訊號——心跳次數。我們對自己心率算得愈準確，我們對身體內部狀態的感知能力就愈強。當楊和同事比較有自我傷害史的實驗組與對照組時，發現自我傷害的受試者對感覺和情緒更敏感，但他們的內感受能力較差。他們對感覺更敏感，但無法分辨或解讀這些訊號的含義。正如作者所做的結論，他稱自我傷害「是為了讓身體體驗情緒，這麼

> 做可能有助於解決情緒和內感受的不確定狀態，消除身體角色在情緒體驗中的歧異性。」

在某些方面，自我傷害的受試者與吊橋實驗裡那些被自己感覺愚弄的人算得上是近親。前者是無法處理或理解自己的情緒，後者是錯誤歸因自己的感覺。**如果我們不能夠準確地解讀身體和心理發出的訊號，那麼為了因應這些訊號，我們會趨易避難，選擇最簡單的途徑：忽略或壓抑感覺。在極端情況下，這可能意味自我傷害。**

從成癮到飲食失調等現象[16]，發現患者都有不良的內感受能力。若我們無法理解自己的內在世界，自然會改用外在的方式因應。這道理也適用於處理感覺和感受。幼兒園孩童不理解第一次惹麻煩被糾正的羞恥感或憤怒等情緒，因此亂發脾氣。或者在工作中遇到挫折，下了班對另一半發洩怒氣。當我們無法清晰理解內心世界，往往會訴諸不太有效的因應機制。**有能力解讀和分辨內心世界，才能以更有效率的方式靈活作出反應。**

分辨是痠痛還是受傷

如果你很久沒去健身房，恢復鍛鍊後，你會很清楚要解讀內感受回饋有多困難。一開始你也許被男子氣概沖昏了頭，不自量力地想進行適合二十歲年輕人的鍛鍊項目，至少絕不是四十歲的版本。第二天醒來，肌肉和關節都在抗議，不僅疼痛還僵硬。你幾乎下不了床，好不容易蹣跚地走到門口，你想知道這是極度痠疼還是災難性的傷害。心想只要走一走就沒事了，還是得馬上去找骨科大夫？這種確定是「痠痛還是受傷」的難題，並非專為我們這些想重新抓住年輕尾巴的中年大叔所保留，而是任何年輕運動員都必須學習的重要課題之一。在田徑運動場上，我們稱之為知道自己可以受什麼訓練，以及不能受什麼訓練。

對身體有超強內感受力的人，一如資深飛行員，只須看一眼儀表板就知道怎麼回事、無須閱讀標示或參考操作手冊。同理，一個有經驗的運動員會區分痠痛和受傷之別。舞台劇演員有能力區分緊張和焦慮。企業高階主管明白何時應跟著直覺走，何時應不理它。

我們若能理解簡單（感覺）和複雜（情緒）傳遞的訊息，有助於做出更好的決策，以及成功培養出堅強的心性。需要堅強心性的情況多半脫不了高壓與挑戰，這類高壓情況通常是錯誤解讀或錯誤歸因感覺／情緒的首要因子。我們很容易把腎上腺素狂飆和興奮的身體誤認為是充滿焦慮和不安的身體。研究顯示，真正堅強的運動員能更清楚地理解身體給他們的回饋⑰。加州大學聖地牙哥分校的一項研究發現⑱，韌性得分較低的人在承受壓力時，對身體內部狀態的覺知力也偏低。英國有個有趣的研究發現⓳，擁有較強內感受力的股票交易員不僅獲利突出，也更能久待在這個離職率超高的行業。這些交易員並不是擅長風險型決策的人，而是能夠讀懂自己身體訊息的人。當我把這項研究拿給朋友馬塞爾（Marcel）看時，他的反應是：「名門學歷讓你進入這行；深思熟慮和自我覺知才是你優於常人之處。」他任職於投資銀行界，同樣是需要評讀和做出高風險決定的行業。

提前了解就能即時反應

如果我們不斷錯誤解讀身體發出的訊號，我們大腦對接下來可能發生的事所做的預測也會有瑕疵。研究競技運動選手與特種部隊的專家指出，「對於身體內部訊號的感知力和反應力如果下降，會讓〔韌性低〕的人在面對內感受干擾時毫無準備……〔韌性低〕的人可能無法精準做出身體預測誤差，因為他們的內感受偵測能力下降，影響所及，無法有效整合體內當下的各種生理狀態，連帶無法預測未來的體內狀態⓴。」簡言之，輸入的數據不精準，預測也會不精準。

我們若無法分辨內感受的細微之別，會趨易避難，直接做出草率的決定。堅強心性的一個環節是有能力微調當下的各種體驗與感受，以及有能力微調對這些感受的解讀。愈精準的內感受力和更穩定的情緒功能（emotional functioning）相關㉑，也和憂鬱症比率下降相關。憂鬱症患者讀不懂自己的身體，一如有些非憂鬱症患者也讀不懂自己的身體，例如業餘運動員，他們無法分辨哪些是正常的痠痛，哪些是可能導致殘疾的運動傷害。

擁有堅強心性的人，具備辨別細微差異的能力，反觀我們大多數人往往對這些差異視而不見。所幸，這是可以培養的技能。一如本章前面所提，辨別細微差異的能力包括兩部分。

一、對於感覺和感受的覺察力。

二、將感覺和情緒置於更大的框架與脈絡下解讀。

培養辨別細微差異能力的第一步是深入該感受。如果我們把注意力導向某情緒或感受，花上夠長的時間剖析該情緒回饋，就可以把原本只有單一色調的灰，細分成不同色調的灰。擁抱不適與逆境，刻意集中注意力，這樣你就可以剝開一層層的面紗。

為情緒貼上標籤

還有一個方式有助於我們理解訊號的細微差異，以及切斷訊號和相應行動之間的連結，那就是替訊號貼上標籤。我們可以用截然不同的描述方式（如緊張、興奮等）解釋非常相似的感受（如心跳加快、手心出汗、有一絲絲不安等）。我們替情緒或感受貼上標籤[22]，不僅可以改變我們對它們的詮釋，也能改變我們身體的反應方式。加州大學洛杉磯分校（UCLA）的研究員要求受試者在演講前替自己的感覺貼上標籤，結果抑制了受試者的大腦警報器（杏仁核），啟動了大腦的控制器（前額葉皮質，PFC）。受試者對情緒的描述愈細節，愈有能力處理伴隨公開演講而來的情緒漩渦。臨床心理學家利用情緒輪（emotion wheel）等工具落實同樣的概念，這種情緒輪列出常見的感覺，例如憤怒，鼓勵我們進一步細分憤怒，包括怨氣、反感、惱火、嫉妒或退縮。我們如何描述和標示感受，會影響我們接下來的表現。

替某情緒命名時，等於奪回若干控制權——將模糊不明的東西轉化為我們可以理解、操控和接受的有形東西。我們如何描述感覺和情緒很重要。以憂鬱症為例，「我很傷心」是常見的描述，但你仔細想想後會發現，這說法並無意義。它暗示，傷心是具體有形的東西，是你無法改變的特質。但是如果你說「我正經歷一波悲傷情緒」，暗示這是會過去的感受。兩者的差別可能看似微不足道，但我們描述當下情緒所用的語言，很大程度地決定了我們是否有能力控制自己的情緒，或是讓情緒反過來控制了我們。

如果我們能分辨感覺和情緒傳遞的訊息，不僅能削弱它們與一連串消極想法或行動的連結，也能讓我們更精準地解釋他們代表的意義，理解有些感覺其實毫無意義或不重要——只是內我反應過度觸動了假警報。有些感覺可以讓它隨風而逝，它們不過是訊息而已。我們愈清楚身體傳遞的訊息，愈能做出正確的決定。

內感受能力差➡預測能力差➡不夠堅強，決策能力差。
培養分辨細微差異的技能。

練習一：深入了解情緒的細微差異

一、具體感受

這個練習裡，你要體驗與你現在所受挑戰密切相關的感受。例如，若想體驗與體育競賽相關的疼痛，可以騎飛輪，接受一次辛苦的鍛鍊。或是泡在冰水裡，感受類似的痛苦。若想感受焦慮，例如社交焦慮，可置身於讓你不自在的社交場合。若站在高處讓你焦慮，可站在旅館的陽台上，但務必確保安全無虞。

二、進入感覺和感受裡。

把注意力集中在你正在體驗或感受的事情上，並消化這種感覺。目的是體驗而不做評價，只收集各種體驗與感受，不一定要對這些感受做什麼，只是開始剖析「痛苦」或「焦慮」等感受在不同背景下的意義。

練習二：命名

一、增加詞彙量

要求小一學生形容一個人，他們只會使用簡單的形容詞：漂亮、聰明、善良。等到詞彙量多了，他們能更傳神地描述人和物。說到情緒和感受時，我們多數人的描述就像幼兒園的孩子。擴大詞彙量有助於我們找到細微差異，也能更清楚自己有什麼感覺。

二、描述感覺

在描述感覺時，要有創意，以及盡可能愈多方式愈好。例如，疼痛是什麼感覺？灼熱痛、鈍痛、短暫痛、還是持續痛？描述壓力或焦慮時也是如此。可善用情緒輪等工具，或搜尋更能具體描述感覺的同義詞。描述我們內在感受時，首先要求廣度，然後才求深度。

三、將心理感覺與生理感覺分開。

描述感覺的時候，盡量把生理感覺和心理感覺分開。例如，手心出汗和心跳加速屬於生理感覺。我們經常把這些生理反應和焦慮或恐懼交織在一起，其實兩者應該分開。。

四、命名。

情緒是有背景與脈絡的。找出不同訊號之間的細微差異。你在上台演講前會感到緊張嗎？那是腎上腺素使然。當我們替某些東西命名時，等於對它有了掌控權，彷彿對它說：「我知道你是啥，知道如何應付你。」

五、重新評估情緒所代表的意義

把訊號換個新框架（reframe），將其視為有用的訊息。你能把焦慮、恐懼、痛苦和悲傷視為傳達訊息的訊號嗎？現在你已經了解感覺和情緒的細微差異，並且替自己所經歷的感受加以命名，對這些訊息有了掌控權。你能把焦慮視為興奮嗎？你所經歷的恐懼是訊號，提醒你謹慎為上。失去親人後傷心不已，提醒你要珍惜身邊的人。將情緒和感覺重構為你可以選擇傾聽或忽略的訊息，是駕馭我們混亂內在世界的有力工具。

情緒是傳遞訊息的信差，不是支配者

說到感覺，我們習慣關注在最後一步——如何調節（regulation）。我們要無視它們的存在？還是向它們屈服？男性往往自小被教導忽視或屏蔽感受，女性往往和「太情緒化」畫上等號。兩種性別、兩種際遇，但都傳遞了類似的訊息——除非遇到特殊情況，否則感覺和情緒必須被壓抑。我們自小被灌輸選擇工作時要根據自己的熱情與興趣，談戀愛時要聽從自己內心的聲音。我們收到各種矛盾的訊息，所以該傾聽哪些情緒傳遞的訊息？哪些情緒又該被忽略？也就是如何面對以及處理情緒是重點。

情緒調節會影響決策和堅強心性（詳見第9章），但情緒調節是一連串過程中的最後一步。進入調節階段時，我們的感受和伴隨而來的行為反應若連結得過緊，影響所及，無論意志力多強或掌控權多大，都無法切斷這種連結。例如小孩受辱後，反應若是直接跳到大發脾氣，因兩者連結太緊，能做的就非常有限。

專注於過程的前端——解讀和理解情緒，會影響下游的反應——包括注意力走向、內心對話、乃至行為反應等等。這給了我們機會，不至於一受到壓力就直接跳進入全面失控狀態。具備解讀和理解內心世界的技能，會決定後續的反應，包括是否茫然不知所措、預測哪個警報器會響、知道身體會發出什麼訊息等等。如果我們能理解感覺傳遞的訊息，會更容易選出正確的解決方案。

若想培養堅強心性，必須正確解讀這些感覺訊號，包括知道身體在說什麼，以及決定是否回應。這不代表我們必須對每個渴求、每個訊號言聽計從，因為有些訊號可能是錯的。有些訊號（例如，吃甜食的衝動）可能是過去不易得到甜食所殘留下來的記憶。

解讀感覺和情緒有助於你做決定，要重視它們嗎？還是不用理會它們？抑或用它們激勵自己？在西班牙[23]，一個研究分析人如何在高壓下工作，結果發現，人有能力把伴隨壓力而來的焦慮轉化為有利自己的正能量。例如，他們對一份工作可堅持更久的時間，在學術測驗獲得更高的成績，甚至對工作有更高的滿意度。這一切都要歸功於焦慮感。是什麼因素讓他們和別人不一樣？讓他們把焦慮轉化為發揮自己優勢的動力？答案在於他們是否清楚自己的感受。研究員總結道：「清楚自己感受的人更可能靠焦慮茁壯進步。」即使是所謂的負面感受也是有用的，端視我們能否清楚理解自己的內在世界。

我們愈能解讀和分辨身體發出的內部訊號，愈能把感覺和情緒視為訊息，協助我們採取適當的因應行動，而不是錯過訊號，或是一有感覺就直接跳到反應。一個系統文獻回顧發現，**我們的內感受力愈強，愈能有效面對壓力**。研究員發現[24]，無論是競技運動員、軍事人員、還是承受極端壓力的冒險人士，在高壓情況下，攸關他們表現成績的關鍵之一是傾聽與理解身體內部狀態的能力，能否根據情緒提供的回饋做出與之匹配的行為反應。而那些無力招架危險與高壓的人，不易讀懂身體傳達的內部訊號。他們就像新手運動員，無法分辨哪些疼痛會消失，哪些疼痛可能導致傷害。

當我們清楚自己的感覺，可以把該感覺視為輕推我們採取行動的訊號，而不是支配和強制我們行動的警鐘。不確定性會敲響警鐘，清楚自己的感覺則會協助我們找到正確的按鈕。感覺和情緒是傳遞訊息的信使嗎？還是支配的獨裁者，讓我們對結果幾乎沒有任何掌控權？我們的目標是讓情緒盡可能成為傳遞訊息的信使。

第7章

掌控腦子裡的聲音

內心的自我對話是為了整合我們各種系統或自我，讓憂鬱和動機浮出潛意識進入表意識，然後決定該怎麼應對。

一九八一年，一艘二十一英尺長的帆船從美國出發，準備橫渡大西洋，駛往英國，一路上一帆風順，僅出現一些小問題。船員在英國停留一陣子後，繼續往南到西班牙，最後抵達非洲西北角外海的加那利群島。一九八二年一月，揚帆往西行，準備返美。

出發七天後，船長和船員半夜被一聲巨響驚醒，有人猜測應該是撞到鯨魚。結果船底被撞破一個洞，海水迅速湧入，船員忙不迭與時間賽跑，火速把救生筏扔到船外，把能搶救到的東西都扔到裡面。在船隻被海水吞沒之前，船員不放棄搶救任何有用的東西：一個急救包、食物能搬就搬。帆船沒入海裡時，他們已跳到六英尺寬的救生筏上，上面有一些生存所需的設備以及最多維持兩週半的糧食。漂浮在大西洋上時，他們開始認清一個事實。要活命只有兩種可能：被另一艘船發現而獲救，或是隨著洋流漂向加勒比海某個地方——估計至少會花上兩個月。

首要之務是想辦法靠有限的食物和水存活。他們的糧食存量少得可憐，所以得想辦法開源。他們製作了一支長矛，用來捕魚；也打造可讓海水透過蒸發變成淡水的裝置。儘管創意十足，加上偶爾有雨水挹注，但每天大約只能進帳約一罐易開罐的淡水量，只夠避免脫水。

日子一天天過去，大家身心飽受乾渴折磨，彼此幾乎不交談，直到有一天船員瀕臨絕望邊緣，彼此之間才開始有了簡短的互動：

「水，拜託給些水好嗎，船長❶？我要水……再給我們一些水吧。」

「不行！不行！嗯，也許可以吧。不行！不能再給你了，一滴也不行。」

「拜託，船長，水。現在就給，否則就來不及了。」

「行，要喝就喝髒水。你想喝多少就喝多少，但乾淨的水得留著。每天最多一品脫，這是上限了。」

一個「不放水」的嚴厲船長，儘管大家快死於脫水和饑餓，他仍寸步不讓。他知道，若要活下來，不能屈服於眼前的慾望。他們的目標只有一個：活下來。在長達七十六天的時間裡，他們漂流在大西洋上，九艘船曾出現在附近，但沒有人發現救生艇以及船員匆忙發射的信號彈。沒有人對應急指位無線電示標（EPIRB）作出反應。所以船長得做出艱難的決定，以利大家活命。他狠心要求大家每天只能喝一品脫的水，配給大家少得可憐的糧食，讓船員集中注意力，並鼓勵他們對奇蹟繼續抱持著一絲希望。奇蹟終於出現，他們成功橫渡大西洋，抵達加勒比海的瑪麗——加朗特島（Marie-Galante）。他們能夠成功活下來，很大程度要歸功於船長的聰明才智以及堅定不移。

這故事的唯一問題出在哪裡？其實只有一個倖存者——史蒂芬．卡拉漢（Steven Callahan）。船長和船員都是同一個人。他獨自一個人乘救生艇橫渡大西洋，不過，對話倒是確有其事。正如後來他在《漂流：我一個人在海上七十六天》（*Adrift*）一書中所言，他一個人分飾多角：理性的我、生理的我、情感的我。卡拉漢承認他遇到的困境：痛苦、恐懼、慾望。船長的身分讓他不至於失控，做出適合生存的艱困決定。他說：「情感的我擔心害怕，生理的我感到痛苦，我本能地依賴理性的我掌控大局，指揮恐懼和痛苦[2]。」

多重自我內在的拔河隨時上演

卡拉漢的多重自我是他在海上迷航時，受不了折磨發瘋導致的結果嗎？抑或是因應極端險境的一種生存機制？傳統想法可能這麼認為，但其實我們碰到任何緊張的情況都會分裂成多個角色。我們每個人都經歷過腦袋裡有多個人在打鬥的場景。內心的魔鬼抱怨身心疲憊，不斷提出懷疑，拿出各種理由說服你放棄。另外一個你（站在肩膀上的天使）則會不斷對你打氣，加強你的自信，說服你堅持下去。

這種內在的角力與拔河隨時都在上演，可能是跑馬拉松時、考慮是否買下店裡那件昂貴的洋裝、決定是否離職追求自己的夢想等等。那個內心裡的「魔鬼」可能試著誘拐你放棄正在讀的這本書，改而做些更「棒」的事。我們內心的對話只有一點不同於卡拉漢——卡拉漢替兩種聲音都取了名字。雖然聽起來很怪，但是根據神經科學和心理學的最新理論，我們的思考方式像卡拉漢一樣，一人分飾多角：不同的我會彼此爭辯，搶爭注意力。

當你坐在會議室，緊張到胃打結，希望能讓大客戶對你留下深刻印象。這是僅有的一次難得機會，千萬不能錯過。突然一個聲音竄出來：「我做不來；他們會看穿我。」就在你陷入恐慌前，另一個想法浮現：「別嚇自己。你已準備周全。你對這個問題瞭若指掌。你沒有問題的！」舊版的堅強訓練模式會關閉內心你來我往辯論的聲音，忽視或拒絕任何具有破壞力的意見。彷彿負面消極的聲音是一種性格缺陷，是「軟弱」的標誌。但新的研究顯示，兩種相反的聲音都在告訴你一些重要訊息，兩者無好壞之別；有時他們傳達的訊息是我們想聽的，有時是我們不想聽的。若重新建構堅強的框架，**構成真堅強的條件之一就是覺察這些聲音，讓它們成為工具，協助我們在遇到困難時，做出更好的決定。**

七個次自我

我們習慣性認為，大腦是一台電腦，由中央指揮官掌舵，負責整合所有資訊並決定一切大小事。我們以為大腦的不同區塊是相互連結，能夠互相溝通，大腦指揮官能夠獲得所有數據、回饋和訊息，然後據此做出決定。可惜實情並非如此。大腦是拼湊在一起的紛亂湊合物。

想想大腦的發展史，大腦的每個區塊並非照著設計圖打造，然後與其他區塊整合，形成統一發揮功能的整體。其實，人類頭骨下的軟黏結構跟著人類一起經過幾千年演化，最後舊腦與新腦拼湊在一起，並非統一的整體。也就是在現有框架上增加新進化的大腦，新舊經過調整、分配新的角色、讓大腦滿足人類的一切需求。

這就像買了一棟建於十九世紀的老房子，必須整修才能滿足現代生活所需。老屋的磚牆並不是為中央空調或暖氣而建。房子當初興建時，沒有電源插座、無法安裝有線電視、甚至沒有現代化的排水管。受限於無法把老屋全拆了，徹底整修，所以你只能將就，在現有結構允許範圍內，找到變通的辦法，成功安裝現代化的便利設施。

也許老物可以新用，把原本的廚房改成車庫。在窗戶上加裝空調設備。或者敲掉地板，以獨特的方式安裝地暖和冷氣空調系統。也許你會拆掉臥室的隔間牆，把相鄰的房間打通變成主臥。

或是把在維多利亞時代十分流行但現在已經不合時代潮流的「暈倒房」*（fainting room）改建成第三間衛浴。無論做什麼改造，都得在既有的結構上進行。你不能用現代化方式整合暖氣、冷氣、電力等系統，你必須將就於現有的結構基礎。

大腦是拼湊而成的裝置，所以得靠一系列模組（modules）處理不同的功能——各模組並非涇渭分明，自成一格，而是全盤大雜燴，模組之間或許可以直接溝通，或許只能間接連結。大腦系統把相互矛盾的訊息存放在腦部不同的區塊，一個模組可能收到的訊息是：核心體溫（維持生命重要器官的溫度）正在以驚人的速度上升；另一個模組則是關注動機與工作項目的重要性。腦袋裡，其中一個我，催促我完成目標；另一個我希望我在危機出現之前趕緊罷手。如果這兩個我無法直接溝通，那麼哪個模組（我）會勝出呢？

腦袋沒有中央指揮官負責拍板定案，而是靠模組這一系列「次自我」（subselves）處理不同的功能。大腦中不同區塊間，彼此可以很輕易地相互溝通，可以為了完成不同的目標而協同合作。雖然我們可能有很多的次自我，但研究員迄今已確定至少**七個次自我：保護自我、吸引配偶、留住伴侶、建立關係、關懷親屬、提高社會地位以及避免疾病**❸。**每當我們遇到不確定的情況或壓力時，最有能力處理這種情況的次自我會大聲說話。**

如果你看過迪士尼皮克斯電影《腦筋急轉彎》（*Inside Out*），你已經是了解模組化思維和哪個次自我會勝出的專家。這部動畫電影將快樂、憂傷、厭惡和憤怒等情緒擬人化，成為主角萊莉大腦裡的不同角色。這些情緒所扮演的角色從萊莉所處的環境吸收資訊，他們互不相讓，彼此爭辯，希望奪下指揮總部中控台的掌控權，中控台有各種按鈕，代表不同的因應行動與行為。若由其中一個情緒角色勝出，取得按鈕掌控權，會讓萊莉出現某種情緒與行為。現實生活裡，我們的情緒角色同樣也會無法獲得完整訊息。例如，在電影的一幕裡，「厭厭」歎道：「萊莉的行為好奇怪。她為什麼表現得這麼奇怪？……『樂樂』就知道該怎麼做❹。」樂樂、憂憂、怒怒和厭厭可能不知道什麼是最好的行動方案，但他們會爭執、辯論、嘶吼，最後只有一個人勝出，手握中控台按鈕，進入到萊莉的意識層。

一如電影《腦筋急轉彎》所展現出來的，感覺和情緒是觸動開關，活化模組化思維，啟動內在辯論，最後推著我們採取某種行動。當我們恐懼害怕時，也許是因為營地附近有野生動物出沒，自我保護的模組可能會亮燈，內在聲音會尖叫著要我們快逃。如果我們不是一個人在營地，而是帶著幼兒的父母呢？我們比較不擔心自己的安危，更擔心的是孩子。所以自我保護不是首要重點，保護孩子才是，這時關懷親屬的模組會被活化，意識告訴自己，我必須擋在動物和孩子之間，成為一道保護屏障。我們也可以看到模組化在非威脅狀態下對大腦的影響。

在一項研究中，一群男性分別看了恐怖電影與輕鬆愉快的電影❺，接著再看和自己不同族裔的男性照片，結果發現，前者認為照片中的男性更憤怒。這個研究顯示，電影觸動我們自我保護

＊ 編按：暈倒房是維多利亞時期女性專用房間，內有單邊扶手沙發供婦女暫時休憩。因她們長時間穿著緊身束腰，胸悶而呼吸困難，甚至昏厥暈倒。通常此房間男士勿入，隱私性高。

的模組，這個模組是我們演化過程中留下來的機制，要我們提防族人以外的陌生人。

雖然皮克斯在《腦筋急轉彎》擅自做了一些改編，但心理學關於情緒和次自我的理論非常吻合這部動畫片的描述。但有一點和動畫片的劇情相左：我們的情緒並不僅僅靠爭辯，然後看哪個情緒進入意識層，成為最後的贏家；一場全面的戰鬥隨之登場。喜悅、憂傷、憤怒和其他情緒可以被視為好幾個主角，每個主角你爭我奪，想擠進我們的意識層。

有時候，我們大腦被一個完全不同的次自我綁架。回想上一次你和另一個次自我爭執的場面。才在幾個小時前，你們兩個還相親相愛，現在卻大聲指責對方，細數對方哪裡做錯，你們是不是變成兩個不同的人？難道你們兩個都瘋了嗎？羅伯特．賴特在《令人神往的靜坐開悟》（*Why Buddhism is True*）一書中指出，這種情況顯而易見是「提示你，大腦正在接受新的管理。」

然而我們模組化的大腦，運作方式並不像開關，按下按鈕就可打開或關上。其實，我們的次自我更像是拳王阿里（Muhammad Ali）和佛雷澤（Joe Frazier）之間的世紀之戰，彼此你來我往，有時候是阿里佔上風，有時候對方反敗為勝。我們的次自我也以類似的方式彼此戰鬥，想辦法從對方手中奪下意識這個冠軍盃。你來我往之間，就是思考上場的時候。

內在的聲音

你是否曾經在開車時，腦袋不知怎地冒出一個奇怪、讓人擔憂的想法。「如果我把車切入逆向車道，結果會發生什麼事？」或者，當你站在高聳的橋上或陽台上，心想如果跳下去會怎樣。不，你並沒有瘋。九四％以上的人都曾有過類似的「闖入性思維❻」（intrusive thoughts），如果我們大聲說出來，可能會被送去看心理醫生。而這些不請自來的想法出自哪裡？

其中一種理論認為，它們是「心理模擬」（mental simulations）——我們的身體在評估與模擬當下處境的各種可能發展，其中之一是死亡。前面提到的例子中，從高樓跳下去或逆向行駛的想法背後，並非受到強烈的情緒支配，而你也不太可能把這種可怕的行為執行到底。這個可怕想法突然出現在你的意識中，然後退出，期間也許讓你升起一絲焦慮，最後你決定離開陽台，或者繼續專注於駕駛，而非不顧危險低頭查看手機。既然貫徹這個可怕想法的可能性這麼低，為什麼這麼奇怪想法會闖入你的腦海？

面對壓力時，我們次自我會模擬各種可能或不可能發生的情況。根據賴特提出的理論，各種模組在我們的潛意識進行思考，能夠突破並進入我們意識的想法成了我們內在的對話。賴特認為，哪個想法能勝出，根據的是重要性。某個聲音進入意識，是因為它背後有更強烈的感覺或感受。**如果信使（感覺）喊得夠大聲，相應的想法就會進入我們的表意識，催促我們拿出行為或行動因應**。第2章所概述的順序，從出現感覺、內心交戰、催促行動、乃至做出決定，這個堅強心性的過程應該愈來愈清晰。

五種內在聲音

闖入性思維只占我們大量內在對話的一部分。研究專家將內心對話分為兩大類：統整型（integrated）與對抗型（confrontational）。

在統整型對話裡，我們內心可能只有一種聲音進入意識，整個自我對話過程平靜祥和，我們一一列出需要完成的任務，或是在心中記下我們想告訴配偶的事情。另一種統整型對話裡，我們會模擬（想像）與現實生活中某個人進行對話，從頭到尾解釋一遍談話要點，以及預期對方會如何回應。在心理學家所謂的統整型對話裡，不會有你來我往的辯論，不會有贏家和輸家，而是透過可能的劇情發展，練習如何回應、斟酌不同的觀點，最後協助你找到方向，走出一條路。

反之，內在對話可能看起來像前面提到的拳擊比賽，有正反不同的聲音試圖在爭論中佔上風。兩個代表不同自我的聲音，把我們推向不同方向的結論或行動。坐在餐廳裡，我在多汁美味的漢堡和健康的沙拉之間猶豫不決，兩個聲音突然不知打哪兒冒出來，爭論為什麼健康吃或放縱吃才是最好的選擇。心理學家稱這類型自我對話是對抗型對話。一場談判於是登場，相左的聲音互不相讓，爭取「勝利」。在需要堅強心性的情況下，對抗型對話是常態。賭注愈大，潛在的危險愈大，矛盾對立的次自我也喊得愈大聲。

我們將這些互不相讓的矛盾聲音擬人化，將他們視為具有不同動機的個體。其中一個人可能關心的是健康，另一個人只重視潛在的安慰或快樂。波蘭盧布林若望保祿二世大學心理學家馬烏戈札塔・普查爾斯卡-瓦西爾（Malgorzata Puchalska-Wasyl）根據依附在這些聲音背後的情緒和動機，對大量的內在聲音加以分類。她請受試者描述他們在一些情境中進行的內在對話，經過分析與去蕪存菁後，她發現有五種聲音（角色）似乎最普遍[7]：

- 忠實的朋友：與個人的影響力、人際關係和積極正向的感覺緊密相關。
- 矛盾的父母：關乎影響力、愛護以及出於關心的批評。
- 驕傲的對手：聲音似乎很遙遠，而且以成功為導向。
- 冷靜的樂觀主義者：聲音輕鬆，對前景抱持樂觀積極的態度。
- 無助的孩子：露出消極負面的情緒，缺乏掌控感。

這裡我並不打算列出完整的清單，但是你可以看出，我們內在的各種聲音往往有不同的目的與功能。它們可以積極或消極；有益或有害；激動或平靜；可以看似與我們很密切，或是與我們脫節。每個聲音都釋出一個獨特的訊息，推著我們走向不同的因應行為。有些是告知；有些是敦促。有些是協助我們遠離危險，有些是為了激勵我們。有些可以集中我們的注意力；有些則會分散我們的注意力。

這些內在聲音之所以有分別，不僅是因為我們描述的方式不同。此外，神經科學專家發現，**不同類型的聲音也會刺激大腦不同的區域**。研究員在一項研究中發現，批評自我的內在對話會刺激大腦中處理錯誤並解決錯誤的區塊，而意在安撫的自我對話則會激活與同情心和同理心相關的區域。在另一項研究❽中，和自己交談則會刺激說話和傾聽的區域。自我對話背後的神經科學真相還是一門很年輕的領域，但在緊張情況下如何與自己對話顯然會影響隨後的行為反應。

內在聲音是為了整合各種自我

培養堅強心性的舊模式要我們漠視內在大部分的聲音。若心裡有放棄的念頭，或是懷疑自己可能不會成功，很可能被烙印代表弱者的紅字。根據舊式假堅強模式，堅強的人不會讓消極情緒進入腦袋，不過這當然不符現實。每個人內心都有一個魔鬼，煽動恐懼和疑慮。能夠在面臨挑戰時認清腦袋裡究竟在想什麼，有助於預作準備、從容應對。我們可以善用內在的聲音為自己加分，增加優勢。

我們內心的自我對話存在多種形式。可以是與陌生人的對話，可以是對自己下達指令，或是腦海中突然冒出奇怪但熟悉的聲音。內心的自我對話能發揮多種功能：激勵、告知、指導或是推著我們採取行動。在《內心的聲音》❾（*The Voices Within*）一書中，查爾斯．費尼霍夫（Charles Fernyhough）提出解釋，稱我們內心的聲音「可以幫助我們計畫要做什麼事，並在開始進行後規範行動方案；它可以提供動力，協助我們牢記應該做的事，並在第一時間讓自己為行動做好心理準備。」哲學家彼得・卡魯瑟斯（Peter Carruthers）指出，**我們內心的自我對話是為了整合我們各種系統或自我，讓憂慮和動機浮出潛意識進入表意識，然後決定該怎麼應對。**

內在聲音是一種安全機制，把內在世界轉譯為我們可以處理和應對的對象。根據「聽聲運動」（Hearing Voices Movement，該運動力主聽到別人聽不到的聲音，不代表這人有精神疾病），內在自言自語是讓抽象感覺和經驗變得具象化的一種方式。我們可能感到壓力或焦慮，但我們處理這種感覺的選擇有限。費尼霍夫認為，「內在的聲音和消極的想法可能讓人不舒服，但至少是一起因應壓力的局內人。在這種情況下，內在對話的支配地位到頭來反映它的演化作用，目的是讓人有足夠韌性因應壓力[10]。」

與內在聲音談判

內在聲音有助於我們對感覺採取行動。積極地和它們交涉或是協商。有時候，這可能意味與自己進行內在對話，有時候可能像被放逐的水手，聽到的聲音彷彿來自於完全不同的人。不管是哪一種情況，我們的身體已經把感覺這樣模糊抽象的東西轉譯為我們可以積極交涉的對象。我們不再只能忽視或擁抱感覺，而是能夠與之談判，拉開和它們的距離與空間，或者乾脆把不值得一聽的那個我晾在一邊。

無論內在對話採取什麼形式，我們都能夠掌控反應與交涉方式。無論是消極負面的自言自語導致自暴自棄，還是把它視為「瘋狂」朋友團繞陰謀論打轉的胡言亂語，故置之不理，總之我們可以改變內心的聲音。我們可以用比較有建設性效的方式改變自我對話，或是與負面聲音導致的情緒化反應保持距離。透過深思熟慮，確保內在對話能替我們加分，而不是對抗我們。

如果信使（感覺）喊得夠大聲，相應的想法就會進入我們的表意識，催促我們拿出行動因應。

內心的自我對話是為了整合我們各種系統或自我，讓憂慮的事和動機浮出潛意識進入表意識，然後我們再決定該如何應對。

戰勝內心聲音的三種技巧

我們該拿大腦的聲音怎麼辦？至今，我們已討論了想法怎麼形成，以及冒出想法背後的理由。此外，為什麼在壓力最大的時候，天使和魔鬼會同時站在我們的肩膀上如影隨形。現在是時候換個角度討論，如何管理和善用內在對話。

當你站在長廊，即將被迫上台時，你內心的聲音喊道：「我不想上去！」這時另一個聲音出現，安慰你：「你行的！」受到鼓勵的你，往前邁出幾步，勇敢站在幾百名觀眾前的舞台上。這類天使與魔鬼在我們內心對抗的現象是一種常態。有時感覺這些爭執聲不知打哪兒憑空冒出，而你唯一的選擇是放手讓它們為所欲為，彼此對抗。這些內在聲音是有意識的、是刻意為之的，例如積極的自言自語以及振奮人心的口號。若想戰勝內在辯論與爭執，可善用以下兩種策略：妥善處理出現的聲音，以及善用似乎在掌控範圍的內在聲音。

戰勝內在爭執聲是什麼意思？有時它意味傾聽你肩膀上天使的聲音，而不是魔鬼的聲音。有時候，把負面的聲音當成耳邊風，彷彿它只是你臉書上咆哮的「朋友」。請牢記，人是會思考的動物，不必害怕參與內心的混戰。有時我們想下海一起參戰。有時候，我們想重新調整方向。說到戰勝內心的辯論，有三種戰術是我們可以利用和培養的技能：

一、大聲說出心內話。

二、知道該傾聽什麼聲音：正向積極的或負面消極的。

三、保持距離：停用第一人稱「我」，改用第三人稱「他」。

一、大聲說出心內話

艾蜜莉在房間裡笨手笨腳地走來走去，對我的存在似乎視而不見，因為我站在對面角落。她的眼睛盯著一個球，口中唸唸有詞：「球……拿球……扔……球，」，然後完成動作，笑著替自己鼓掌。她不是在跟我說話，實際上她沒和任何人說話，她是在跟自己說話。當時我十三歲，看著兩歲妹妹在房間裡走來走去，自娛自嗨。我坐在「搖滾區」，全程目睹內在對話的進程。

根據蘇聯心理學家李夫．維高斯基（Lev Vygotsky）的認知發展理論，我們不是一出生就會這類的內在對話。我們會在心裡和自己對話，其實是源於幼年和外在人、物、事互動說話。我妹妹努力用語言表達她的行為與舉動，這現象並不罕見，是每個孩子都會經歷的發展過程。在這個發展期，兒童的外在語言（external speech）不完整、有針對性，說話的作用是提醒自己現在正在做什麼，偶爾也替自己加油打氣。家長和老師理解與明白這類的外在對話，特別是孩子若面對的是認知要求頗高的任務。孩子在玩球或是做其他什麼事時，會邊做邊和它們進行對話，藉此提醒自己下一步的動作，以及鼓勵自己努力完成任務。這些外在語言並不是針對任何人說的；它的作用是告知、提醒、鼓勵和鞭策我們繼續行動。

維高斯基的理論主張，隨著我們長大成人，對外講話的風格會慢慢內化。一開始，他注意到外在語言與內在語言之間的相似性，注意到幼兒講話會使用縮寫和不完整的句子，一如我們成人內在聲音的特性。此外，兩者都有對話的性質，類似內部對話。如果他的理論正確，那麼我們成人的內在聲音應該和幼童外在聲音有著同樣功能：自我調控以及指導行動方向。雖然要學的東西還很多，但現代研究很大程度證實維高斯基近一百年前率先提出的「認知發展理論」⓫。

如果我們回到幼時的做法，如果把內在對話變成外在對話，那會怎樣？觀看任何一項講求技能的體育賽事，你一定會看到選手自言自語。網球選手回擊時失誤導致球掛網，唸唸有詞責備自己。高爾夫選手準備揮桿擊球時嘟囔著最後的重點。有時這種外在的自言自語具有指導性，有時具有激勵作用，但功能都與我們內在自我對話一樣。只不過這招有用嗎？

當我參加ＮＣＡＡ越野錦標賽的區域性預賽時，我知道我遇到難關了。我原本有絕佳機會取得資格，參加全國錦標賽個人賽的決賽，我的幾個隊友也是如此。如果是團體賽，我們團隊是有一個外部的機會，前提是我們幾個選手都得跑出最好的成績。在六．二英里的賽事中，我只跑了一英里就感覺到個人賽與團體賽的機會可能飛了。比賽速度比我們預想的快太多，導致我們的團體賽計畫跟著泡湯。我本來應該在我的隊友馬塞爾旁邊，因為那年的每場比賽，抵達終點線時，兩人都只有幾秒之差。而今我抬頭一看，發現他已在遠處，正在追趕領先的選手群，落後的我只能咬牙苦追。我的大腦一直重複地說，我沒事，現在還只是比賽的初期，不須驚慌失措，但我能感覺到焦慮不斷擴大。這是決定成敗的關鍵性比賽。突然，我大聲對自己說：「你很好。你看，你可以說話。甚至你的呼吸並不急促。」

在對體力要求很高的越野賽途中，我竟還能說出一兩句話，讓我感到很驚訝。我的身體彷彿掙脫了韁繩，心情也漸漸放鬆，開始超越旁邊的選手群，然後看著前面馬塞爾所在的領先選手群。我追了將近三英里，終於擠進領先的六人群。當我追上時，我緊跟在馬塞爾身邊，大聲說：「別擔心，老兄，我已經追上來了。」領先的兩名阿肯色州選手驚訝地回頭看了看。這讓我新增一股體力，我的腦袋彷彿在跟自己說：「嘿！你還能說話，可見你的傷勢一定沒那麼嚴重！」我最後跑出第五名，落後馬塞爾五秒。我們雖然喪失團體賽資格，但馬塞爾、隊裡的三號選手史考特和我都拿到了個人賽的全國錦標賽門票。我發現一種新做法，可以讓伴隨疼痛和挑戰而來的負面聲音安靜。

面對疲勞、不適、以及高壓（四個參賽者中只有一個能晉級全國錦標賽），我沒有用蠻力強度關山，而是用方法化險為夷。真正的堅強是找到方向，是傾聽腦袋裡的聲音，心想應該正視還是壓下這些聲音。堅強不是盲目地強度關山，而是花時間分析在那個當下什麼方式有效。有時候這意味加大那個聲音的音量，大聲把那個聲音講出來。有時則是讓內在的聲音如浮雲飄過，不用理會。

研究似乎證實我的做法有效。一群科學家發現，把因應的方式大聲說出來，效果會更好。其中一個解釋是，內在對話在認知上更複雜。正如我們剛才所討論的，內在對話在認知發展階段上出現得較晚，所以若能回到較簡單的對話形式，有助於你減輕負擔，提供你更簡潔以及可執行的訊息。一如兩歲的幼兒跟自己說要怎麼爬階梯、投籃或撿球，我們也彷彿回到童年時期，進入一個深層內化的系統。把自我對話外在化，效果可能不錯的另一個原因是：逼你扛責。臨床心理學家史蒂文．海耶斯（Steven Hayes）與同事的研究發現⑫，**若你把內心對話說出來，一言既出，駟馬難追，附近的人聽到你說的話，逼得你必須為說過的話負責**。不像內在對話，要不要負責，完全視自己所設定的標準。

這不代表我們一定要大聲說出內心所有想法，但偶爾公開內心對話，替自己加油打氣或給自己一些指點，可能不失為一個辦法，協助自己接觸到另一個固執的我，以利自己關注到固執我漠視的內在聲音。

二、進行積極的自我對話

站在三十三英尺高的跳水板上，已夠令人緊張。對於一個頗有奪牌實力的跳水選手而言，必須在短短幾秒鐘完成精準的扭體和轉體組合，更是緊張不已。遑論若這次是泛美運動會的資格賽，選手的壓力更大。不妨想像跳水運動員沿著階梯一路向上走到跳台，這期間她腦子在想什麼。心理學家帕梅拉・海蘭（Pamela Highlen）與和邦妮・貝內特（Bonnie Bennett）[13]近距離觀察四十四名菁英跳水運動員的內心活動。透過評量焦慮以及自我對話，兩人發現，成功晉級泛美運動會決賽的跳水運動員，以及未能成功取得決賽資格的跳水運動員，兩組之間存在差異。被淘汰的選手進行積極自我對話的次數更多。

我們常認為，積極的心態有助於提高內在表現（inner performance）。我們以為，如果內在對話與自言自語充滿肯定與讚美，我們就能發揮最佳實力。我們相信，用積極想法取代疑慮和負面想法，消極的我就沒有成長空間。「我行的！」或是「我已經付出巨大努力才走到今天」等等，是常見的老調，用來制衡自我懷疑。這做法並非全無道理，畢竟數個研究顯示，積極的自我對話有利表現。不過實情並非這麼單純。

滑鐵盧大學一項有關積極自我對話的研究發現⑭，只要受試對象有較高的自尊，積極的自我對話才能發揮作用。若是低自尊，積極的自我對話反而有害。換言之，大腦不會被虛假不實的吹捧愚弄。我們多少得相信，自我對話時，對自我的肯定與讚美是實至名歸。說到自言自語或是自我對話，如果你造假，對你的表現不會加分。

美國運動心理學家朱迪・范・拉爾特（Judy Van Raalte）和春田學院的同事⑮，分析網球比賽時，選手內心進行的積極和消極對話，結果發現，贏家和輸家進行積極自我對話的次數差不多。不過，勝利者負面自我對話的次數低於不是次次贏球的選手。他們進一步分析數據後發現，內心的自我對話無論是積極還是消極並不重要，重要的是運動員如何詮釋。相較於不太看重自我對話的人，相信自我對話的人比賽時較少失分。

三、與自我保持距離：停用第一人稱「我」，改用第三人稱「他」

讓一個六歲孩子堅持不懈完成一件事是多大的挑戰？「難啊。他們的注意力持續不了幾分鐘，所以我們動不動就得讓他們的大腦休息。」我的妻子希拉蕊答道。她是小學一年級老師。那麼如果有東西分散他們的注意力，比如安裝了遊戲軟體的 iPad，你會怎麼辦？她道：「那就兩手一攤，放手不管。」

二〇一六年，賓州大學和密西根大學合作的一項研究中⑯，瑞秋・懷特（Rachel White）與同事接受艱鉅挑戰，測試一百八十名四至六歲兒童的毅力。研究員告訴孩子，這是必須完成的重要任務，大家要認真努力地做，做得好才能成為「好幫手」。這任務單調之至：如果在螢幕上看到乳酪，就按鈕；如果看到貓，勿按任何按鈕。

研究員也在桌上放了一個 iPad，並在 iPad 裡下載了一些有趣遊戲，心想孩子小休片刻時也許需要它。

離開房間之前，研究員傳授每個孩子堅持下去的辦法。他們告訴三分之一的孩子，應該思考自己的想法和感覺，然後自問：「我夠努力嗎？」另外三分之一的孩子得到同樣的指示，但被告知不要說「我」，改用他們自己的名字，例如「吉兒正在努力工作！」而最後三分之一孩童被告知，使用他們崇拜的偉人或名人的名字，例如，「蝙蝠俠工作認真嗎？」孩子接獲明確指令後，被獨留在房間內十分鐘，可以做事、走神、或是愛做什麼就做什麼。以第一人稱思考的六歲孩子，亦即用「我」描述努力程度，結果維持專心的時間大概只有規定時間的三五%。在十分鐘內，他們大部分時間選擇玩 iPad。用自己名字當主詞的孩子表現得稍稍好一些，他們的專心時間大約是四五%。最後一組，即主詞用的是建築師鮑伯（Bob the Builder）、蝙蝠俠或探險家朵拉（Dora the Explorer）的受試孩童，花了近六〇%的時間專心於任務上。**研究顯示，孩子與內心自我的距離愈遠，堅持與專心的時間愈長。**

「給朋友建議比給自己建議更容易」，這是大多數人都聽過的一句名言，而且它在很大程度上是成立的。我們該不該辭掉工作或結束一段關係？我們離問題太近，所以欠缺客觀性。我們到底該做哪個決定，心裡陷入掙扎，內心的聲音提供了各種理由和合理化建議。然而，如果我們看到朋友或熟人面臨同樣的情況，答案幾乎立刻浮出。我們告訴朋友，她必須毫不猶豫地甩掉那個人。這種現象不僅給建議時成立，在幫助我們堅持下去，或是面臨逆境時找到正確方向，一樣也成立。僅僅改變說法的主詞，就可輕而易舉地影響結果。

六歲的幼兒就在創造所謂的「心理距離」。當我們使用第一人稱「我」作為內心對話的主詞時，我們和問題之間的連結會過密，但是改用第三人稱、自己的名字或其他人的名字時，自我感和問題之間就被拉出了距離與空間。我們搖身一變，成為提供建議的朋友，不會因為和問題距離過近而被矇蔽。根據密西根大學研究員所做的分析，第一人稱會讓自己過於沉浸在自我的世界（self-immersed world），而善用拉開距離的單詞和片語有助於催生出與自我保持距離的觀點。當我們沉浸在自我的世界，會放大問題的情緒面。我們的世界會變窄，會被捲入情緒化的漩渦，會掉入一系列負面的狂瀾，以至於在培養堅強心性的固定模式中，選擇向「易走的路」靠攏。根據最近的研究，沉浸於自我世界，會讓我們視目前困境為威脅，易受困於任何可能引發危險的細節，結果因小失大。若改採與自我保持距離的觀點，我們會放大看世界的格局，可以卸下情緒的枷鎖，看清情緒的本質，不會讓情緒螺旋式惡化。我們會把目前的困境視為挑戰而非威脅。

心理學家對於面臨各種壓力的成人也使用同樣的固定模式[17]，一種是自我沉浸式（「我做得到！」），另一種是與自我保持距離式（「吉姆／他／你做得到！」）的自我對話範式。導致壓力的情境包括希望讓心儀對象留下深刻印象、公開發表演說、處理伊波拉疫情等等，而實驗結果都一樣。面臨讓人焦慮緊張的情況，如果使用與自我保持距離的自我對話，不僅有助於減少焦慮、羞愧和胡思亂想，還有助於提高整體表現。我們的公開演說受專家肯定，能更有效地基於事實做出決定，更能長時間專注於一項任務，甚至連智識水平都有所提升。與自我保持距離的固定模式還可以幫忙處理過去留下的創傷與陰影。

這一切都源於「我」變成了你。

密西根大學的一項研究中，心理學家伊森．克羅斯[18]（Ethan Kross）發現，憶及被虐、被激怒、受攻擊、遭背叛、被小看、受辱、遇挫折、被拒絕或被拋棄等傷痛時，使用保持距離的自我對話有助於降低情緒化反應。克羅斯不僅發現情緒化反應降低，也在發表於期刊《自然》的後續研究中發現，受試者在回憶負面傷痛時，使用第三人稱的自我對話，大腦中與自我參照處理（self-referential processing）有關的區域，活動量也降低。

使用第二或第三人稱會拉開體驗與情緒反應之間的距離。這種語言學上的巧計有助於我們拉遠鏡頭。若我們能拉遠距離並拓寬我們的世界觀時，就可減緩從情緒反應、歷經內心掙扎、乃至行動的進程。簡單地改變詞彙（主詞）就能夠創造距離，重獲掌控權，不會本能地趨易避難。

對話的影響力來自於你如何看待它

我們如何詮釋內在的自我對話，很大程度決定對話的影響力。有些人認為，消極的自我對話對他們有益，認為有鼓勵作用，棒喝他們逼他們前進，這種內在聲音聽起來彷彿是會施虐的夥伴。在我的教練生涯中，遇到少數幾位運動員，要求我在比賽時對他們狂飆髒話，他們認為，毒言惡語能逼他們離開舒適圈。我也曾與一些客戶合作，他們認為積極的自我對話會產生反效果，發現跟自己說「我行的！我會贏！」這類激勵與打氣的話，會讓他們的身體走向災難。他們的大腦被喚醒，忘記這是「積極」訊號，誤以為這是指示身體該休息關機，而非繼續向前衝。我們進行內在對話時，應該說什麼或不該說什麼，我們很容易制定明確且不容違逆的規定。但就像情緒一樣，**內心的聲音沒有好壞之別，只有需要聽或不需要聽的差別。**到底我們需要傾聽哪種聲音以及何時需要與自己對話，一切由我們自己說了算。

正確的自我

內心自我對話很複雜。如果說自我對話只須一味對自己好或是無條件支持自己，那當然單純許多。可惜正如本章所強調，我們腦袋會冒出許多不同的聲音，每個聲音代表一種自我類型。作家暨哲學家艾倫．狄波頓⑲（Alain de Botton）有篇文章討論如何照顧情緒，他指出：「優質的內在聲音頗像完全正派的法官，也像法官一樣重要：他能區分好壞，永遠仁慈、公平、精準掌握狀況，並熱心協助我們處理問題。」我們內心的聲音是樂觀派還是悲觀派並非重點，重點在於它是否秉公處理。若發現內在消極聲音阻礙我們前進，或是永遠樂觀的聲音「你行的！」阻礙我們看清現實，我們就得汲取更多經驗。

面臨需要我們堅強以對的處境時，必須確保「正確的自我」能掌控大局。不管是哪一種內在聲音推著我們向前走，總之要確保該聲音打贏內心的交戰。有時候，我們需要靠積極的態度戰勝消極的情緒。有時候，我們需要漠視內在瘋狂的聲音。有時候，需要拉大我與想法之間的距離。不過顯而易見的是，陷入困境時，如何回應內在自我對話才是重中之重。面臨挑戰時，我們容易讓肩上的魔鬼佔上風，影響所及，往往會一蹶不振，輕易地放棄或認輸。

第三支柱

「冷靜回應」取代「直接反應」

第8章

創造冷靜對話的能力

冷靜的對話在於放慢速度，在疲勞和失控之間創造空間，能夠冷靜、安靜、不帶任何評判地解決困難。

丹・克萊瑟（Dan Cleather）是個反差很大的矛盾體。他是深思熟慮的學者，在談論深奧的哲學問題時，能夠講得通俗易懂，就像舉起又大又重的物體一樣輕鬆自在。這位教授同時也是肌力與體能教練，他全身佈滿一系列抽象圖案的刺青。隱藏在他的襯衫下的是一個龍形紋身，覆蓋他整個右半身。像大多數的舉重同事一樣，克萊瑟可以輕鬆舉起重物。不過，再進一步細瞧他的刺青，可能會發現他和許多只長肌肉不長腦的舉重選手，還是有著細微差異。覆蓋在他腿部的抽象刺青圖案代表太極拳的動作，顯見他極看重這個練習。克萊瑟是新生代肌力教練，擁有博士學位、喜歡深思，精通從宗教到哲學的各種知識。我和他坐在英國特威克納姆（Twickenham）一家小酒館，話題圍繞他為什麼會紋身，他給了與他不偏不倚、中庸個性相稱的回答。「一部分是因為意義，一部分是因為過程。躺在那兒幾個小時，忍受針扎的刺痛，什麼也做不了，只能面對它，處理它。我知道這聽起來可能很怪，但我發誓我絕非受虐狂！」

對抗疼痛與堅強心性緊密交織。雖然習慣上大家不把疼痛視為情緒，不像喜怒哀樂等情緒，但兩者的功能與作用其實差不多。訊號集結形成訊息，告訴我們有些東西可能不對勁。被問及他的紋身經歷時，克萊瑟回道：「有時你在那裡躺了三、四個小時，不確定它到底什麼時候會結束，你只能想辦法熬過。一旦刺青師傅說他好了，你原本覺得自己還能再堅持一個小時（如果必要的話），這下突然被五味雜陳的感覺淹沒。你的心情猶如坐雲霄飛車，起伏劇烈，在這一點上，很傷感情的元氣。同理，原本你以為已經結束，但若紋身師傅說要再補一些東西，還需要十五分鐘才能完成，對你同樣也是一種情緒上的折磨。我受不了。」雖然克萊瑟不是僧侶，但他覺得自己對佛教有一種親切感。他打趣道：「**處理痛苦和不確定性的關鍵是什麼呢？接受痛苦，而不是對抗它。**」

冥想的益處

威斯康辛大學「腦造影和行為實驗室」的研究員安托萬．魯茲（Antoine Lutz）以及他的同事❶，探索了克萊瑟經歷過的同樣現象——疼痛感。只不過研究員希望了解腦部的內部作業。他們招募志願者躺在掃描大腦的 fMRI 機器裡，同時體驗疼痛。志願者沒有被紋身，而是忍受另一種不適。他們的手腕正下方放了一個熱探針（hot probe）。面對疼痛與處理疼痛時，一半的受試者就是和你我一樣的普通人；但是另一半受試者卻不一樣，每個人都完成了一萬多個小時佛教式冥想。

刺痛的探針扎到皮膚時，冥想組和對照組都經歷了同樣的疼痛強度，若以最痛為十分來計算，疼痛度約為七分。不過研究員分析受試者的不悅程度（例如疼痛對他們的困擾程度）後發現，兩組的反應截然不同。對照組受到同樣強度的疼痛，但是不悅的感受卻是冥想組的兩倍。兩組受試者明明受到等量的刺痛，但是反應卻天差地遠。

研究員分析「情緒成熟老鳥」（冥想組）的大腦造影後給了答案，讓我們知道為什麼。一切在他們感到刺痛之前就已經開始。等著滾燙探針扎入皮膚前，「情緒菜鳥」（對照組）大腦中與處理情緒相關的區域（即杏仁核）就亮了燈，預示威脅即將來臨。而冥想組的杏仁核反應相對不那麼活絡。兩組受試者真正感覺到疼痛之前，就以截然不同的方式預作準備。對照組處於高度戒備狀態，準備迎接災難。冥想組意識到危險，但決定不觸發警報。

當痛苦的探針接觸到受試者的皮膚時，冥想組很快便習慣了這種不適，當他們接受 fMRI 掃描時，不適感持續下降。對照組則覺得痛苦持續上升。這並不是說冥想者關閉了大腦的反應區，而是他們摸索出一種不同的反應方式。他們並未觸動警報器，而是採取另一種途徑處理這種不適的感覺。實際上，他們活化腦島，這是大腦中負責整合感受的區域之一。冥想協助他們不會從疼痛直接快轉到失控，而是找到另一條道路——接受和克服它，而非忽視或強迫它。

當被問及這段經歷時，冥想組表示，他們並沒有強迫自己克服疼痛，也沒有以「咬牙硬撐」的方式回應疼痛。反之，他們描述疼痛時，用的是「更輕柔」、「比較不會被他們糾纏」等形容詞。他們「更有能力完全接受疼痛感……不對疼痛做任何評斷。」研究員指出，這些冥想組的受試者想到辦法，能夠「靈活地調控對反感事物的條件性自動反應」。用一般人的話說，他們想方設法，把幾乎是自動的反射反應變成深思熟慮後的反應。他們會重新評估通常會觸發警鈴的訊號，把它們視為和輕搔差不多的感覺。他們冷靜因應而不直接反應。

每當我們感到不適或遇到逆境，往往直接從感覺跳到情緒失控抓狂。從感到疼痛直接跳到隨疼痛而來的情緒。不過真正堅強的心性是擴大而非縮短感覺與情緒之間的距離，這正是情緒成熟老鳥想到的方法。**他們並未強迫自己對抗疼痛，而是在疼痛和反應之間創造空間，以便能更有效地駕馭正在發生的事情**。這個孩子知道犯錯後，內心難免挫折，但不須發脾氣。如果是丈夫，他能夠與挫折共處，而不是對所愛的人怒言相向。運動員能夠清楚區隔緊張感以及焦慮或恐懼等情緒反應。簡言之，我們的反應具有可塑性。

大腦有兩個主要反應區。首先是前面提到的**杏仁核，它既是一個警報系統，也是壓力的詮釋者**，無論壓力是好是壞。僧侶和習於靜坐冥想的人士，杏仁核反應已被改變。此外，遇到痛苦時，瑜伽大師也能降低情緒方面的反應[2]。對於普通人而言[3]，看到令人反感的圖片或受到疼痛等刺激，杏仁核反應愈弱，顯示愈能掌控自己的情緒；而抑鬱和焦慮則與杏仁核反應過度活躍有關[4]。

面對威脅時，與杏仁核形成制衡關係的是前額葉皮質。雖然杏仁核可能觸發焦慮，破壞我們執行任務的能力，所幸前額葉皮質的作用可調控情緒反應，讓我們能繼續進行眼前的任務。耶魯大學學者最近所做的一項研究[5]，讓受試者對著電腦暢玩獵殺遊戲，但同時還得分神擔心可能被電擊。研究員分析他們的大腦反應，發現受試者預期可能受到電擊，因此出現強烈的壓力反應，但他們並未中斷遊戲，這點很大程度要歸功於兩個腦區之間的連結。大腦能夠調控，知道如何藉由分散注意力處理強烈的情緒。前額葉皮質（以及相關的大腦區域）可介入充當調控情緒的穩定器（stabilizer），告訴我們：「我看到你的焦慮，但沒必要觸動警報器。」根據最新的科學研究[6]，杏仁核和前額葉皮質之間的連結解釋了為什麼情緒調控會因人而異。

過勞是讓大腦關機

雖然僧侶可能非常擅長這種連結，但身心過勞的人卻是另一種極端，你很可能是這群人中的一份子。工作過勞已是大多數西方國家的流行病❼，調查顯示，多達七六%美國勞工深受其害。典型症狀包括昏昏欲睡、提不起勁、感覺全身不舒服等等。過勞改變我們因應挑戰的方式。讓過勞者和上述冥想者一樣在高壓環境下完成任務，結果他們的神經元反應和冥想者截然不同。他們的杏仁核稍大，與前額葉皮質的連結較弱❽。若警報器（杏仁核）和反應系統前額葉皮質之間的連結較弱，前額葉皮質無法及時介入調控我們的情緒。過勞讓我們的大腦習於用截然不同於冥想者大腦的反應方式：高度敏感的警報器，猶如少了「煞車器」，替失控的情緒反應踩煞車。現代職場讓我們漸漸失去對內在世界的掌控權。

同樣的現象可以解釋為什麼一些參賽者在壓力罩頂的決賽一路過關斬將，而有些人卻欲振乏力，兵敗如山倒。**隨著壓力和焦慮不斷上升，前額葉皮質因為腎上腺素和多巴胺飆升而關閉**。太多的刺激與喚醒，深思熟慮的前額葉皮質已受損，空出位置，讓本能反應的杏仁核負責掌舵。如果你曾在表演／上台前因為嚴重焦慮，覺得自己腦筋一片空白，失去思考能力，你就知道這種經歷是什麼感覺。儘管壓力和過勞的現象有增無減，但是善於抗壓的表演者知道如何讓前額葉皮質掌舵，讓情緒在掌控狀態。

無論是運動員還是過勞的員工，身心都面臨很大風險。我們莫不努力解開謎團與難題，同時在過程中不斷精進與成長。每週工作八十小時似乎是大家慣用的解方，覺得這是展現堅強心性的行為，是完成目標的必要做法。實際上，這是在自欺欺人。**挑燈夜戰，熬到精疲力竭，無視壓力和疲憊，等於是訓練大腦關機**。影響所及，深思熟慮然後引導自己找對方向順利克服挑戰的能力也跟著下降。**反之，維持專注力以及準確評估情況，可以訓練我們的大腦保持穩定。**

冥想能調控情緒

彷彿感覺熱探針戳刺還不夠似的，因此威斯康辛大學研究員更進一步，對善於抗壓的冥想人士加大壓力，讓他們面對的不是一個而是兩個高壓情境。首先，研究員讓他們經歷每個講者最害怕的噩夢——特里爾社會壓力測試（TSST）。這個測試由心理學家設計，讓受試者在評審團面前發表演說，評審唯一的工作就是批評和嘲弄可憐的講者。第二個壓力源是在他們身上塗抹含辣椒素的乳霜。辣椒素（capsaicin）是辣椒裡的活性成分，會讓身體發熱。透過結合身體的和社會的雙重壓力，研究員分析冥想人士荷爾蒙皮質醇的變化以及身體接觸辣椒素後的發炎反應，追蹤他們的壓力反應。煎熬的實驗結束後，這群有靜坐冥想習慣的受試者，無論是皮質醇分泌還是發炎反應都受到壓抑，清楚顯示，靜坐冥想不僅改變心理狀態，連生理反應都被改變，身心的變化解釋了這些「僧侶」因應壓力的方式。

研究小組注意到一個更有趣的現象：習慣冥想的人並沒有欺騙自己，也沒有進入假裝能夠忍受更多壓力、焦慮或痛苦的偽真實狀態（pseudo-real state）。他們沒有使用分散注意力的方法，也沒有把自己從所經歷的現實中抽離出來，其實他們擁抱現實。當研究員將生理數據與自我報告數據加以比較時，冥想者的感知和現實之間有更貼近的一致性。反之，對照組則出現「失真反應」（distorted response）。相較於生理呈現的預測數據，他們的情緒反應被誇大。冥想組更能夠調控情緒，一部分是因為他們能更精準評估所面臨的壓力和現實。他們「能更精準感知自己身體內部的狀態，亦即對生理線索較少有情緒性敘述。❾」

冥想大師和你我之間的區別不限於對刺痛的反應有別。心理學家理查・戴維森（Richard Davidson）在《平靜的心，專注的大腦》（*Altered Traits*）一書中指出，大腦的警鐘——杏仁核對壓力源有獨特的反應。遇到壓力後的五至八秒鐘，杏仁核的活動會達到峰值，然後在接下來的五秒鐘，隨著危險訊號回到基線而下降。說到情緒反應程度（emotional reactivity，包括情緒強度與後續相應的反應），我們往往關注前者，亦即最初的活動（響起警報）。但研究顯示，問題不僅在於杏仁核是否被激活，還在於它需要多長時間才能恢復正常。在一百多個研究對象中❿，研究員發現，杏仁核恢復的速度愈慢，愈能預測他們如何評價自己所處的情境。杏仁核恢復速度較慢的人，更可能將中性的面部表情視為負面訊息，也更可能表現出神經質的特徵。

心理學家稱這種現象為「情感慣性」⓫（affective inertia），亦即人無法放下已佔據腦海的感覺或情緒。負面的情緒或想法糾結在一起，進一步誘發強度更大的反應，以及需要更長的恢復時間。我們無法釋懷同事的冷言冷語，耿耿於懷老師在全班面前不假辭色抨擊我們的表現。它縈繞在我們腦海，糾纏我們數小時甚至數天之久，在我們腦海不停地重複播放。本書形容這種經歷為「情緒失控的漩渦、災難性後果、揮之不去的負面影響」。在這種情況下，情緒把我們推向或扯到一個特定的方向，我們被負面的情緒漩渦綁架，失去對反應的掌控權。一旦被情緒漩渦綁架，因為情感慣性使然，我們處理的不再是真正的壓力源，而是壓力源的殘響（對壓力的感受）。

高手擅長在產生情緒之前先創造空間

研究顯示，精通靜心冥想的人士更擅長把面對壓力時的生理反應以及面臨的真正壓力源配對。把情感慣性與這個研究相結合，浮現一個清晰的模式。僧侶、瑜伽大師和冥想專家對實際壓力源做出回應，他們針對某種情況，做出適當的壓力反應，不會過猶不及。反觀我們其他普通人，不僅對實際的壓力源做出反應，還對未來的以及佔據腦海揮之不去的殘響做出反應。更糟的是，我們愈是「認識」或緊抓某種經驗不放，下次被誘發時反應就愈強烈。正如戴維森在「艾茲拉・克萊恩秀」（The Ezra Klein Show）受訪時所言：「在某種意義上，普通人的大腦接收了三倍的刺痛量（被刺前、被刺時、被刺後）。而長期冥想的專家只在收到刺激訊號時做出反應[12]。」

神經科學還是門年輕的學科，不斷進展與變化，但有關我們可弱化感知與反應兩者間連結的想法卻可追溯到幾千年前。這些核心原則是千年多來佛門修行一大功課。佛教的冥想練習包括訓練我們不要對所思與所感下評斷，教導我們接受一切感知和經驗，練習的重點是幫助我們處理複雜心智的內部活動。近來，史蒂芬・柯維（Stephen Covey）、維克多・弗蘭克（Viktor Frankl）等作者都在肯定在刺激和反應之間創造空間的諸多好處。

創造空間是所有人都可以經由學習而精進的工具，可以幫助我們斷開一開始的感知以及殘響的情緒反應，這點才是真正決定堅強心性的技能，因為我們面對挑戰時，須學會迂迴克服，而非硬碰硬。一路上跨出每一步時——包括感覺、內在自我辯論、失控等等，你都可改變路線與方向。創造空間是打亂感知——習性反應模式的方法之一，可減緩從感覺下墜到失控的速度。透過有意識和無意識的機制，減少觸動警報器的頻率，也給我們更多時間處理與消化內在的對話，避免陷入災難。

值得注意的是，這項研究大部分的受試者是練習冥想數十年之久的人，但我們大多數人都沒有冥想的習慣，也抽不出時間練習。所幸研究顯示，**只要接受短短四天的冥想訓練[13]，就可降低不悅的感覺**。而冥想靜坐並非切斷感知——反應的唯一途徑，你也可以在健身、觀看恐怖電影、上班期間、或與咖啡店咖啡師交談時，精進這項技能。

「你能重設嗎？」

在感知與反應之間創造空間的概念，也適用於世上最難搞的對象——六歲學童。我的妻子希拉蕊展開她小一教師的生涯時，彩虹看板（clip chart）是常用的課堂管理系統。如果學生不乖，夾子所在位置會從綠色區降級到黃色區或再降到紅色區。這是一個視感上的提醒，讓全班同學都看到你犯了錯。這套管理系統上路後，結果並不理想。希拉蕊說：「這招沒效，不但沒效，反而讓孩子感覺更糟。你挑出一個不聽話的孩子，氣氛已夠緊繃，你還把憤怒、內疚和羞愧等感覺一股腦兒全加了進來。不久之後，他就大發脾氣。」

心理學與新興的神經科學陸續進入行為管理領域，課堂管理方式也跟著改變。而今學生若在上課時鬧喧或不遵從指令，希拉蕊說：「首先，我會給他們一次選擇的機會，問他們：『你能重設嗎？』」重設（reset）是短暫的停頓，讓小孩有機會反省剛剛的行為，然後糾正錯誤。教師花了一學年時間，對學生解釋什麼是重設，並帶著他們練習。如果孩子重設，老師馬上能恢復上課。希拉蕊總結道：「每個人都會犯錯，犯錯也沒關係。重設是給自己機會，認真思考情緒為何而來，然後重新上線。小孩不習慣也沒有能力駕馭排山倒海而來的情緒，給他們空間處理情緒。」如果他們繼續喧鬧呢？「我給他們兩個選擇。例如，你可以在你的課桌或到我的桌子完成指定作業。另一個選擇是，你現在自己重設，或是等到課間休息時，我們一起練習重設。」他們覺得自己有了掌控權，因為他們可以選擇，但其實是我在引導他們，讓他們的行為不會脫軌，他們也不會一味只說『不行，不要。』」

教師採用了現代行為管理方法後，孩子仍然會搗亂以及犯錯，但他們會學習、適應以及成長，降低發脾氣和發飆的頻率。事實證明，**即使是六歲的孩子，只要創造空間，幫助他們駕馭自己的情緒，以及給他們選擇的機會，對於他們如何駕馭生活中的各種難關至為重要。**

存在主義心理學家羅洛·梅（Rollo May）在《創造的勇氣》（*The Courage to Create*）一書中指出：「人類的自由取決於我們在刺激和反應之間能否停頓[14]，並在停頓中選擇正確的反應方式，以利發揮我們的影響力」。我和同仁替創造空間之舉取了一個名字：創造冷靜對話的能力。

對現實做出反應。對我們大多數人而言，不僅對實際的壓力做出反應，還對壓力產生的殘響做出反應。堅強的人學會將感知與現實匹配，因此能做出適當反應，不會過度渲染。

當我還只是剛萌芽的長跑運動員時，對付疼痛的慣用方法是忽略它，直到不能再忽略它為止，然後改用推土機法直接輾過它。在我跑步生涯初期，這招對我很管用，我是全美跑最快的高中生之一，認為自己已經找到可忍痛跑完全程的辦法，但身心都因此付出極大代價。我把自己搞得筋疲力盡，幾乎每次賽後都會嘔吐，我以為這代表我心性堅強，並以此為榮，心想這清楚顯示，我對自己的要求遠甚過其他對手，可惜好景不常。有些比賽，我沒有預留情緒儲備（emotional reserve），當需要伸手號召一些東西協助我克服難關時，我的井已乾枯，彈盡糧絕。因為沒有其他資源可供調度，我看著對手一一超越我，而我卻因為疲憊，不得不放慢速度。

排解負面情緒的四種方法

隨著年齡漸長，作為運動員的心態也愈趨成熟，努力治療聲帶功能障礙之際，我意識到，如果我不想被淘汰，我得拓展心理技能。每當我們面對不悅的感覺或隨之而來的負面自我對話時，有以下四種方法可以應對：

一、避開或忽略。

二、對抗（推土機法）。

三、接受。

四、重新評估。

我最初的解決方案是結合第一和第二種方式：先忽略，直到我不能再忽略為止，然後再努力對抗與克服。這就是我所謂的「推土機法」，也是我們多數人對堅強心性的核心基礎。用意志力克服不適，如果你做不到，就代表你是弱者。要往前，除了用頭撞牆，直到奇蹟般習慣這種不適，沒有別的辦法。推土機法是老派堅強心性的基礎，這也是為什麼教練「大熊」布萊恩要在酷熱的環境下進行訓練，以及為什麼選手的表現開始走下坡時，教練會大吼大叫。就像我十幾歲時，許多人仍然堅信，這種「兵來將擋，水來土掩」的推土機法才是正道。但是近來我們發現，後面兩種方法——接受和重新評估，才是構成健全心智與堅強心性的基礎。

當我們選擇忽視或壓抑時，首先得把注意力導向那個想法或感覺，大腦接獲示意，認為這勢必是很重要的訊息。影響所及，如果我們想刻意推開或忽略它，必須加倍努力才辦得到。大腦並未收到繼續前進的訊號，它得到的訊息足，這個訊號中一定有重要的東西，大腦遂強化這訊號的音量。只要曾經跟自己或他人說過「冷靜下來」或「別放在心上」，應該都會敏銳地意識到這種現象。忽視、迴避和壓抑，只會適得其反。

敞開自己，別排斥進入意識層的任何想法或感覺，這麼一來，就不會給那個感覺掌控我們的權力，而是抽乾它的影響力。研究顯示[15]，當我們練習敞開自己，接納不適，就能更有效地處理它，抑制我們從感覺直接跳到觸發警報器的習性。敞開自己接納不適，可以創造空間，允許我們放手讓不適的感覺消失，或是斟酌評估後重新定義不適的感覺。

冷靜的對話

展開長跑生涯之後，我努力培養接納的技能，因此訓練與比賽都發生了變化。我不需要在每次比賽前給自己打氣，也不用祈求自己具備跑到精疲力竭的意志力。取而代之的是，我與疲憊進行對話。以前，疲勞和費力的感覺是準備戰鬥的訊號，而今成了回饋，顯示我的身體已開始費勁，油表刻度愈來愈低。以前，若疼痛加劇，我會感到恐慌或害怕，擔心以目前的速度可能無法跑到終點。現在，我可以面對以及處理這感受，剖析哪些是需要關注的訊號，哪些可以忽略。阿基里斯腱劇痛可能意味著受傷，股四頭肌悶痛代表我的腿部有個大腫脹。而今我的內心對話從「哦，該死！好痛。你很堅強，忍痛跑完吧！」，變成冷靜的對話。「哦，愈來愈不舒服了。沒關係，痛是正常的、預料之中的。放鬆你的手臂，保持專注力。」這並不是說我變成了禪修大師，對疼痛和焦慮完全免疫。我仍然感受到等量的疲勞、疼痛和不適，仍然有魔鬼站在我肩上，叫囂著說服我放棄。不同的是，我有辦法讓自己不要直接從有感覺直接跳到失控。這小小的停頓可讓一切大不同。這就是冷靜的對話。

冷靜的對話在於放慢速度，在疲勞和失控之間創造空間，能夠冷靜、安靜、不帶任何評判地解決困難。冷靜的對話是一種工具，協助處理壓力、疲勞以及在比賽中想退出的衝動。冷靜對話也能用來處理激烈爭辯時憤怒、恐懼和挫折等情緒。我們能創造的空間愈大，就愈有機會打斷如漩渦般螺旋式下降，愈能不畏懼選擇艱難的道路重新向上，不會衝下懸崖。

冷靜對話不代表可不受壓力和不確定性影響，但可以提升我們決策的品質。理論上，與自己冷靜對話並不難，當我們開始感覺到情緒激動、理智出現失控的跡象時，它就是暫停鍵，說服我們別做傻事，傾聽內在和外在環境給自己的回饋，讓世界慢下來。不須對抗，清楚自己所經歷的一切完全合理與正常，知道感覺會透露一些重要的事情，以及擁有選擇該如何回應的空間。

開始冷靜對話的兩個步驟

冷靜對話創造指引、轉向或重塑經驗的空間。需要一切條件合作無間。現在你知道冷靜對話是什麼，接下來該如何發展冷靜對話的技能？這涵蓋兩個步驟：

步驟一：創造空間：花時間與自己獨處。
步驟二：保持頭腦穩定：學習回應（respond）而非反應（react）。

步驟一：創造空間：騰出時間，與自己獨處。

你獨自一人坐在狹小的房裡，床和廁所相鄰。沒有任何娛樂轉移你的注意力，甚至沒有窗戶讓你知道外面是白天還是黑夜，僅在某些情況下會透進一絲光線照亮房間。你獨自坐在狹小的空間裡，一天二十四小時，除了思考，什麼也不能做。這是什麼地方？

你要嘛是花了幾百美元參加靜語的暗室冥想靜修[16]，要嘛是被關在禁閉室。前者可療癒我們的精神疾病，可「淨化」我們內心的世界，承諾「讓我們心靈安靜」，讓「身體得到不可思議的休息，喚醒身體的自癒力」。關禁閉則是一種懲罰，會讓你身心俱疲，讓你知道誰在掌控，什麼行為在你被關押的監獄裡是不容接受的。兩種不同的經驗，前者協助你悟道，後者則是把人推到精神錯亂邊緣的野蠻手段，會造成持久性的心理傷害，包括孤立恐慌症、創傷後壓力症候群（PTSD）、記憶和認知功能失調等等。至於冥想靜修，研究顯示可以提高我們的感知意識[17]，鬆綁思想和憂慮對我們的束縛，讓行為變得正向積極。兩種獨處都逼著我們做這件苦差事：花時間與自己獨處。

即便不是置身於上述兩種極端孤立的情況，我們也寧願待在任何地方都好，只要不用和自己獨處。心理學家提摩西．威爾森[18]（Timothy Wilson）主持的一項研究計畫裡，受試者被單獨安置在房間裡，沒有電話、朋友或東西分散他們的注意力。有一張椅子可以坐，還有一張桌子，桌上只有一樣東西——一個按鈕。受試者被告知，如果他們按下按鈕，就會被電擊。他們的選擇很簡單：要嘛擁抱無聊花時間思考，要嘛按鈕電擊自己，在痛苦中消磨時間。邏輯上，答案應該很清楚：選擇前者，一個人獨處，和自己的心思交流。畢竟相較於後者選項，簡單又容易。但是實際上，受試者的行為卻完全不是這麼回事。六七％男性和二五％女性選擇電擊自己，而不願花十五分鐘消化自己的思緒。其中一個受試者在十五分鐘內按鈕多達一百九十次，亦即平均每四．七秒就電擊自己一次。

一個人什麼都不做，只和自己交流，這門技巧是培養堅強心性的基礎，但我們大多數人這方面的能力都很糟糕。獨自一個人面對自己的想法時，一切會被放大，感受、想法的影響力會被放大好幾倍。影響所及，被負面思考糾結的「反芻思維」（rumination）以及螺旋式下沉的可能性會增加。解決辦法很簡單：練習放空腦子，與自己獨處。

我絕沒有建議大家騰出時間把自己關起來完全斷絕與外界的聯繫，但是極端例子印證這句名言：**劑量決定它是解藥還是毒藥**，這也適用於壓力。若壓力在我們可控制與承受範圍內，我們的身心應足以適應這壓力，不會被壓垮。反之，若我們沒有做好準備，即便是靜語的內觀冥想，也會讓我們難以承受，導致我們出現「急性孤立症候群」（acute isolation syndrome）或是其他更危險的慢性病症。所幸，為了提升我們駕馭內心世界的能力，我們不須走到那樣的極端。我們不須在健身房的第一次練習舉重時，就嘗試扛著四百磅啞鈴做深蹲。就像那些不願受電擊的受試者，我們大多數人也不善於與自己獨處，所以一開始試舉十磅的啞鈴就夠了。

在這個分心時代

我們大多數人會邊健身邊聽音樂，其實健身的時段正是練習與自己獨處的絕佳機會。鍛鍊身體時，會有一系列的感知轟炸我們的意識，這是很好的機會與管道，讓我們自在地傾聽內心的聲音。只不過我們多數人選擇轉移注意力，不去理會內心的騷動。

就讀高中時，布莉塔妮．岡薩雷斯（Britani Gonzales）是籃球名將，也是該州八百米田徑賽冠軍。就讀休斯敦大學時，她在長跑項目的天賦漸漸被發掘。能輕鬆跑步時，布莉塔妮發現音樂多少有些幫助，可分散注意力。但是當跑步難度提高，情況有了變化。她解釋道：「一旦你開始受傷，音樂會讓內心陷入更嚴重的天人交戰。我的思緒遊走，我的步頻時快時慢，到頭來跑得更慢。我聽不到或感覺不到跨步和呼吸的節奏。被音樂打亂，導致手臂來回擺動的節奏不一。我的思緒跳來跳去，從我的身體跳到周遭景致。輕鬆跑截然不同於大腦咆哮叫你停下來的辛苦跑，兩者需要不同的技能。」

音樂能抓住人的注意力，分散我們對其他回饋的注意力。你可能已經注意到工作也有類似的現象。回覆電子郵件時邊聽音樂甚至收聽播客可能會有所幫助，但處理一項需要高度專注力的任務時，音樂會讓你分心。當我們得消耗認知資源才能保持專注力時，即使是若有似無的輕柔背景音樂也會讓我們的感知超載（sensory overload）。若任務需要你費神，表示你必須全神貫注，這就是為什麼長跑運動員得甩掉耳機，訓練與自己獨處。

在一個愈來愈容易讓人分心的世界，我們正慢慢失去與自己思緒和體驗交流的能力。當我們與內在我漸行漸遠，兩者愈來愈陌生，我們會對它所說的大小事反應過度（hyperactive）。我們的內感受意識下降，因為我們失去了閱讀和理解內心世界的能力。市面上有關正念靜心的書籍、播客和應用程式爆炸性成長，正是內在感受能力大幅下降的結果。在一個不斷讓人分心的世界，影響所及，我們愈來愈無暇顧及內我。我們正在努力尋找平衡的解方。如果我們能訓練與自己獨處，好好坐下來與自己的思緒和感覺對談交流，就能更有效地擺脫負面刺激[19]。

正念（mindful）意味著覺察（aware）。它的形式多樣，不光只是佛教與禪學的打坐冥想。布莉塔妮每天花幾小時專注練習跑步提升自己的能力。沒有音樂，只有她自己。她不是每次跑步都處於冥想狀態，但練習久了，她自然而然有能力將注意力從呼吸轉移到身體、繼而轉移到內心對話、最後進入空的狀態。在冥想時，她對浮現的感知、想法和體驗感到自在。

臨床心理學家則採用更極端的做法[20]，例如讓你進入黑暗的漂浮箱，抽離所有感官刺激，協助你降低焦慮，提高對內感受的覺察力。至於那些在賽事中飽受「吸不到氣」之苦的運動員，我曾讓他們在黑暗中練習投籃或是高爾夫的推桿，改變他們的感知，協助他們覺察，進而駕馭內心世界。

訓練自我察覺力

我們可以在健身時練習與自己獨處，也可以在日常活動中練習，例如做晚飯、洗碗或遛狗時。注意冒出來的感覺和想法，盡量不要評斷或詮釋它們的意義。學會自如關注或忽略某個內在感受回饋以及外在刺激——專注於呼吸，注意內心對話如何從不耐煩轉跳到雀躍，再跳到晚餐要吃什麼。

科學研究證實這個方法有效。培養覺察力可刺激包括杏仁核在內的「情緒調控網絡」。威斯康辛大學研究員發現，若受試者遇到令人恐懼的刺激，敏銳的覺察力會加強杏仁核和前額葉皮質之間的互動（本書曾詳述兩者的連結與互動有多重要），協助調控情緒，並指導相應的行為反應。在一項研究中，心理學家雷吉娜・拉帕特[21]（Regina Lapate）及其同事發現，「覺察力似乎『打斷』一開始的（生理）反應與後續評斷行為之間的自動化連結。」這並不是說我們要時時讓意識保持察覺力或是指揮注意力的方向。實際上，長時間練習下來，這個過程很大程度上會自動化，不用太費力。但是要發展這種技能，首先我們必須集中意識刻意訓練。保持覺察力，留心自己的心思與意識之所在，然後指引它。如果這項技能愈厲害，愈能在刺激和反應之間創造更多的空間。

培養冷靜對話的第一步簡單明瞭：花時間與自己獨處。無論是走路、坐在沙發上、還是在排隊等候，都可試著獨處。這不代表控制自己的內心世界，而是練習習慣它，試著了解與無聊、憤怒或其他任何感覺共處是什麼感覺。學習讓想法放飛，然後重新收心，專注於眼前的工作。不要貪心這個也要、那個也想嘗試，腦子裡只有自己一個人。聽起來很簡單，卻是基礎。我們需要培養自在獨處的能力，不要動不動就想看一看手機有什麼訊息，或是讓思想不受控制地四處遊走。分散注意力和迴避是兩種獨處時的慣性反應（default strategies）。

分散注意力不須太費勁，所以大家很容易依賴它，把它當成一種手段，這就是為什麼大多數人獨處時，立刻就想拿起手機，就連在等待朋友時的空檔或是電視播放廣告時，都會忍不住盯著手機，藉此分散注意力，而不願忍受與哪怕只是輕微的不安共處。我們需要克服這種根深柢固的慣性反應，把眼睛從手機挪開，關注我們周遭的世界。

腦子啥也不想，只專注於自己，光是這麼做，就有莫大好處。例如散步時把手機和耳機留在家裡，你就開始伸展了精神肌肉（mental muscle）。但是我們也可以刻意而有目的地培養獨處的技能。我把這些技能分成三個層次：注意力（noticing）、旋轉旋鈕（turning the dial）、以及創造和放大。這一套循序漸進的過程涵蓋第6章〈培養內感受能力〉以及第7章〈掌握腦子裡的聲音〉，現在我們要把這些分散的重點全部整合在一起。注意力幫助你學習專一，不會持續從一個刺激跳到另一個刺激。旋轉旋鈕訓練你如何關注或忽略周遭訊息，將注意力引導至需要它的地方。創造和放大可提升你的認知能力，分析和調整你內在的世界。這些技能是你的基礎，允許你在休息時創造空間，面對不適時善用它們調控情緒。

練習：練習面對無聊

一、安靜地坐在房間裡，盡量將外界干擾降到最低。靜坐時，睜眼或閉眼都行。

二、你會開始出現各種不同的感受，這些感覺可能變成積極或消極的想法，與它們共處。不要在意它們或試著推開它們，只須覺察思緒跳到哪裡，以及自己傾向於抓住什麼。

三、如果你忍不住想掏出手機，那就感受這個衝動，不用對抗它，看看這衝動是否會隨時間褪去或是變強。記住，關鍵不在於抗拒，而是讓思緒體驗這些感覺和想法，以免直接跳到失控的狀態。

四、當你開始這項練習時，先以五分鐘為目標。適應之後，逐漸延長練習時間，讓自己能靜坐十五至二十分鐘。

練習：旋轉旋鈕，增加和減少音量

一、進行一項你利用它分散注意力的活動，可能是散步、慢跑、洗碗，修剪草坪、或是在超商排隊等候結帳等等。選擇一項活動，你通常會邊做邊聽音樂或滑手機以分散注意力。

二、關注注意力的去向。注意自己什麼時候會有滑手機或撥弄其他東西的衝動。

三、花時間關注注意力之後，試著讓注意力完全停留在正在做的事。例如，若你在洗碗，試著把注意力放在洗碗的動作上。拉近焦距，特寫正在做的事，彷彿在跟自己的腦子說，什麼才是重點。

四、停下某動作之前，練習把注意力引導到相反的方向。拉遠焦距，縮小並遠離你正在做的事，允許思緒遊走或分心。

五、這練習是為了提升收放注意力的能力。在這階段，注意力的收或放，並無優劣之別，只是強調培養掌控注意力的能力。希望隨著時間久了，你的頭腦能學會將注意力放在重要的事物，並忽略不重要的雜訊。

練習：使用想像力創造、放大空間

一、找個舒適的地方安靜坐著。

二、閉上眼睛，想像自己在林子裡散步、登山健走、或是到球場打一輪高爾夫，這些活動都有助於紓壓而非加壓。

三、盡可能填入所有細節，盡可能讓更多感官投入體驗。看著草地、感受輕風吹拂、嗅聞林地裡的花香。

四、再一次強調，關鍵不是評斷而是體驗。這種心理想像能夠協助你磨練感官和視像化技能，目的是提高你的認知能力，進而創造、放大和調整你的內心世界。

步驟二：保持頭腦穩定，學習回應（respond）而非反應（react）

十幾位紐西蘭最優秀的教練齊聚在白雪農莊（Snow Farm）的一棟小屋裡，農莊位於遠離文明的小山村，是全球汽車製造商測試新車在雪地性能的地點。接下來的四天，紐西蘭最頂尖的教練，加上我和美國教練丹尼·麥基，將在這農莊裡談論田徑。這次活動由紐西蘭田徑隊一流工作人員籌辦，我期待能與之前與會的幾十個會議一樣：熱絡地討論訓練項目、營養補充和恢復過程，並針對體能訓練的細節侃侃而談。

但是我直挺挺坐在椅子上，對面是我前一天認識的紐西蘭教練。我們面對彼此，膝蓋相距數英寸。紐西蘭頂尖肌力教練艾蜜莉·諾蘭（Emily Nolan）給我們的指示很簡單：禁止說話。坐在椅子上，直直盯著坐你對面人的眼睛。與會者發出幾聲尷尬笑聲後，室內一片靜默。我們很努力地遵守遊戲規則，可以感覺室內不安的氣氛升高，衝動地想移開目光，打破最初幾分鐘緊盯彼此的緊張氣氛。大家不安地盯著夥伴的眼睛、然後移到額頭、再到臉頰，偶爾發出傻笑聲，這些是第一分鐘出現的常態。大家努力處理所面對的挑戰，包括盯著對方臉上的某個點，或者露出苦笑，藉此減輕心理負擔，以及符合活動的要求。

隨著時間推移，大家意識到這可能會很久，超過多數人最初預期的一、兩分鐘，這時房間的氣氛有了變化。不再使勁對抗，畢竟生存才是重點。由於不知道這種情況會持續多久，我們不得不選擇另一種方式熬過這不舒服的感覺——坦然接受。當我們進入第三、第四和第五分鐘時，緊張程度下降，大家的臉部肌肉和身體慢慢放鬆，不再試圖對抗與陌生人對視的不安，改而接受這種不適。直到過了將近十分鐘，我們才被允許停止對視，不禁鬆了一口氣。

現在你應該明白這種活動與堅強心性之間的連結。你置身在令身心不安的情境，必須努力克服不適。過程中完美地顯示了，**只要活動持續夠長的時間，你的大腦就會停止掙扎或對抗，改而接受現況，完全不用傷腦筋怎麼決定才好。這不代表你「屈服」，代表的是你學會如何讓自己適應不適。**

我對運動員和專業人士做了同樣的實驗，也出現同樣的反應模式：一開始努力對付，直到與任務和解，繼而認命接受。我第一次接觸這想法並不是在田徑場上或運動心理學領域，而是在尋愛的路上。心理學家亞瑟·艾倫（Arthur Aron）在一項經典研究中，試圖讓兩位異性陌生人能快速建立關係，因此設計一系列增進親密關係的問題請他們回答，最後結尾是對視四分鐘。艾倫的研究顯示，這過程之所以能增進「親密關係」主要是因為強迫雙方展現自己脆弱的一面（forcing vulnerability）以及完全的覺察（total awareness）。艾倫的方法成效如何？第一批受試者對於參與的實驗性質一無所知，但他們的愛情開花結果，並踏上紅毯。

我二十多歲時讀到這個研究，身為科學怪咖的我迫不及待在第一次約會就身體力行。儘管我很熱情，並與一個陌生人對視四分鐘，但最後結果並不樂觀。不過失之東隅收之桑榆，愛情路上跌跤，卻也讓我「頓悟」開竅，明白整個過程有多麼尷尬和不舒服，尤其是對視的時候。這讓我發現讓身心不自在的新版練習。

故意讓自己不舒服

任何會引起輕微不適和不安的事情都是訓練精神肌肉的機會，以利創造空間。你可以利用各種讓身體不適的活動（例如，靠牆深蹲、把手浸入冰塊裡、屏息等）；或是讓人恐懼的活動（如公開演講、恐高等）；或是讓人陷入焦慮情緒煎熬的活動（例如將手機面朝下放在眼前的桌子上，當手機發出聲響時，不准碰它）。活動內容是什麼不重要，重要的是你的感受。練習的目的很簡單：讓你置身於不舒服的情境，在這個情境裡，你感到焦慮和壓力，所以你會想辦法尋找出路。希望大家利用本書討論的技能，協助自己保持心思穩定，冷靜回應而非直接反應。首先是提供訓練，然後是體驗在不同情境下的壓力，進而學著應用所學的技能。

我們的大腦是「模式識別系統」（pattern-recognition machine），感知牽動情緒，情緒和內在對話也緊密相連，不管是感知、情緒、還是內在對話，都和特定行動存在緊密關係。有些根深柢固的習性，導致你可能一有了某種感覺（如焦慮）就直接跳到某個行動（如掏出手機）。**為了削弱這種連結，我們需要創造空間。一旦有了空間，就可重新調整方向，拿出更有效的因應之道。**這就是冷靜對話的意義與重要性。

我們需要把自己放在能引起消極想法、不舒服感覺或負面情緒的環境之中，然後利用精神技能（例如創造空間、自我對話等等）解決這些問題，說服大腦一切正常，不需要照著老路走，以免掉入漩渦，一路下墜至失控。

先從一般的情況開始練習，這些情況會讓你感到不安，但可能與你面臨的挑戰無直接關係。練習讓自己創造空間，不做任何反應，善用積極正向的自我對話，將注意力鎖定或移出某個目標，由於這是讓你覺得安全的環境，所以你不會害怕失敗。希望到目前為止，你能明白為什麼這種堅強在概念上與傳統的堅強大為不同。如果我們還是依賴迴避或對抗這樣的老路，往往會加強感覺、情緒、內在對話和行動之間的連結，影響所及，大腦會說：「嗯，我們的確必須忽略或迎戰這件事。這事一定很重要。」

練習冷靜對話的四原則

一、感受各種感知。練習不做任何反應，將它們視為訊息。

二、檢查思緒飄到哪裡。注意自己冒出哪些思緒，讓消極負面的思緒遠離。試著用積極正面的對話冷靜回應。

三、衝動地想要停止或放棄。一旦你意識到有了想放棄的衝動，試著用不同的策略駕馭這種衝動。不用對抗，而是把注意力引向它或遠離它，或者利用自我對話。關鍵是不要和它對抗。

四、你的目標是在感受各種感覺與想要放棄的衝動之間創造出足夠空間。你要努力讓感覺和反應脫鉤。

善用冷靜對話

二〇〇四年奧運落幕後，心理學家哈普．戴維斯（Hap Davis）讓一群頂尖游泳選手接受fMRI腦部掃描。掃描的過程中，這些運動員觀看了一段他們失敗的影片，類似於足球或籃球比賽後的賽後檢討。他們在比賽中沒有達到自己的目標，有些人被淘汰未能入選奧運國家代表隊，有些人則是讓團隊失望。運動員看到自己落敗的影片，杏仁核亮了起來，而控制手腳動作的運動皮質區（motor cortex）則受到壓抑，只有少部分被喚醒。他們的大腦響起警報器，觸發反應，放大與失敗有關的負面情緒。

注意到腦部這一趨勢後，戴維斯讓這些運動員參加一個簡短的訓練計畫，要他們先理解並評析自己的情緒，接著剖析隨情緒而來的反應，藉此重新調整對失敗的回應方式。干預計畫結束後，這些游泳運動員再次觀看他們表現不理想的影片。這一次，腦部反應有了變化，杏仁核縮小，運動皮質區的反應更活絡。戴維斯告訴《時代》雜誌，稱：「觀看失敗影片沖淡選手的負面情緒。現在他們可以冷靜地討論挫敗感，認為這沒有什麼大不了的[22]。」

一旦理解冷靜對話的重要性，練習時必須由小而大、由博而精循序漸進。如果你的剋星是公開演講，那麼開始練習冷靜對話時，要讓自己處於會讓身心不適或焦慮的情境，例如將手浸泡在凍如冰的水裡，或是觀看自己的糗照與影片。這些練習的目標是**學習如何與內心世界共處，然後駕馭它**。以這為起點，逐漸朝著專一而具體的方向發展。例如，你可從在咖啡廳對著陌生人介紹自己開始，然後進一步在朋友和家人面前介紹自己。總之，朝著愈來愈類似自己可能面臨的不安處境前進，循序培養和內在冷靜對話的技能。

抓包自己的錯是承上啟下的不錯過渡。抓錯時，可以觀看錄下的比賽影片、回顧自己報告時的表現、甚至和朋友或同事一起分析自己的銷售報告。當你意識到出現情緒漩渦時，與它們共處、承認它們、替它們命名（見第6章）、重新定義它們、以及學會將它們視為傳達訊息的老友。也許你會選擇重新改編內在對話，或是想像現在抓包的是他人的錯而非自己的錯，藉此創造心理距離。這些技巧都有助於讓你的內在世界慢下來，這樣你就可以決定哪些聲音值得聆聽與回應，哪些聲音應該讓它過去。邊觀察自己的錯誤，邊練習冷靜對話，以積極介入的方式，化解大腦對負面抨擊的敏感度。冷靜對話是學習打開冷靜回應的腦區，關閉容易被觸發、直接反應的腦區。如果你發現自己在這個練習過程中與不適感對抗，還請離開，對抗只會適得其反。為了關閉警報器的開關，我們得說服大腦，我們的心智在穩定狀態，不需要啟動警報器。

訓練心智就像訓練身體：需要循序漸進，逐漸進入到更逼真、更困難的情境。過程中要發揮創意。不管是什麼原因讓你陷入情緒漩渦或是負面的自我對話，其實都是應用上述這些練習與技能的機會。最後，練習把冷靜對話應用於個人面臨的特有挑戰。對某些挑戰而言，這練習並不難，但是有些挑戰則需要創造性的思維。目標是盡可能讓情境逼真到引起情緒反應。例如，若焦慮是要處理的問題，就設計一些能引起類似焦慮的情境。以下的練習提供了一個按部就班、循序漸進的指南。你會置身於讓身心不自在的情境，訓練自己抗壓應變。

練習：觀看自己的錯誤

一、看一段自己的影片，不管影片裡你正在做什麼。

二、看到自己差勁的表現，感到尷尬或挫敗，記下這種感覺，然後評估隨感覺而來的情緒。

三、與這些感覺和感受共處，試著創造空間，讓心智不至於螺旋式下降。練習替情緒命名，拉大與它們的距離，或是應用迄今為止討論過的任何一種方式。注意思緒的走向，輕輕使力，把它們從「失控」邊緣拉回來。利用你所學到的方法，例如呼吸、全神貫注、改變注意力的方向等等。

練習：在比賽與登台時，讓思緒進入自己討厭的地方

一、要想把某件事做得更好，唯一的辦法就是練習。選擇任何一種能鍛鍊你堅強心性的活動，認真練習。

二、練習的時候，讓你的心智螺旋式下降。向負面情緒靠攏，感受自己即將失控。例如，當你針對一場重大演說進行排練時，朝你腦子裡的「魔鬼」靠攏，它告訴你，你的演說漫無邊際，不知所云。

三、當你感受到自己陷入情緒漩渦時，試著把自己從漩渦中拉出來。嘗試換另一個方式，看看哪一個方式在當下能有效發揮作用。下一章會著墨因應策略，但要牢記幾個要點：

(一) **拉近放大／拉遠縮小：**改變你的注意力，拉近注意力時，你只關注全局的一小部分；拉遠注意力時，視野會變寬廣。

(二) **命名：**命名你的感覺或感受。請回顧第6章：**命名會削弱「事物」對你的掌控權。**你能提供的細微差異愈清晰愈好。

(三) **重新定義：**改變你對所處情況的看法。例如，你認為壓力負面消極？還是正向積極？

(四) **調整目標：**將你的目標分解成一些可管控的單位。例如，跑步的里程數，或者將演講分幾個部分。

(五) **時時提醒自己：**回到你進行這項活動的初衷，提醒自己為什麼要開始，為什麼它很重要。

(六) **允許自己失敗：**不管是什麼挑戰，只要害怕失敗，往往會進入自我保護模式。所以放手允許自己失敗，才能讓自己盡情發揮潛力。

保持平等心

Upekkha 是佛教的一個概念，根據比丘菩提（Bhikkhu Bodhi）的描述：「upekkha 是一種美德，在面對世俗財富來來去去時保持平等心。upekkha 是內心平和[23]；自由自在，巍然不動；

是一種平和狀態，不會被得與失、榮譽與不榮譽、讚美與責備、快樂與痛苦打亂節奏。」這個概念在佛教非常有影響力，被認為是四梵住之一（天神住所）與開悟的七要素之一。在佛教中，Upekkha 概述了如何因應變化，或者用我們的話說，處理不適。Upekkha 譯為「平等心」（equanimity），根據《牛津英語詞典》（*Oxford English*）定義，「內心平靜、鎮定，脾氣不慍不火，特別是在困難的情況下。」

佛教不是唯一重視平等心的宗教。印度教聖典[24]：「阿朱那王子納啊，你要平靜地履行你的職責，放棄對成功或失敗的一切執著。這種平靜心被稱為瑜伽。」斯多葛派哲學強調「不動心」（ataraxia），一種平靜的狀態。基督教《聖經》屢屢提到要有耐心，才能堅持下去。《路加福音》找到一個例子：「你們常存忍耐，就必保全靈魂。」在這段話旁邊，衛理公會的創始人約翰・衛斯理（John Wesley）在他一七六五年的評論中寫道：「你們要平靜安詳，做自己的主人，超越一切非理性和躁動的激情。若能持續管理自己的精神，你們將可避免許多痛苦[25]，也能防範一切危險。」換句話說，就是保持平等心。

本章始於僧侶與冥想，接著蜿蜒穿過田徑和愛情的世界，最後結束於開始的地方，安排得天衣無縫。創造空間、堅強心性、用冷靜回應取代直接反應，這些都是不同型態的平等心。平等心經常與心如止水或是壓抑情緒混為一談，但正如我們所學到的，即使是冥想大師也會和你我一樣，感受到愛與恐懼，只不過回應方式不同罷了。若能保持心智穩定，就有能力選擇適當的回應方式。無論稱之為平等心、冷靜的對話、保持耐心、冷靜回應而非直接反應、或是創造空間，這些都是培養堅強心性的關鍵。

史考特・巴瑞・考夫曼（Scott Barry Kaufman）在《顛峰心態》（*Transcend*）一書中，將平等心定義為「培養專注力和觀察力，不盲目追求個人的目標，而是不斷地對新知保持開放態度，持續拓展智慧，如實地覺察現實，不斷督促自我進步，以及追蹤自我對個人和他人成長的影響……當你遇到生活中不可避免的壓力時，散發溫暖，保持開放胸襟。」平等心與堅強心性能夠完美無間地合作。

第9章

轉動情緒旋鈕，以免螺旋式下墜

優秀的運動員知道如何該讓注意力寬闊，
何時該讓注意力窄縮。

「這都是你的錯！」「不對，你沒有告訴我！」「我的確做了！」「為什麼你什麼事都做不好？」人際關係和爭吵是連體嬰，即使是個性隨和、脾氣穩定的人也會與心愛的人吵得不可開交。有時，是為了一些重要的事而吵，例如財務問題或你對未來的計畫。但實際上，爭吵往往是為了一些芝麻綠豆大的事，例如忘了倒垃圾或忘了到商店取貨。憤怒和挫折感不斷上升，在你意識到之前，第三次世界大戰已在客廳爆發。看似一件小事，卻讓人抓狂，導致情緒和感情雪崩般失控，直到一切被摧毀為止。

這就像回到小時候，因為沒能得到想要的東西或被當場逮到偷拿餅乾而大發脾氣。從外往內看，成人版的吵架往往看起來和小時候亂發脾氣一樣可笑。問問任何一位見過自己父母為一些無關緊要小事發脾氣的青少年吧。遇到這種情況，青少年往往是翻白眼，同時跟他們的兄弟姐妹說：「爸媽為洗碗機爭執不下，該讓他們冷靜一下，他們已經失控抓狂。」但是對於正在爭吵的成年人而言，吵架並非鬧著玩，而且非常重要。一開始可能只是為了小事，但因為掉入思緒、情緒以及五味雜陳的感覺漩渦，即便是無關緊要的小事也會滾成巨大的雪球，從山上直衝而下。

冷靜無助於事

情緒開始雪崩，我們的大腦（理智）似乎斷線，這時我們常感到無能為力，彷彿被憤怒綁架，覺得別無選擇，只能被動地等它消失。當我們陷入崩潰時，當我們被養兒育女、工作或生活忙得團團轉，感到疲累不堪時，舊的堅強模式就會失效。對抗、強撐、不當一回事等做法根本於事無補，就像告訴正在吵架的父母、孩子、夥伴、或任何一個正在發脾氣的人「冷靜」。這招不但無效，還往往會弄巧成拙。

無論是與所愛的人口角，還是感到不知所措以至於無法踏入會議室，或是感到太挫敗以至於想辭職走人，其實有更好的方式處理這一連串的事件。換言之，當我們被逼到崩潰的邊緣時，還是有選擇的。

到目前為止，我們介紹了如何重新定義與堅強的關係。如何培養克服逆境的心態與技能。本章則概述**當我們瀕臨崩潰點時，當我們被逼到得做出回應或反應時，我們該怎麼做**。當疲憊、崩潰或是抓狂似乎是不可避免的下一步。當雪球從山上滾下來，勢如破竹地要讓大家同歸於盡，這時我們該怎麼做才能阻止雪崩？轉移它？摧毀它？還是讓它減速？答案就在於「如何應對」。

如何應對恐懼

在一群朋友簇擁下，莫伊茲・約瑟夫（Moise Joseph）和湯姆・艾比（Tom Abbey）脫穎而出。他們來自不同的背景。莫伊茲是海地人；湯姆來自紐約州北部。只要看他們一眼，就知道他們是了不起的運動員。莫伊茲是奧運選手。湯姆在一個菁英培育計畫中落敗，無緣成為奧運國手。兩人為了達到我們常人鮮少能企及的體能水平，貢獻了人生大部分的時間。他們在大批民眾觀賽下比賽，得克服焦慮、壓力和恐懼，得拿出最佳表現爭奪名次。他們都是風險承擔者。莫伊茲為了一圓成為全國頂尖運動員的夢想，不惜全國走透透參加比賽。湯姆退出體壇踏上創業之路前，也和莫伊茲差不多。但是，當他們走進維吉尼亞州鄉下一棟斑駁老舊、殘破不堪的鬼屋時，兩人的反應與心態則是天差地遠。

莫伊茲明顯在發抖，整個人變得神經兮兮，如驚弓之鳥。當他與一群人進入鬼屋時，他的目光緊盯著前面的人不放，並盡力縮小他龐然的身軀。這位六英尺高的奧運選手，縮在一群五．六英尺高的女性身後，她們也是參觀鬼屋的遊客。當「殭屍」從一片黑漆漆中跳出來，莫伊茲奔到房間另一邊，邊跑邊發出尖叫。當他快接近終點，發現自己仍在漆黑的房間裡，他的不耐煩愈來愈強烈，忍不住對身邊人喊道：「快點，走快一點。」最後，水壩潰堤，他已忍無可忍。聽到電鋸的吱吱聲，他再也抑制不了恐懼，拿出世界第一飛毛腿的速度奔向出口，把所有擋住他的「鬼」演員拋在身後。

反觀湯姆卻很興奮。每當扮厲鬼或恐怖小丑的演員從陰影中跳出來，湯姆的興奮程度就會升高。他完全沉浸其中。和莫伊茲一樣，他也尖叫，但兩者性質不同。湯姆尖叫不是因為驚恐，而是興奮結合刻意讓人恐懼的奇怪混合體。他的眼睛睜得大大，並沒有努力求生或逃到出口；他沉浸在這個活動裡。他把「活在當下」這一類老掉牙的建議落實得淋漓盡致，讓每一盎司的假血以及被分屍的每一個身體部位把他帶到另一個層次，沒有最恐怖，只有更恐怖。湯姆完全沉浸在這種體驗中。

湯姆和莫伊茲都經歷了同樣的情緒狀態：恐懼。但他們處理的方式截然不同。湯姆放大恐懼；而莫伊茲努力降低恐懼感的音量。丹麥奧胡斯大學（Aarhus University）研究團隊發現[26]，鬼屋的遊客可分為兩大類：腎上腺素上癮者以及緊張到指關節發白者（white knucklers）。

一種是放大的，另一種是壓抑的。一完成可怕的鬼屋之旅後，這兩類人都獲得程度差不多的滿足感與愉悅感，但他們的體驗卻顯著不同。腎上腺素上癮者試圖最大程度地喚起情緒

（emotional arousal）。反觀緊張到指關節發白者，則是用完全相反的方式，亦即壓抑情緒（最小程度地喚起情緒），但心滿意足的程度與前者不相上下。

注意力會影響應對方式

一組放大他們的恐懼感；另一組則壓抑恐懼感。研究員結合影片和採訪後發現，不管哪一組的受試者，都會利用各種認知技能和行為反應調控他們的情緒音量。不過若進一步研究他們應對恐懼的方式，會發現一個共同點：**他們如何引導注意力的方向，會相當大程度地影響應對方式。**

當我們面對恐懼或其他形式的不適時，我們的應對方式會影響我們的體驗和我們的行為表現。**我們可以把音量調大，沉浸在體驗中；或是把音量調小，轉移我們的注意力；或是重新改編它，提醒自己「這不是真的」**。不管什麼方式，沒有正確或錯誤之別，完全看是否符合當下的情況和我們的目標。有時，正解是像湯姆一樣，放大體驗，讓我們感受到被驚嚇的快感。有時候，我們需要調低音量，讓理智不至於被淹沒。合宜的應對方式讓我們在高壓環境下依舊保持平衡，讓我們身心處於「最佳擊球點」，打起球來事半功倍。

腎上腺素上癮者放大恐懼感的十大方式中，排名第一的是「專注於當下的情況」。參與者表示，他們「設法沉浸其中」。清單上其他的方式包括：積極參與的沉浸式體驗（active immersion）、保持視覺注意力（visual attention）、與扮鬼的演員積極互動、提醒自己這不是真的。相形之下，緊張到指關節發白者採用同樣的策略，只不過得一百八十度翻轉：想像這不是真的、打破視覺注意力、力抗沉浸式體驗、將思緒轉移到其他事物、以及專注於抵達終點。

這些都是應對策略，目的是幫助我們調高或調低感覺、回饋、甚至我們的內在對話，以便我們能夠駕馭內在和外在的世界。這些方式讓我們能夠處理、接受或忽視當下的體驗，以利我們生存、繁榮，或是度過不適。廣義上，我們稱這些是「情緒調控」策略，但我認為這定義過於狹隘。本書從頭到尾一再強調，各種感知、情緒和思緒彼此交織，若調控情緒，一定也會影響到其他兩者。

我們可以像追求刺激的人一樣，完全沉浸在體驗中，並將潛在的恐懼重新定義為令人興奮的東西。或者我們可以像指關節發白的人，忽視和壓抑內在和外在世界的音量，讓自己順利完成這次體驗。該使用什麼應對策略，取決於我們自己，但選擇正確的方式可以避免陷入崩潰，不至於螺旋式下墜，不至於聽到假的電鋸聲就在林子裡橫衝直撞。

關注不適感

馬拉松選手法蘭克・蕭特（Frank Shorter）代表美國參加一九七二年奧運，他準備在這場鮮少人理解的田徑項目締造歷史，大多數人認為馬拉松是專為精神不太正常的人保留的比賽。蕭特打算在這次奧運上發光，抱回一九〇八年以來美國的第一面馬拉松金牌。當時的馬拉松還在起步階段，不像現在獲得大眾熱愛。紐約市在一九七〇年舉辦第一屆馬拉松賽，共一百二十七名穿著清涼的跑者參加，穿越中央公園。即使是始於一八九七年的波士頓馬拉松，在一九七二年的比賽也只有一千二百一十九名選手跑完全程，遠遠不及今天有四萬名跑者的盛況。

在慕尼黑奧運上，裁判鳴槍後過了二小時十二分鐘，蕭特拿下始終與美國失之交臂的第一面奧運金牌。蕭特勝出帶動了跑步熱潮。短短幾年內，跑步從精挑細選的小圈子轉型為大眾參與的運動。馬拉松和其他路跑在每個城市興起，主要的比賽猶如嘉年華，吸引成千上萬參與者。

蕭特的成功以及跑步風氣爆炸性成長，點燃專家的研究興趣，希望了解箇中緣由，畢竟在此之前，跑步多半被冷落在邊緣地帶。一九七二年奧運之後[27]，一支由科學家組成的夢幻團隊出爐，希望揭開世界頂尖長跑者的神祕面紗。這支研究團隊包括運動科學領域的先驅：大衛．科斯提爾（David Costill）、彼得．卡瓦納（Peter Cavanagh）、肯尼斯．庫伯（Kenneth Cooper）等。這些專家努力爭取世界上最優秀的運動員成為研究對象，他們延攬《體育畫報》的作家肯尼．摩爾（Kenny Moore）幫忙招募。摩爾在一九七二年奧運馬拉松拿下第四名。摩爾幫忙招募了美國最好的跑者，讓他們參加一系列生理、生物力學和心理學測試。法蘭克．蕭特是一份子[28]，傳奇跑者史蒂夫．普雷方丹（Steve Prefontaine）也在裡面，還有其他一大票奧運選手。這次菁英齊聚一堂激盪出的研究結晶將定調了我們這一個世代對體育科學的理解。

兩位研究員威廉．摩根（William Morgan）和麥可．波洛克（Michael Pollock）[29]負責對跑者進行心理分析。儘管大眾開始擁抱路跑，但孤獨跑者這樣的陳腔濫調依舊是屹立不搖的事實。

跑者個性內向，不介意花幾小時忍受不斷升高的身體不適感。摩根和波洛克想知道是什麼讓蕭特這樣的運動員與眾不同？為什麼他們能夠掌控馬拉松對心理狀態的要求？他們對一流跑者進行一系列問卷調查，問卷裡有一堆艱澀難懂的字母組合與代號：情境－特質焦慮量表（State-Trait Anxiety Inventory）、軀體感知問卷（Somatic Perception Questionnaire）、憂鬱症形容詞核對表、情緒狀態量表、艾森克人格量表（Eysenck Personality Inventory）、以及其他一系列問卷。摩根和波洛克有機會探索全球一流運動員的心智，他們抓住這難得機會，希望找出是什麼讓這些一流馬拉松選手與眾不同。

完成所有問卷調查後，兩人接著對運動員進行長達一小時的對談，希望了解選手在比賽時的動機和體驗。他們問的最後一個問題是，「描述一下你在長跑或馬拉松比賽時腦子在想什麼。跑步時會出現什麼樣的思考？」這兩位研究員在他們的領域裡享有盛名，他們假設這些世界級的跑者使用了「感官輸入解離」（disassociation of sensory input），換言之，**分散並轉移自己的注意力，把注意力轉移到任何一件事，遠離痛苦、乏味無趣、一跑就兩小時以上的活動。**

不過結果卻與他們的假設相反。這些馬拉松名將並沒有脫離現實，反而反其道而行：他們使用聯結（association）策略集中注意力。兩位研究員得出的結論是，這些跑者「非常專注於身體感官輸入的資訊，例如從雙腳、小腿和大腿傳來的感覺和感受，也關注呼吸……步頻很大程度取決於如何解讀身體的訊號。」反觀研究對象若是以休閒健身為目標的休閒跑者（recreational runners），他們的應對策略是解離（dissociation），鮮少關注跑步本身的動作和過程。有些人會在跑步時，憶起童年的點滴；其他人會邊跑邊「寫」信給朋友、計數、關注路邊的風景、或在腦海中唱歌。「聯結vs.解離」的經典觀點在接下來的幾十年裡，主導了心理學和體驗文獻（performance literature）。這觀點不僅適用於跑者，也適用於其他運動員。注意力集中理論被應用於優化學習、培養自尊、甚至是床第表現等各個領域。**專業跑者專注身體感受，業餘跑者則會胡思亂想。**

拉近與拉遠

你是否曾經聚精會神、心無旁騖埋頭於工作，以致於沒聽到另一半在叫你，甚至沒有聽到電話聲和門鈴聲？通常我們鑽研手藝或遇到寫作瓶頸時，會設法創造這樣一種與周遭世界疏離的幸福狀態。我們刻意專注於正在做的事，忽略周遭一切。有時候，這樣的狀態是強加在我們身上。面臨龐大壓力時，我們的世界就會縮小到只剩眼前的事物。當飛機駕駛員遇到強大側風，繃緊神經準備著陸時，他們會縮短眼睛的焦距，把涵蓋駕駛艙內一系列指示燈與儀器的視線範圍，縮小到只看眼前的東西。一項研究顯示，飛機著陸時若遇到風切，四〇%的飛行員沒聽到響亮的警報聲[30]。當我們縮小注意力範圍，我們的認知也跟著縮小。我們的眼球不再從一邊移到另一邊，而是鎖定一個目標，盯著眼前幾個小點不放。眼前這狹窄的範圍才是重點，其他一切都被拒在焦點之外。飛行員稱這現象是「疏忽性耳聾」，科學家稱之為「認知窄化」（cognitive narrowing）。

這樣的反應其實有其好處。當我們縮小注意力範圍，等於把所有運算力重新導向少數幾個重要的進程。這就像為了解決Wi－Fi網速變慢問題，只好先讓手機和平板電腦離線，以免影響電話視訊會議。縮小範圍也有助於實現目標，消除所有其他干擾，把最重要的目標放在眼前或是中心位置。當我們集中注意力，會提高動機強度（motivational intensity），努力實現眼前的目標。短暫的取捨也許值得，但若全神貫注的時間過長，會錯過背景提示和訊號，困在一條窄徑上，沒有迴旋的餘地，可能反會因小失大，看不到更好的康莊大道。當我們在狹窄的地方停留太久，意外的頻率就會升高，表現會下降，同時也會忽略其他地方可能出問題的警告訊號。

馬拉松選手全神貫注，飛行員則是反其道而行以避免災難。如果我們與另一半爭執或因工作壓力太大幾乎崩潰，這時該怎麼做？要模仿飛行員還是跑者？還是採取另外一種完全不同的做法？你在可能失控的情況下，到底該拉近鏡頭放大主體，還是拉遠鏡頭縮小主體？新的研究有助於你找到答案。

飛行員如何脫離短暫性耳聾，回到正常狀態，廣泛注意轟炸他們感官的幾十種聲音、視像和訊號？答案是反其道而行：拉遠鏡頭，擴大注意範圍。密西根大學的研究發現，當研究員技巧地提醒受訪機師在緊張的著陸過程中，擴大注意力範圍，機師的表現顯著改善。當我們擴大認知範圍，猶如摘下眼罩，看見另一個世界，一個向周圍擴大的世界。擴大認知範圍可避免我們過於拘泥於某個決定或行動。它也會改變我們的思維方式。

想像一下，你看著羅威納犬慵懶地躺在沙發上吃著甜甜圈的照片，給你一分鐘為這張照片下個標題，你會怎麼下？你能不假思索脫口說出最不尋常的鳥是什麼鳥？儘可能想出磚頭有哪些功能？這些怪異的問題是科學家拿來測試創造力的例子。答案愈不尋常愈好。如果你只能想到磚頭可用來砌墻，那麼你的創造力很低。若因為車鑰匙不小心鎖在車內，用磚頭砸車窗呢？稍微好一點。如果你說可把磚頭磨成粉狀，然後用它來創造一種全新風格的化妝品，你的決策可能會受到質疑，但你的創意不會。

創造力與注意力

創造力是拉遠的關鍵，因為它是解決問題的基石，而這點對於我們重新思考堅強心性至關重要。創造力拓寬我們的世界，闢出潛在的新道路，阻止我們踏上預設的那條老路，這條老路可能易走，但到頭來可能讓我們陷入更多的挫折。無論你現在是收到第二十封出版社寄給你的退稿信，還是在教室裡與二十位五歲的幼兒周旋並努力不讓自己抓狂。總之若能發揮一點想像力，可讓你在放棄和繼續前進這兩個選項之外，另闢一條道路。

研究員向馬里蘭大學一群學生提出類似的怪異問題，他們並不關心誰有創造力，誰無趣沉悶，他們想知道能否激發受試者的創造力[31]。為了激發受試對象的想像力，研究員遞給他們一張阿肯色州的地圖——這並不是激發靈感的明燈。他們指示一半的受試者瀏覽整個州。對於另一半受試者，他們在地圖的中央標示一顆亮紅色的星星，代表小岩城。簡單地強迫他們拉近或拉遠注意力：縮小焦距、放大對小岩城的關注；或是拉遠焦距、看到整個州。亦即專注目標是一棵樹或是整片森林。然後研究員遞給他們一張紙，紙上列了上述創意問題，請他們回答。

被要求拉遠鏡頭，廣泛關注整個州的學生給出更獨特的答案。反觀專注於小岩城的學生就沒那麼受創意之神眷顧，他們的思維更接近於磚塊只能作為建材無法變成化妝品的標準答案。馬里蘭大學這個實驗後來出現了不同版本，但用的策略大同小異，例如將注意力集中在某植物的一片葉子（即狹窄的注意力），而不是關注整棵植物。無論實驗怎麼設計，結果一致顯示，**當我們擴大注意力的範圍，想像力就會馳騁，創造力就會泉湧流動。**

注意力窄化不僅讓想像力空虛，也對負面記憶反芻（rumination）與憂鬱症有很大的影響力。回想一下第7章，我們討論了內心對話如何失控，一路下墜走向發狂。我們被負面想法牽著走，收到的所有回饋似乎都驗證了過往的經驗。在我們意識到這一點之前，已停止手邊的工作，這工作可能是不眠不休努力了九個小時的論文，或是努力了三個小時幫小孩手工組裝玩具屋（用的是玩具組附贈的一次性工具）。這種狹隘的關注會讓你視而不見其他東西，甚至不考慮其他的選擇或工具——它讓你憤怒、精疲力竭，或是兩者皆有。

一群心理學家認為[32]，當我們的關注焦點過於狹窄或拘泥時，反芻就會發生。我們太專注於單一面向（例如老闆或同事對我們的評價），以至於無法擺脫這種想法或感覺。被反芻牽著走時，我們狹隘的注意力會放大盤旋在腦海中的負面想法和疑慮。過沒多久，除了那個單一的聲音，我們看不到或聽不到其他一切。蘇西冷嘲熱諷我們報告的畫面在我們的腦海中不斷回播，接收不到或聽不進任何可澄清自己的懷疑毫無根據的感官數據。我們的世界觀縮小到只剩眼前的事物，就它叫得最響亮。或者換個說法，若我們被問到一塊磚頭可用來做什麼，答案可能只剩用來築牆，沒有其他的答案。

正向情緒能擴展感受

心理學家芭芭拉・弗雷德里克森（Barbara Fredrickson）則將縮小與放大注意力的框架稍加改編，提出一個適用於情緒的類似框架[33]。她提出「情緒的擴展與建設理論」（broaden-and- build theory of emotions），稱積極正向的情緒會擴大我們的認知與行動。根據她的說法，**當我們體驗到積極正向的情緒時，更可能冒出新的想法、接受新的挑戰、以及擁抱新穎的經驗**。反之，消極負面的情緒往往讓我們縮小可能性，限制我們的思想和行為。當我們被憤怒淹沒，我們的選擇變得有限。無論是注意力、認知、還是情緒，模式都很清楚：要走寬路，避開窄路。

對照蕭特以及慣用連結策略（association strategy）的世界級跑者，我們該如何解釋廣泛 vs. 狹窄型注意力？連結策略本質上屬於狹窄型注意力，所以跑者關注手臂如何擺動、呼吸的深淺或是大腿的疲勞感等細節。至於解離策略（受速度較慢的跑者偏愛）不就和廣泛型的注意力類似嗎？如果拉近（狹窄型注意力）與反芻思考和情緒走下坡有關，那麼我們該如何解釋史上一些一流馬拉松跑者慣用狹窄型注意力的事實？這看起來十分矛盾，但事實就是如此。

調整專注力狀態：窄縮與寬闊

分分秒秒，我們都被來自身體內部和身外世界的訊息所轟炸。我們會先等等然後作出反應？還是在完全意識到發生什麼事之前就直接行動？面對外在世界以及時時刻刻應接不暇的訊息，我們的大腦依賴兩種處理方式：由上而下以及由下而上。前者靠大腦預測，利用過往經驗和預期心理，預測會發生什麼。由上而下的處理模式屬於背景驅動（context driven）。你安靜地坐在後台等著上台演講，這時你感到一陣恐慌和焦慮。你還沒看到觀眾，甚至沒看到舞台，但你的大腦根據背景以及之前的經驗，正在為可能發生的事預作準備。至於自下而上的處理模式則是感官訊息驅動（sensory-information-driven）。大腦收到來自感官傳來的訊息與提示，即時觸動反應機制。

這兩個處理模式並不互斥。我們的大腦並非只能擇一而用——要嘛完全是由上而下的處理模式，要嘛完全是由下而上的模式。大多數情況，我們兩者並用。靠一些預測、搭配一點回饋、利用背景脈絡，做出最好的猜測。同時也接收感官傳來的訊息，修正預測。二〇二〇年，神經科學家諾瓦・赫茲（Noa Herz）、莫西・巴爾（Moshe Bar）和席拉・巴洛[34]（Shira Baror）提出，不論什麼時候，我們都介於完全由上而下和完全由下而上這兩個極端之間的連續光譜上。我們在光譜上的位置不僅影響我們的感知，還影響我們的注意力、思想、情緒以及行為。這一切或多或少偏向由上而下或由下而上這兩類處理模式。赫茲和他的同事為光譜的兩端（由上而下、由下而上）各取了名稱：窄縮（narrow）與寬闊（broad）。

訊息處理模式猶如膠水，將感知、注意力、思想、行動和情緒連結交織在一起。處理模式若朝放寬的一端發展，我們會偏向靠感官訊息感知（perception）周遭世界，擁有全觀的注意力（global attention）、寬闊的思維向度、探索性行為與積極正向的情緒。反之，如果是朝窄縮的處理模式發展，注意力會轉向樹木而不是整片林子：我們的思維會受限，傾向於選擇熟悉的環境和行動，情緒也會低落。我們會在原地徘徊，而不是勇於探索。

專注力狀態理論（state of mind theory）提供了一個建立在深度科學（deep science）基礎上的簡單框架，用於解釋為什麼縮放（zooming）注意力能奏效，以及為什麼注意力範圍愈寬闊，愈能刺激創意。放寬注意力範圍不僅影響視覺的訊息接收量，也改變大腦的功能，把注意力從由上而下窄縮模式拖曳到由下而上的寬闊模式。當我們改變這兩種處理模式的比例時，我們的注意力、思維向度、行動和心情也會被牽動。窄縮我們的注意力，我們的思維向度和心情也跟著窄縮。若想拓寬思維的向度，不妨讓自己從事一項需要全方位思考的任務，那麼思維向度、心情等也會跟著改變。換句話說，可以看到整片森林而不是只看到個別的樹木，這不僅是對生活的一種隱喻，也確實能改變你目前的心情。

該理論還解釋了為什麼老派的堅強模式會失效：它限制我們的道路。根據舊的模式，為了向前邁進，我們必須全力以赴、咬緊牙關、吃得苦中苦。如果這樣做還是失敗，就只能加倍努力。當你重新再來一次時，多多少少希望能有不同的結果。**新堅強模式基本上類似專注力狀態的理論，都是改變大腦的作業方式，進而改變自己面臨挑戰時，與思緒、情緒和感覺的互動方式。**遇到難關，不是加倍努力，而是為自己開闢新的道路。有時走寬路，有時走窄路。

情緒漩渦螺旋式下墜

遇到負面記憶反芻呢？你的思維向度變得狹隘、注意力被窄縮，行為反應受到限制。注意力、思考、行動受困在難以擺脫的循環裡。這整本書詳細介紹了陷入情緒漩渦螺旋式下墜的經歷：我們反芻某個問題、我們的專注力與世界變窄、情緒改變，如果赫茲和同事的結論正確，那麼我們已經一路朝著完全由上而下處理模式的極端靠攏，影響所及，注意力、思考、行動困在難以擺脫的循環裡，毀滅是唯一能預測的結果。

我們怎樣才能走出這窄縮的循環與漩渦？如何和飛行員一樣需要拓寬視野以免出現疏忽性耳聾？或可依照科學研究的建議——逐漸淡化我們的注意力，用第三人稱而不是第一人稱思考，除了拓寬我們的視野，也拉大自我與經驗的距離。如果發現自己窄縮，就換走寬路，平衡一下。

這一理論有助於解釋何謂「心情會隨行動變化」。感到悲傷和沮喪時，試圖改變情緒鮮少奏效。不過若不強迫自己改變情緒，而是試著改變行為（例如起床出去散步），會發現自己心情變得更好、更開心。改變行為，連帶心情也跟著改變。里奇・羅爾（Rich Roll）是知名的播客，他在二十多歲和三十多歲時曾受毒癮和酒癮之苦，他向我解釋自己如何利用這一原則擺脫成癮之苦，稱：「如果我心情不好或陷入困境，我就強迫自己移動身體，哪怕只是一點點。這有助於轉變我的觀點，重新啟動我的作業系統——而且往往是雲開霧散又見明媚的陽光。」

這並不是說專注力窄縮或是寬闊有好壞或優劣之別。窄縮的注意力可能有益於你，讓你專注於眼前的事，把所有資源挹注於接下來可能會發生的事，並著手準備因應辦法。收窄注意力讓我們看到更細微的細節，讓心思停駐在設定的目標，並抵制試圖讓我們偏離當前軌道的外力拉扯。我們需要停留在窄縮注意力這一端的時間通常非常短暫。如果我們停留在這一端太久，會螺旋式下墜失控。寬闊的注意力讓我們接收更多的訊息，發現新的模式，找出不同想法之間的交集與連結。我們勇於探索，能夠迅速改變前進的方向。但是若我們困在寬闊注意力狀態的時間過久，就只能被動對周遭環境做出反應。我們花太多時間探索周圍的世界，沒有充分利用出現在眼前的訊息和機會。優秀的運動員知道何時該讓注意力寬闊，何時該讓注意力窄縮。這正是蕭特和其他馬拉松夥伴們無意間發現的祕密。

日常練習：窄縮與寬闊：改變處理模式的比例

利用以下任何一個策略時，第一步得先決定你需要 zoom in（窄縮）還是 zoom out（寬闊）。謹記，壓力會讓我們窄縮，因為短時間內窄縮對我們有利。壓力會逼我們專注於一個目標，放棄探索其他目標，但也會讓我們錯過重要訊息。隨著時間推移，你內心的聲音和負面情緒紛紛湧現。一流運動員可以比菜鳥運動員更長時間地 zoom in。他們受益於專注於一個目標的好處，不會很快出現負面情緒和反芻現象。所以完全是根據需要靈活地窄縮或是放寬注意力。牢記，每一個策略都會牽一髮而動全身。如果我們改變注意力模式，連帶會牽動我們的想法、行動和情緒等等。

一、視力縮放（visual zooming）：人像模式 vs. 全景模式

集中注意力，幾乎是盯著一個物件不放，在小範圍內儘可能吸收與獲取細節，細節愈多愈好，這就是人像模式（portrait mode）。它讓大腦專注做一件事，讓你的注意力狀態轉到窄縮模式。另一方面，放鬆凝視，讓視力霧濛濛，幾乎到模糊的狀態。你試圖捕捉物件週邊的一切，我稱這模式為「全景模式」，擴大注意力範圍。當不適感大到讓你覺得招架不住時，花一秒鐘模糊你的視線，有助於你走出螺旋式下降的狀態。

二、認知縮放（cognitive zooming）：怪異 vs. 正常

這就是我所謂的「家庭問答」式思維。在《家庭問答》（Family Feud）這個電視遊戲節目中，主持人會向參賽家庭下戰帖（例如，「說出一個可上下移動的東西」），然後你必須答出其他受訪者可能給出的答案。一開始，你會說出常見的答案，例如電梯。一旦你講完黑板上列出的最後一個答案後，你就必須開始想一些奇怪的答案，也許是街上受訪者中僅一兩個人會想到的答案。這就是窄縮與寬闊的思維之別。常見的答案是窄縮的；罕見的答案是寬闊的。前者讓我們專注和集中注意力，後者讓我們有創造力以及勇於創新。

三、身體縮放（physical zooming）：情緒會隨行動而改變

我們之前已介紹了這個想法，現在則是重申，並援引一項研究，讓參與研究的受試者坐在一張椅子上。研究員告訴受試者，讓身體前傾，坐在座位的邊緣，期待即將發生的事。或是向後靠著椅背，保持平躺的舒適姿勢。坐定後，受試者拿到一組圖片，對圖片進行分類。平躺的受試者選擇較寬的分類，以創造性思維想出彼此的交集，例如，一輛車和一隻駱駝竟可被歸類在同一類目。而坐在椅子邊緣的受試者，習慣選擇較窄的分類。不僅我們的情緒會隨著行動而改變，連帶我們的思維、感知等也是如此。所以改變行動，走寬路或是走窄路，隨時調整。

四、時間縮放（temporal zooming）：想像未來

若你現在遇到逆境，試問自己在六個月、一年、甚至十年後對這處境會有什麼感受。想像未來的你會如何看待目前的際遇，這往往會提醒我們，不管我們現在經歷什麼，都只是暫時的。放眼未來，它將是我們人生故事中一個無足輕重的小插曲。

五、語言縮放（linguistic zooming）

第7章建議我們從第一人稱切換到第二或第三人稱，藉此拉開事件和回應之間的距離。這不僅適用於內在對話，寫日記時不妨也使用第二或第三人稱視角，幫助我們處理情緒。

六、環境縮放（environmental zooming）

為了提高工作效率，現代作家不得不在辦公室找個安靜的角落，幾乎斷絕一切干擾，當然Wi－Fi也被禁用。他們希望能全神貫注在寫作上，所以創造一個允許他們這樣做的環境。另一方面，研究顯示，走進大自然散散步㉟，或是瀏覽令人敬畏的自然奇觀照片，同樣可以激發創意的火花，改變我們的心情與視角，讓我們把困境視為挑戰而不是威脅，協助我們更快地從壓力中恢復元氣。換個環境，讓大自然拓展我們的視野。或是重新佈置所在的環境，提高你的行動力和心情，讓你能夠專心工作。

壓抑或面對：如何駕馭生與死

二〇一〇年秋天，凱蒂．阿諾德（Katie Arnold）喜迎第二個女兒誕生。三個月後，她淚送不敵癌症病魔過世的父親。回顧這段充滿挑戰的日子，阿諾德告訴我：「這是悲傷和產後憂鬱的完美風暴……產後賀爾蒙失調，一切都亂了套。」阿諾德是《戶外探索》（*Outside*）雜誌的編輯，對她而言，人生的得與失旋風引爆一連串的情緒。她在回憶錄《長跑回家路》（*Running Home*）中寫道「愛、恐懼、憤怒、後悔、失望、溫柔、羞恥、驚訝、痛苦，甚至敬畏。悲傷是這一切情緒的總和，甚至有過之而無不及；是糾結成一大團理不清頭緒的情緒。它無法分類，像慾望一樣深不可測，像快樂一樣明亮燦爛。它傷碎你的心，並再次將心填滿㊱。」這種焦慮讓人無法動彈，令人癱軟。對阿諾德而言，悲傷不僅是一種情緒，還會傷身。她解釋道：「我知道悲傷是一種情緒狀態，但我不知道它也包括肉體。我的悲傷表現在身體上，透過關節痛顯現出來，這種沉重的重量壓在我身上。我擔心痛是一種訊號，表示我身體出了問題……我深信自己也快死了。」任何疼痛都會從輕微的不適直接跳到全面恐懼，覺得肘部、腹部或膝蓋犯疼，就直接升級到自己一定是得了癌症。阿諾德這種情況持續了一年半之久。

親友離世讓心情深受打擊，情緒陷入一團混亂，如何應對以及如何走出悲傷？其實世上鮮少經驗能像處理悲傷這麼一致與普遍。阿諾德當時並不知道，心理的傷會顯現在身體犯疼，也不知道她因為失去親人所承受的身體痛，其實是相對常見的療傷方式。阿諾德當時感到很茫然。「我無法說服自己擺脫這種狀況。大家無法安慰我這不是真的……我嘗試很多不同的治療與療法，有些稍有效果，有些完全無效，但真正對我有效的是跑步。我用雙腳穿過荒野。」和自己獨處「是我能夠擺脫恐懼想法的唯一時間。每次開始跑步時，我的焦慮感都非常強烈，跑著跑著，這種有節奏的重複過程讓我進入一種移動式的冥想，所有想法被清空，明白身體是強壯的，身體藏著智慧，它在傳遞一個訊息：『其實妳很健康，凱蒂。』」

跑步成了她的救命稻草，有時間讓自己的腦袋、恐懼和負面反芻記憶安靜下來。正如她告訴我的，跑步不是為了競爭與比賽，而是「一種冥想、清空思緒的地方，在這裡，我的想像力不會失控。」這種讓腦袋淨空的練習最後讓這位曾只是個休閒跑者登上了超跑界的顛峰，在二〇一八年，她在全球知名的萊德維爾一百英里耐力賽中，勇奪女子組冠軍。

慟失父母、配偶或孩子是世上最難過的事之一，傷心逾恆，讓我們陷入憂鬱和絕望。所愛之人不幸過世，我們的生活破了一個缺口，情緒像亂麻一樣，釐不清頭緒。有些人會把感受裝進瓶子裡（壓抑感受），或者一股腦栽進工作，藉此分散注意力，麻痺痛苦。有些人則選擇面對並克服悲傷，會找朋友或治療師談論他們的感受。**管理悲傷情緒猶如是一場內心超級馬拉松，考驗耐力和極限。**除了應用縮放策略，我們該如何應對和調控悲痛、傷心、甚至恐懼等情緒？我們應該忽略它們繼續前進？還是擁抱它們，任它們擺佈？

注意力靠近或遠離

幾個不同的方法有助於調控我們的情緒。大體上，我們可以根據兩個向度將它們加以分類——注意力與認知。「注意力策略」引導我們的注意力靠近或遠離情緒。我們可以把注意力集中在一個物件上，打上聚光燈，放大圍繞它打轉的感受。或者可以分散注意力，在大腦的工作記憶中塞進其他要處理的東西，以免一開始的怒火有時間升溫。我們專注於孩子或工作，阻止注意力回到喪親之慟。分散注意力和集中注意力屬於低成本策略，只需認知出一點點力氣——簡單地轉移聚光燈（注意力）焦點，無須實際上有什麼作為。

認知策略較複雜，透過認知控制來壓抑、重新評估情緒，或是從情緒中抽離出來。認知策略不在注意力上下功夫，而是積極地與情緒打交道。壓抑指的是抑制感覺或感受，重新評估指的是重新改造建構某個情緒體驗，變成你可以處理的東西。

若心理學家能破解密碼，比如說協助我們處理悲傷的程式碼，對人類將是一大福音。就像能開個處方箋治療膝蓋痛痼疾，我們也能開立不同的應對處方箋，處理我們生活中的情緒風暴。二十世紀末以來，相關研究有增無減，科學家甚至將會導致反芻的注意力集中策略取名為「非適應性策略」（maladaptive），而重新評估等其他策略則被稱為適應性策略。研究也證實了這一點。當受試者專注於他們的想法過久，他們的情緒會螺旋式下降。反芻作為處理傷心或悲痛的策略，屢屢失敗收場。重新評估則相反，有助於將個人經驗從負面消極轉向正面積極，將焦慮轉化為興奮，將失望轉化為成長的機會，讓我們得以有效地處理失敗或悲傷。有些策略有用，有些則會阻礙情緒調控。

但就像生活中的許多面貌，一旦愈深入分析，清楚分明的敘事角度會消失。自二〇一〇年以來，好與壞的二分法顯然已經在個人層面上潰不成軍，派不上用場。例如怒火上來，不是光靠轉移自己的注意力這麼簡單。情緒調控需要更細膩的應對策略。二〇一一年名為「情緒調控策略選擇」的研究，由史丹福大學教授加爾・謝普斯（Gal Sheppes）和詹姆斯・葛羅斯（James Gross）主持，結果顯示，有必要修正二分法的論點。他們指出：「這類研究大幅提升情緒調控領域的重要性[37]。然而，針對不同的情緒調控策略，新一代的研究開始質疑非適應性／適應性這樣的二分法。」有人敲響警鐘後，一系列的研究證實葛羅斯和同事的研究結論：好與壞二分法過於簡單。不是一切要嘛有效、要嘛無效，畢竟每個策略都有其優點，也有其該付的代價。

以反芻這一個主要的非適應性策略為例，大家很容易理解為什麼過度沉溺於負面思考會阻礙情緒調控，畢竟反芻與焦慮和憂鬱症有著密切關係。但研究員發現[38]，當我們必須全神貫注某個目標時，反芻反而會有所幫助。如果我們的注意力和思緒必須專注在某個重要、於己有利的目標上，反芻會讓我們不至於分心。當我們必須心無旁騖完成某個差事，所謂的「刻意反芻[39]」（deliberate rumination）會幫助我們減少失誤，並且會加速「創傷後成長」（post-traumatic growth）。至於必須在不同目標之間不斷轉換的差事，反芻策略大抵上是無效的。

另一個往往幫倒忙的策略是壓抑。當我們積極抵抗怒火時，我們憤怒的對象不可避免地會報復性反彈。不過研究員發現[40]，當情況特別棘手時，壓抑的效果顯著。例如，配偶去世後，壓抑負面情緒有助於縮短悲痛期。隔斷（compartmentalizing）是我們許多人在日常生活中慣用的一種壓抑形式。我們感受到壓力，先把它藏在腦海的某個角落，直到我們有了資源，後面這部分才是重點。**壓抑只是暫時的解決方案，最終我們還是得面對與處理情緒問題**。

一項針對近兩百個研究所做的薈萃分析顯示，就連重新評估這個最有效的應對策略，在某些情況下也會無效。如果要處理的是非常強烈的情緒，我們很難集中注意力、難以冷靜重新解讀這種強烈的情緒狀態。相較於分散注意力等策略，重新評估需要更多的認知頻寬（cognitive bandwidth），意味著不需要把注意力導向其他地方，但必須在不會被感覺或思緒壓到喘不過氣的情況下，專注於某個目標，然後把腦袋中一大塊資源用於改變最初的看法，做這一切的同時，必須承受龐大壓力或忍受疲憊。如果要求你鼓足起勇氣向路過的陌生人推銷愛心餅乾，這時把焦慮重新解讀為興奮並不會太難；但若推銷的對象是坐在會議室裡的投資人，加上你公司的前景岌岌可危，這時要把焦慮轉換成興奮，那就困難多了。所以當我們能力不足或事情棘手到難以處理，即使是最好的策略也會失敗。

升高或降低情緒音量

如果一切順利（但並非如此），當我們面臨困難時，該如何解讀以及應用所有這些訊息？喪親之痛的研究提供了一個解方。在一項研究中，心理學家試圖了解為什麼有些人可以很好地應對喪親之慟，以及為什麼有些人會因喪親陷入長期絕望。為了解答疑惑，他們選了四十名在過去三年中失去配偶的受試者，讓他們接受臨床心理學家的評估。然後這些受試者被分為兩類，一類是成功處理了喪親之痛；另一類陷入糾結複雜的悲傷情緒：忍受長期的孤獨，難以接受已發生的事，或是覺得生活沒有意義。一旦完成分類，兩組人都要接受所謂的表達靈活性練習（expressive flexibility task）。受試者會看到旨在喚起一系列積極正向和消極負面情緒的圖片。當很萌的小狗、世貿中心遭受恐攻倒塌、或廁所裡糞便滿地的圖片出現在他們眼前的螢幕上，受試者被要求加強、壓抑或什麼也不做等方式，管理圖片喚起的情緒。他們愈能夠升高或降低情緒的音量，表達的靈活性就愈好。

毫不意外，陷入複雜悲傷情緒的人，在表達的靈活性得分較低。說到調控或調適情緒，他們被卡住，沒有能力調整內在的音量。反之，成功度過悲傷的受試者[41]，有能力掌控，度過這段傷心期。他們會放大或壓抑自己的情緒，無論出現什麼情況。應對的靈活性允許他們長時間下來以積極的態度適應逆境。

表現最好的人應對能力往往具有靈活性與調適性。他們可以根據情況，在不同的策略之間來回移動。頂尖馬拉松運動員擁有這種能力，那些能堅韌克服悲傷和創傷的人也是如此。靈活的應對方式與所有事息息相關[42]，不管是管理創傷，還是大學生離家適應獨立生活以及克服思鄉病等等，都需要靈活的應對能力。謝普斯與葛羅斯總結道[43]：「**健康的適應力意味著能在調控策略之間靈活選擇，以便適應不同的情境要求。**」所以轉移注意力、壓抑、重新評估、解離、寬闊或窄縮的世界觀無好壞之別，它們都有效，也都無效。

表現最好的人，應對能力往往具有靈活性與調適性。他們可以根據情況，在不同的策略之間來回移動。

靈活性和調適性

二〇一七年，我進行了一項非正式的研究，比較了一群大學運動員和職業運動員面臨不適時，他們的思維與注意力。在一系列艱苦的訓練和比賽中，運動員完成一項針對他們注意力的問卷調查。不同於稍早的研究，成績最佳的運動員並不依賴聯想，表現較差的運動員也不完全依賴解離。實際上，每個運動員都會交叉使用這兩種策略，只是程度不同，使用的時間也不同。

成績最好的運動員指出，他們在關鍵時刻會關注自己的身體，了解身體的感覺。其他時候，他們會試著「走神」（zone out）。由於這種策略非常成功，他們甚至為這種策略取了個名字：關閉大腦。一位運動員的描述如下，「我試著關閉大腦，鎖定前面的競爭對手，暫時進入自動駕駛狀態，放手讓身體作主。直到比賽遇到難關，我才須重新進入專心狀態。這就像我剛剛在儲存能量，直到必須開始傾盡全力。」

他們不只使用一種策略；他們在不同的時段變換注意力模式，因應賽事的要求。例如疲勞、愈來愈不確定是否能順利完成比賽等疑慮出現？這時會打開大腦開關，重新集中注意力。周圍的人開始改變戰術了嗎？那麼把注意力轉移到周圍環境和競爭對手身上。我訪問這些運動員，發現**表現最好的運動員會改變以及引導注意力，因應比賽不同階段的要求，他們所用的策略廣泛而複雜，絕非簡單的連結或解離**。近期的研究也支持我的觀察。

一九七五年波洛克和摩根發表重大研究之後，一個更清晰的畫面浮現。一九八八年美國奧運資格賽的田徑項目[44]，約翰・席爾瓦（John Silva）和馬克・阿普爾鮑姆（Mark Appelbaum）採訪了三十二名頂尖馬拉松跑者，發現雖然連結是選手使用的主要策略，但他們也使用「解離」策略。頂尖馬拉松選手指出，自己會「不斷變化」，在兩種策略之間轉換。席爾瓦和阿普鮑姆的結論指出，馬拉松好手會採用他們所謂的適應性靈活策略。現在我們完全弄懂了法蘭克・蕭特和他的夥伴們克服不適的做法。

馬拉松好手培養了這種靈活性，讓他們在壓力和疲勞下能應用自如不同的策略。馬拉松新手預設的策略是解離，因為當比賽的強度過高，他們很快就會不堪負荷、不知所措。他們沒有辦法使用需要大量認知頻寬或可在短時間內放大體驗的策略。他們的注意力資源得用來求生存。當情緒強度過高，人類自然會向最容易的途徑靠攏：轉移注意力。這是一個低成本的解決方案，讓我們能暫時度過一些難關。

不過儘管身體疼痛、疲勞和受苦（亦即高情緒強度），馬拉松高手仍然能夠善用策略，將注意力集中於跑步的過程。他們也還有辦法把注意力集中在感覺、想法或感受，不會被壓垮。當他們的大腦叫囂著要把注意力轉移到其他地方時，這種專注力讓他們能夠獲得更多訊息，還能重新評估他們正在經歷的事情。如果無法集中注意力，就不可能重新評估。相較於新人，會有較多的菁英跑者選擇連結策略，他們也有能力做到這點。多年的訓練下來，他們已精通需要更多資源和努力的情緒調控策略，甚至在最艱鉅的時刻也能應用自如。

這種特殊技能並非最快跑者的專利，這是我們所有人都會經歷的模式。正如所有父母都可證明，襁褓兒和幼兒很容易情緒失控，動不動哭鬧、發脾氣、鬧騰。他們是出現強烈情緒的高手，卻是調控情緒的生手。他們的專長嚴重偏向形成強烈情緒，而且毫不掩飾。從出生、到告別可怕的兩歲兒、繼而進入學齡期，這段期間的一部分發展是將蹺蹺板（一端是形成強烈情緒、一端是調控情緒）朝有利於情緒調控的一端傾斜。

孩童如何發展調控情緒的能力

追蹤兒童如何培養調控情緒的能力[45]，發現早在嬰幼兒階段就已開始。六個月大的嬰兒已顯露能調控注意力的跡象。他們能將目光從令他們不悅的物體上移開。到了兩歲左右，轉移注意力似乎是他們首選的策略。兩歲的孩子有能力將注意力轉移到另一個物體或另一個人身上，處理情緒問題。重新評估和其他認知策略要到更年長之後才發展出來。

分別在兩個不同的研究中，研究員測量受試者大腦的電位活動變化（electrical activity），了解兒童是否能夠成功地重新評估情緒。當我們能夠重新評價一種消極負面的情緒，並成功將其轉化為積極的情緒，晚期正向波（LPP）就會降低，晚期正向波是一種神經訊號，反映我們對一種情緒的關注程度。當研究員對五至七歲的兒童進行研究時，發現他們的晚期正向波沒有變化，顯示這些兒童還沒有能力重新評估恐懼和焦慮。然而，換成八至十二歲的兒童，研究員發現了晚期正向波的變化，顯示他們能成功地重新評估。

不管兒童在六歲還是八歲學會重新評估這個技能，這並非重點。真正重要的是，發展重新評估這類的認知策略需要時間。它們是技能，在許多方面，馬拉松新手就像只會應用分散注意力策略的幼童，而菁英選手則有充分能力，自如地應用認知要求比較高也較複雜的策略。

我們都曾是那個鬧過脾氣、惱怒、絕望的孩子，因為我們努力調控內心的騷動。我們走向真正堅強的旅程也是如此。一開始只有一個解決方案：大事化小，視而不見。這策略也許會幫助我們度過小難關，但最終會失敗。我們必須採取另一種策略，駕馭每當我們面臨挑戰時湧動的複雜感覺、情緒和想法。隨著時間推移，我們養成了關注內在世界的能力，從容地度過各種經歷，最後能理智地做出更好的決定。身為成年人，我們都有發展這種技能的機制和實力。

滾下山的雪球

想像你和幾個朋友站在白雪皚皚的山頂上。其中一個朋友想到一個好點子，決定堆一個漂亮的雪球，然後把它推下山。經他這麼一慫恿，雪球開始愈來愈大，當它沿著山坡往下溜時，愈滾愈大，速度也愈來愈快。你往山腳下看了一眼，有一家人安靜地坐在那裡，沒有意識到巨大的雪球正朝他們衝過去。天啊，你們這群人做了什麼？當你注意到這一家人時，雪球已經煞不住車，直往山下衝，已無法力挽狂瀾。你既不能擋住它的去路，也不能轉移它的方向。歡迎來到全面爆發的失控模式。

我們可以把堅強的過程視為滾下山的雪球。我們的情緒、想法和感覺亦如雪球一般，從一開始感覺上來到最後採取行動，一路下來，衝力愈來愈大。如果你發現自己反芻之前的爭吵，一遍又一遍地播放，你就會知道感覺、情緒和思緒如雪球般愈滾愈大也愈來愈快的蓄積力量。根據情緒的歷程模型（process model），情緒經歷關注、評估和回應等過程，在過程中不斷累積馬力。一開始只是單純的小感覺，但當這感覺在我們的腦海開始作怪翻攪，或是當我們轉移愈來愈多的注意力資源，或是當我們試圖對這種不適的感覺作出反應時，它的力量就會愈來愈大，猶如把雪球推下山。這個過程不斷循環重複，直到情緒之火被撲滅、被重新引導、或是被掌控。

每當我們面對一個需要堅強以對的情況時，我們會努力阻止雪球從山上滾下來。如果我們阻止雪球的唯一做法是擋它的道，然後高舉雙手，大喊：「來吧！」那麼一切會好轉的希望恐怕很渺茫。這是老式的堅強，過於簡化的解決辦法。**真正的堅強是不缺選擇。許多選擇也許會失敗，但選擇多，從中找到一種可行辦法的機率也大得多，有助於我們阻止或盡量減少雪球直衝而下的殺傷力。**

我們可以及早干預，在雪球開始滾動前就擋住它。或者我們可減緩它的速度，確保它只是被輕輕而不是被猛力往下推。這類似於使用分散注意力的策略，是一種低成本策略，在雪球累積太多動能前就成功地發揮作用。但是你若無法在雪球加速前擋住它呢？這就像重新評估這樣的認知策略，你不靠阻止雪球往下衝，而是試圖讓它轉向，引到另一條路徑。

堅強心性意味站在山坡上，承認危險將至，並想辦法讓雪球減速，避免衝向山腳下的那一家人。如果我們能減緩它的速度與衝力，如果我們有能力靈活地在多個應對選項中選出一個有效的策略，可提高成功干預的機率。

高手懂得適時放大或減弱情緒

說到培養堅強心性，應對策略的角色與功能顯而易見。**我們堅強與否，取決於影響我們決定或行為的情緒和想法。應對策略的作用是放大或減弱這些想法、感覺和情緒的影響。**我們可以使用簡單的技巧，例如引導注意力；或使用涉及認知的複雜技巧，例如重新評估。注意力和認知的走向決定我們是陷入失控抑或成功克服眼前的難關。

老式的強硬模式——忽略和壓抑——讓我們的應對選項有限。我們被灌輸的堅強觀：懷疑和恐懼是軟弱的表現，我們不該聽從對我們吶喊的疼痛或疲勞等感覺。根據老派的堅強模式，若出現這些雜亂糾結的思緒、情緒和感覺，首選應對策略是用推土機剷平，無視這些身體吶喊，一路跑到終點。但這種方式最終會適得其反。

面對逆境時的兩個關鍵特質：

慶幸的是，現代研究和實務讓我們學到一課：開發一系列的應對策略，當逆境出現時，便可找到合適的工具。保持靈活性，切勿僵化和一味忍受。說到使用應對策略，科學研究點出兩個我們需要培養的關鍵特質：

- 靈活使用不同的策略。
- 能夠應用策略的能力。

說到做出艱難的決定，我們需要練習不同的策略：縮放、分散注意力和聯結等等。策略的標籤和類別不重要，重要的是應用它們的能力。只有策略夠多，能因應各種不同的情況，我們才能學會哪個策略有效。有時候，你之前慣用來處理情緒或想法的方式雖然屢試不爽，但這次可能行不通。正如世界一流跑者布萊恩．巴拉薩（Brian Barraza）所言：「你接觸不同的策略，看看哪些有用，哪些沒用。隨著時間推移，你發現某些策略在某些比賽或情況下更有效。但是，如果你建立了自己的策略庫，你充其量在每次比賽會用到二至三個策略。」**實務和經驗會告訴你什麼策略有效，以及何時有效。**

一流表現的另一種狀態——心流

「我一點都不覺得難！」選手在取得個人最佳成績後開心地這樣說。進一步深入了解這段經歷，他們不假思索表示，優異表現實在非常神奇。「一切駕輕就熟、得心應手。好像我是旁觀者，看著自己跑步……我甚至忘了自己在比賽這件事……我不過進入了一個節奏，放手讓身體做它該做的事……我進入了自動駕駛狀態。」

當我們站在賽場、舞台、或是會議室，往往認為難度會超出預期，心想比賽應該令人痛苦，演講應該讓人緊張。但是每隔一段時間，我們就會有一次超現實的體驗，過程中一切配合得完美無缺，挑戰變成小菜一碟。著名的心理學家米哈里·契克森米哈伊（Mihaly Csikszentmihalyi）替這種罕見但受歡迎的體驗取了一個名字：心流。根據契克森米哈伊的說法，心流是一種「自我消失」的狀態。時間飛逝。每一個行動[46]、移動和想法一氣呵成、行雲流水，就像演奏爵士樂一樣。你整個人投入其中，將技能發揮到極致。雖然不易具體描述心流這個有點神祕的概念，但任何體驗過心流的人完全能體會這是什麼感覺。

一旦體驗過心流的狀態，猶如毒品讓人上癮一樣，是所有登台者嚮往得到的體驗。不乏論文與書籍，談論如何用巧計調整環境和心態，提高進入心流的機率。作家史蒂芬·科特勒（Steven Kotler）創立了「心流基因體計畫」（Flow Genome Project），探索如何解開心流的祕密，幫助我們更常進入這種狀態，進而提高表現成績。過去幾十年來，體育心理學一直專注於如何幫助運動員進入心流狀態，它是攸關表現的關鍵。若能常進入這種狀態，優異的表現接踵而至。

交出讓人拍案叫絕的精彩表現後，運動員透露的心聲中，偶爾會出現與輕鬆、有著神奇魔力的心流體驗完全相反的心得。「那是我一生中做過最難的事。從頭到尾都是磨練。總之，我做到了。」在比賽中，每一步都需要賣力，懷疑、痛苦和疲勞莫不達到最高峰，似乎沒有一件事可信手拈來。但是他們找到了克服困難的方法，最終抱回獎牌或個人最佳成績等獎酬。說到發揮到極致，我們往往認為只有一條路可走。傳統上，大家認為最佳表現要透過心流。但是，表現一流的人以實際經驗告訴大家，加上最新的心理學研究也指出，通往顛峰的路不止心流這一條。

澳洲運動心理學家克里斯提安．史旺（Christian Swann）與同事採訪不同運動項目的選手，希望了解他們在獲得壓倒性勝利或交出個人最佳成績後的經歷，結果發現有兩種截然不同的狀態協助選手表現到極致。他們形容第一種狀態是「順其自然」（let it happen），這種狀態與心流的概念相似，輕鬆而愉快。另一種狀態則困難得多，得咬緊牙關、受盡磨礪。這種狀態發生在比賽進入重要環節，不僅壓力超大，也攸關比賽勝負。運動員能夠提高表現成績，不是靠進入自動駕駛狀態，而是靠集中注意力、加大努力、力抗壓力。這時運動員進入「毫不鬆懈」的狀態。

兩種不同的心理狀態。一個容易，一個非常困難。一個是它來找你，一個是不得不強迫自己實踐。兩者都讓你的表現到達顛峰與極致。當科學家著手解開這兩種狀態的背後之謎時，發現儘管兩個狀態都能讓運動員交出讓人眼睛一亮的顛峰表現，但實際上存在一些差異。雖然兩者的共通點包括讓人感覺到動機變強、掌控感、沉浸其中、自信等等，但在三個關鍵元素上有差異：注意力、喚起和努力。心流狀態包括毫不費力的注意力、最優化地喚起內在驅力（optimal arousal）以及自動／輕鬆的體驗。毫不鬆懈狀態則包括完全與刻意的專注力、調高覺察力與警覺水平、以及非常賣力。

雖然契克森米哈伊一開始定義心流時，強調了百分之百專注的重要性，但這不同於我們認為的刻意專注。一位籃球運動員形容心流體驗是「真正地專注，但沒感覺到自己專注……你沉浸其中，不用費心集中注意力，也不用提醒自己要專心。」在一篇評論中，研究員甚至指出：「長時間毫不費力地集中注意力是心流體驗的主要特徵[47]。」注意力不僅是狀態的描述詞，它也是促進或維持心流體驗的方式。史旺與同事的另一項研究發現[48]，一流運動員會故意讓自己分心，例如做白日夢或走神地看著周圍的風景，作為保持心流狀態的一種策略。同理，進入心流狀態的高爾夫球員會刻意轉移注意力，轉頭與球童交談，以免焦慮影響自己的表現。

另一方面，在毫不鬆懈狀態下，運動員表示他們會窄縮注意力，而不是放大或分散注意力。他們把開放式目標（例如「我想贏」）轉變為固定而具體的目標（如「我需要在下一分鐘內得五分」）。他們提高自己的注意力並放大警覺水平，專注於緊張的感覺，讓自己不至於自滿。或者關注於疼痛，以便能夠快速評估自己還剩多少體能，以及如何使用最有效率。窄縮的、拉近的、集中注意力的，刻意保持專注力讓自己度過艱困時刻。但這並非全部，進入毫不放鬆狀態的運動員指出另一個與心流不同的特點：他們得積極做出決定與改變。

「清楚感覺自己在換檔，『嗯，好吧，現在情況非常嚴重。』……研究毫不放鬆狀態的史旺及其同事指出，一位極地探險家向他們透露：「在這狀態下，感覺必須採取行動。」毫不放鬆狀態並不只是出現而已，運動員也並不只是碰巧遇到它們而已。在這狀態下，運動員得意識清楚地決定如何加大努力程度與強度。他們必須打開開關，至於怎麼做，因人而異。不過當他們碰上比賽最艱難的關卡，當他們進入毫不放鬆的狀態，他們得想辦法選擇做法才能提高努力程度。簡而言之，毫不放鬆的狀態需要選擇；心流狀態則需要體驗。

兩種不同的狀態都有助於達到巔峰表現。一個需要咬緊牙關，一個需要優雅體驗。一個是接受，另一個是意識清楚地做決定。在許多方面，毫不放鬆與心流這兩個範式反映了堅強心性。我們習慣地認為堅強只有一種模式：挺過去、堅持下去。但我們慢慢發現，這是錯誤的畫地自限。**真堅強意味能夠根據自己的能力和所處情境，選擇正確的策略。我們何時該處之泰然？何時該保持靈活性，根據需要抑制、忽視、接納或重新調整注意力？**

心理學家史考特・巴瑞・考夫曼（Scott Barry Kaufman）在《巔峰心態》[49]，書中探討如何在逆境中成長，他指出關鍵在於「將平靜作為預設狀態，但維持防衛、對抗和堅守立場的能力。」平靜心態是為了創造能夠回應的空間。有時這意味打開另一個開關、靈活應變。

第四支柱

超越不適

第10章 打造真堅強的領導模式

自主性、勝任感和連結感是我們的基本心理需求，滿足這三個基本需求不僅有助於提升幸福感，還有助於提高堅持下去的能力。

「不要和他們說話。他們是你的競爭對手，是你的敵人。」教練在開車前往體育場的路上嚴厲地命令道。這句話讓朱莉很困惑，她是大學新鮮人，也是第一次參加大學賽的新人*。畢竟，幾個月前還在高中時，她把敵隊中的許多人視為朋友。她在初中時就與該隊的一些人一起比賽，

* 上述經歷是運動員在大學校隊以及職業隊伍的真實際遇，為保護他們的隱私，名字已做了修改。

並一起吃飯，賽前閒聊，甚至一起搭長途巴士。有幾個人甚至成了和她一起受訓的夥伴，他們在季外期組成了一個小型的鍛練小組，因為季外期間，學校不提供訓練。而今突然之間，他們成了敵人？校隊中的老將似乎對教練的命令言聽計從，在比賽日會避開所有人，只跟隊友接觸。朱莉感覺很糟糕，但只能照辦。

進入賽季後，朱莉注意到她的教練有一些奇特的行為。她會對少數幾個運動員讚不絕口，卻對其他運動員視而不見。有一次，朱莉發現自己身陷瓶頸，她急切地想得到一些積極正向的回饋，也願意在訓練中對教練唯命是從，希望能獲得教練的肯定。但是教練竟讓她的團隊搞內鬨。首先，教練在他辦公室的門上貼著一份名單，將隊伍裡每個人從上到下依序排名，不是基於任何客觀指標，而是基於誰是教練當時身邊的寵兒。

其次，是尖酸刻薄的評論以及侵犯隱私。他冷嘲熱諷朱莉的體重，質疑她的私生活。教練有一次對她說：「性會讓你變胖。」一個五十多歲的人對一個二十多歲的女生說這種話，的確很怪。而今回想起來，朱莉一邊說，一邊忍不住要笑出來。「古怪、荒謬之至，幾乎是滑稽可笑。」

但在當時，這都是正常現象。教練是曾經贏得冠軍的權威人物。每個人都乖乖就範。相信這是實現目標的途徑——外面的人都是來害他們的，他們唯一可以信任的人是自己圈子裡的人。再者，正如她的教練曾經說過：「這是我們與世界的對抗。」朱莉回顧她大學的體育經歷時，停頓了一會兒後說：「簡直就像在一個邪教團體裡。」

其實，邪教和團隊的確有一些驚人的相似處。例如，兩者都要求你對組織有幾乎絕對的認同感。你可以為了團體的利益，犧牲個人的慾望或需求。很多時候，你會發展出群體內 vs. 群體外的比較心態，相信你所屬的團隊優於其他所有競爭者；相信你的練習、訓練和準備方式優於其他所有人。

控制型領導人的四個手段

邪教和團隊的關鍵差異在於如何建立認同感。在邪教組織裡，主要是靠恐懼和控制，甚至不惜虐待信徒。研究顯示，控制型領導人會利用四個關鍵因素讓其他人對他們產生依賴感[50]：

- 使用獎賞控制。
- 負面的條件性考慮。
- 恐嚇和孤立。
- 過度控制一個人。

看在高水準表現的份上，我們習慣為教練或領導人在日常生活中不妥的行為找藉口開脫，稱他們是為了「讓某人變強、變厲害」不得不如此。正如我所言，在體育界，這種觀點經常占上風，但也常出現在企業界。我們會盛讚史蒂夫．賈伯斯是天才，而忽略他苛刻的領導風格，暴戾的脾氣、輕率地解雇員工等現象。此外，他會陷害或欺騙商業夥伴、朋友、甚至家人。《富比士》❶（*Forbes*）有篇文章劈頭就說：「賈伯斯是世界級的大混蛋。」但這招管理很有效，不是嗎？由於賈伯斯的領導，蘋果成功轉型為改變世界的巨擘企業。

我們根深柢固的想法包括：人有時的確需要被逼到走投無路；讓對方明白的唯一辦法只剩尖叫、懲罰或把人貶得一文不值；深信嚴加管教可能在短期內讓對方受苦，但久了之後，對方會回頭感謝我們；有時一點紀律和要求才能讓一個人發揮潛力；偶爾，我們必須強迫對方做些難事，畢竟我們人類天生就是好逸惡勞不是嗎？

我們許多人堅信得靠外在世界的物或人施壓，才不會讓自己犯懶病。不妨想想在新冠疫情大流行期間，削減失業保險給付的呼聲就可看出端倪。美國財政部長穆努勤（Steve Mnuchin）說❷：「用納稅人的錢讓更多的人閒賦在家，這點有失公平。」此話暗示，如果欠缺努力工作的誘因，我們大多數人會游手好閒。這個想法遍存在美國這個信奉新教工作倫理的社會，而且已根深柢固。其實這是錯的。

內在驅力優於外在驅力

綜合分析一項跨一百二十多年的研究發現❸，工資和工作滿意度之間的重疊率不到二%。而蓋洛普公司對一百四十多萬員工的研究發現❹，員工的參與度和薪資高低沒有關係。最近的一項分析發現，**受到內在驅力激勵的人，工作參與度比受到外在驅力激勵的人高了三倍**。我們多半認為，人需要被逼或看到胡蘿蔔❺，否則會懶待在家裡當沙發馬鈴薯，其實並非如此。內在驅力比外在驅力更重要。

堅持不懈、保持動力、認真投入等等，與堅強心性息息相關。我們如何在愈來愈大的壓力與愈來愈疲勞之下仍繼續堅持下去？長期以來，解方強調的不外乎掌控權以及依賴外在力量。第5章討論了真堅強如何依賴對掌控權的感知，但這只解釋了一部分，接下來我們要談談為什麼。

研究員分析在不同領域——從騎自行車到數學乃至勸募等等，大家如何能堅持不懈，結果一個因素不斷出現。那些能夠堅持下來的人都有自己既定的目標。他們不是被恐懼、內疚或壓力所驅策。他們也不是為了財富而努力工作。他們追求的是目標，因為該目標符合他們的身份，給他們帶來歡樂和滿足感。他們選擇繼續做下去，而非因為被迫，連帶地成績也更加斐然。

以運動和工作領域為對象的諸多研究中，內在驅力讓一個人願意付出更多心力、做出更堅定的承諾、進而得到優於預期的結果。在一項針對一百多名英國運動員為對象的研究中❻，研究員發現，**內在驅力不僅讓他們在高負荷的運動測試中更能堅持不懈，也看到他們展現堅強的其他面向，諸如視任務為挑戰而非威脅，使用積極的應對策略而非解離或疏離策略。受內在驅力激勵的運動員展現更多積極正向的情緒，並願意在完成任務後再來一次。**

不同於內在驅力的另一個選項，基於控制的驅力脆弱不堪一擊。一開始，它可能很強人，但是很快便會欲振乏力。當你在繼續還是放棄之間痛苦絕望地擺盪時，恐懼已無法繼續充當驅力。在上述研究中，靠外部壓力提供驅力的運動員更可能解離、放棄、以及將努力視為一種威脅。

高手更彈性、更靈活

靠內在驅力的人不僅更能堅持不懈，他們還有另一個祕密武器——他們更有辦法重新投入（reengaging）。談到為成功而戰，我們往往把所有的精力都集中在「堅持」這個環節。但「堅持」並非一定是想要或非要不可的內在驅力。想像正在攻頂的登山者，她全身已疲累不堪，由於缺氧，頭腦逐漸不靈光。她有足夠的體力登頂，但為了活命，她還需要保留下山的體力。分析研究過去一百年來死於珠穆朗瑪峰的登山客⑦，結果發現，成功進入海拔八千米以上所謂「死亡區」的登山客中，只有一〇%在登山途中過世，多達七三%在下山途中喪生。在這種情況下，她該怎麼做？堅持下去，耗盡體力？還是放棄攻頂目標，尋找另一個目標：成功下山？

尋找另一個目標，重新投入，這是堅強人士必須具備的重要技能。畢竟你為了追求某個目標已經一心一意努力了這麼久，幾乎不可能說放手就放手。沒有人希望失敗，明明成功近在眼前，卻要前功盡棄。但堅強的人擁有自我覺察的能力，能夠評估和權衡兩股互相拉扯的力量，一邊是滿足實現目標的渴望，一邊是眼前嚴峻的現實以及隨之而來的風險，要如何盡可能做出最好的選擇。如果正確的做法是「放棄」，而不是盲目地堅持，他們接下來會做的是，重新修正自己的目標，或是另立一個新目標，繼而重新投入。上述那位登山客決定把目標從攻頂修正為安全返家，回到她所愛的人身邊。**堅強的人不會生活在一個黑白分明、非成即敗的二元世界。他們會彈性調整，把堅持不懈的精神傾注到另一個更值得、更有意義的目標。**

毫不意外，研究員發現[8]，重新投入與基於控制的驅力無關，而與來自內部的驅力有關。心理學家則發現，若驅力來自內部，一個人更可能根據回饋（回饋告訴他們某個目標已不可能實現）調整自己的行動。他們更可能聽從內在的聲音（該聲音告訴他們應重新投入到另一個目標）。有時，這意味放棄眼前的目標，另外選擇新的方向。有時，這意味繼續往前，從A目標走向B目標。

如果你的目標開始變得遙不可及，重新投入意味改而追求你仍然有把握的東西。如果你正在為小說創作所苦，不妨放棄完成一個章節的計畫，改而單純地列出大綱。重新投入意味稍稍改變一下目標，這樣你就不用踩剎車喊卡，而是找到你仍有能力處理、掌控的事情。這代表放棄攻頂，改成平安無恙地下山。

內在驅力讓你視野變得清晰，讓你能傾聽自己身體的聲音，讓你能在遭遇困難時做出正確的決定。無論你的目標是繼續堅持不懈，還是發現目標似乎已遙不可及，自己應該另立目標重新投入，總之，來自內在的驅力似乎是培養這兩種能力的獨門配方。心理學家稱它為「自主動機」（autonomous motivation）。

一九七〇年代，心理學教授愛德華．德西（Edward Deci）和同事把木製的立體方塊交給二十四名大學生❾，要求他們用這些方塊拼出指定的形狀。為期三天的時間裡，參與實驗的學生每天會看到不一樣的形狀，然後必須用眼前的方塊拼出指定的形狀。其中一半的參與者在第二天發現一個驚喜。只要他們在規定的時間內拼出形狀，就會得到一筆獎金作為獎勵。拼積木除了可打發時間，沒想到還能拿獎金，這提高了他們工作的動機，卯足勁拼出指定的形狀。

不過這一半的參與者在第三天返回實驗室後，發現獎勵沒了。他們又回到為了完成指定工作而工作的狀態。不出所料，隨著外在誘因消失，他們的動機也隨之下降。他們不再積極拼出不同的形狀，玩積木的時間大幅縮短，有些人甚至放棄不玩了，只是坐在那裡不動。我們現在所知的外在動機與內在動機的現象於焉誕生。其他科學家很快便跟進，設計一系列不同的任務，讓不同的年齡組重複這個實驗。過沒多久，研究員在學繪畫的學童以及進行鍛鍊的運動員身上看到同樣的現象。外在獎勵或懲罰會改變一個人的動機習慣。

打造幸福感的三個要素

德西和另一位心理學家理查．瑞安（Richard Ryan）有一個激進的想法，認為他們針對動機的研究結果，不僅適用於完成家庭作業或解決問題，也適用於心理需求：他們的幸福。德西和瑞安擴大對內在動機的研究規模，**人類有三種與生俱來的基本心理需求，如果能滿足這些需求，可提升我們的幸福感、更能夠激勵自我、持續成長與努力發展。自我決定理論（SDT）因而誕**

生，涵蓋我們對自主性、勝任感（competence）和連結感（relatedness）等需求。用另一種方式來說，就是感覺自己可以掌控、有能力持續進步、以及擁有歸屬感。

自SDT問世以來，已被廣泛研究與應用於諸多領域，包括育兒、教學、乃至毒品濫用等等。滿足心理需求的確與改善健康、提升幸福感以及在各項領域的表現有關，亦即支持德西和瑞安的原始假說[10]。**自主性、勝任感和連結感是我們的基本心理需求，滿足這三個基本需求不僅有助於提升幸福感，還有助於提高堅持下去的能力。**

約翰・馬霍尼[11]（John Mahoney）在博士論文中，將幸福感、SDT與運動選手的高超技能相結合。證據顯示，滿足三種基本心理需求與毅力過人有關係。此外，多個研究結果也顯示，滿足心理基本需求讓人更願意付出努力、有助於提高注意力、不畏挑戰、更有能力因應壓力。當我們擁有自主權以及旁人的支持，我們會有更強的自尊和更高的情商。滿足我們的基本需求似乎對支撐堅強心性的每個特徵都有加分效果。

在一系列的研究中，馬霍尼與同事研究了越野跑者和划船選手，這兩項運動選手忍受疼痛、與疲勞為伍已是常態。他們研究兩百多名跑者後發現，滿足這三種基本需求與運動員變得更堅強以及提高比賽成績有關。當馬霍尼深入研究這些數據時，他發現，社會環境（主要受教練影響）能否滿足運動員這些需求扮演關鍵角色。如果能打造支持性的環境，並且滿足運動員的自主性和歸屬感等需求，運動員就會更堅強，表現也更好。馬霍尼結論道，**堅強靠的是「能滿足心理需求的教練與指導」**。

若我們能滿足心理需求，就可以發揮潛力。我們的驅力來自於內在，所以不再被恐懼和壓力吞噬。我們有歸屬感，所以即使失敗，也知道自己仍會繼續被愛和獲得支持。基本需求被滿足，感覺自己充滿力量，彷彿可以控制局面，可以發揮影響力。滿足心理基本需求是一種燃料，滿足心理基本需求是一種燃料，鼓勵我們火力全開，把所有學習來的技能毫無保留地加以應用，讓自己變得更堅強。如果不能滿足基本需求，不管我們對抗逆境的武器庫有多大，其實都無關緊要。

若我們能滿足心理需求，就可發揮潛力。滿足心理基本需求是一種燃料，激勵我們火力全開，把所有習來的技能毫無保留地加以應用，讓自己變得更堅強。

舊式假堅強陷阱

若你心想：「嗯，這與魔鬼教練大熊布萊恩、巴比・奈特、或是我中學體育老師所宣揚的堅強心性相悖。」你其實是對的。要當苛刻的獨裁教練嗎？你這樣會剝奪運動員的自主權，從他們手中奪走決定權。打恐懼和懲罰牌，或是把人逼到預設的求生狀態，並不能創造內在驅力，反而適得其反。該對選手咆哮、嘶吼、當著他們的面逼他們前進嗎？結果是一樣的：利用恐懼或壓力激勵學員，短期內似乎有效，但在關鍵時刻終究會失敗。靠著控制和權力逼迫他人服從或就範？在關鍵時刻，他們會半途落跑。不提供支持，靠彼此相互折磨建立連結？舊式假堅強模式幾乎與我們每一個基本心理需求都背道而馳，但我們的中學足球教練真的錯得這麼離譜嗎？

組織心理學家艾瑞卡・卡爾頓（Erica Carleton）與體育心理學家馬克・伯尚（Mark Beauchamp）合作，希望了解教練的風格對轄下運動員的影響。他們的研究對象是二〇〇〇年至二〇〇六年期間擔任NBA球隊的主教練，共五十七人，不僅要評估他們對球隊的直接影響，還要評估長期影響。他們遍讀報紙、雜誌和採訪，尋找有關教練領導風格的故事和報導。兩人深入挖掘對每個教練的評價，闡述他們的領導力以及使用的方式，然後對每個教練的風格進行長篇深入報導。

兩人完成報告後，把報告交給訓練有素的心理學家，評估每個教練的領導風格。他們特別將注意力放在尋找教練是否荼毒選手，包括利用嘲弄或指責來激勵或教導他們培訓的對象。想像一下：教練告訴球員，他們沒有能力或心性不夠堅強，無法打出好球。換句話說，這些教練慣用的行為和方法是老派的堅強模式。

評估近七百名球員的表現後發現，那些慣用荼毒風格的教練，旗下球員表現明顯下降，表現好壞可透過「球員效率值」得分（efficiency score）進行評量。但這種教練風格對球員造成的影響並不限於帶隊比賽的那個賽季，而是會延伸到球員的整個職業生涯。根據卡爾頓與伯尚的研究模型，當球員經歷高度荼毒的領導風格，球員的整個職業生涯軌跡就會向下掉一個檔次。不僅他們的表現下降，教練的領導風格也會影響球員，讓球員有樣學樣。經歷魔鬼式領導風格的球員在餘下的職業生涯中，更常出現技術性犯規，這是侵略性行為的指標。別忘了，這些都是NBA球員，球隊支付他們數百萬美元高薪，就是希望他們能夠贏球。卡爾頓與伯尚的論文標題透露了他們對這種教練風格的看法——《在餘下的職業生涯中感到傷痕累累嗎？荼毒式領導對職業運動員攻擊性行為以及運動表現的長期影響》[12]。

領導人——無論是執行長、經理還是教練，可決定麾下員工或運動員擁有多少自主權。他們也能定調以及左右麾下運動員的歸屬感和勝任感。例如，領導人會不會創造一個邪教式的環境，規定追隨者只能唯命是從？他們是否允許學員承擔風險、探索自己的潛力（只要確定不會出現極不利的後果）？他們是否允許人與人之間建立積極正向的支持網絡？他們是否會逼迫隊友視彼此為威脅？領導人決定基調後，打造的整體環境是支持還是打壓運動員的基本心理需求？**當領導人決定走打壓的路線[13]，靠著控制和權力等手段，那麼壓力和恐懼就會成為部屬「努力」的動機。影響所及，我們不僅看到運動員攻擊性增加，也看到他們容易體力透支，還看到成績表現與幸福感下降。控制型的教練行為和領導方式不僅傷害表現成績，還傷害一個人。**

另一方面，滿足基本心理需求的領導模式有助於創造更堅強、更健康也更快樂的人。正如體育心理學家羅拉·希利[14]（Laura Healy）所言：**「若運動員認為他們的教練支持他們、放手讓他們自決，他們的基本心理需求可獲得更大的滿足，也更會自動自發，為目標而奮鬥。」**

不同於舊式假堅強模式，培養堅強心性並不需要魔鬼訓練營或形同懲罰的鍛鍊。它不需要冷血、要求很高、鮮少肯定部屬的主管。也不會出現嚴厲、單向溝涌的養育方式，以至於孩子鮮少向父母回饋他們的需求。我的好友布萊德解釋他為人父的頭幾年學到了哪些東西，他說：「你的孩子隨時可能從天使變成惡魔。經過漫長的一天下來，你很想對他們嘶吼，希望他們快點長大。但是你必須了解，他們的情緒（尤其是年幼的孩子）是真的，即使只是小題大作。對待這些年幼孩子，需要世界上所有的耐心，但我試著問自己，怎樣做才能滿足他們的心理需求，如何對他們解釋，如何把情緒化時刻變成一次次的教育機會。對他們大喊大叫，滴水不漏地控制，這一切只會讓他們怕你。我為什麼要灌輸他們只能聽話？他們聽話只是因為怕我嗎？」讓他人怕你很容易，贏得他人信任則難得多。**培養真正堅強的心性不是靠恐懼和控制等外在驅力，而是靠願意自主學習、感覺自己能夠勝任、願意接受挑戰但不怕失敗、以及更重要的是——感覺被團隊或組織所關心。**

領導者必須滿足部屬的三個關鍵需求

換言之，培養堅強心性的條件類似創造健康、快樂人生的條件。不同於幾十年來根深柢固的意識形態，堅強不是靠控制或懲處等外在動力；而是透過關懷和支持。如果我們應用德西和瑞安的自我決定論，並對其績效進行分析，我們會發現領導人必須滿足三個關鍵需求：

一、被支持，而不是被打壓：有貢獻、有聲音、有選擇。（自主權）
二、能夠持續進步和成長。（勝任感）
三、感覺能與團隊和任務產生連結，感覺擁有歸屬感。（與人連結）

它可以這麼簡單嗎？它在最高層級是否真的行得通？

「有人支持我嗎？」

「我必須回去指導我的球隊⓯，我已經一個月沒聯繫他們。他們已受不了我的聲音。我對自己的聲音也感到厭倦。過去這幾年是一段漫長而辛苦的旅程。」一位教練道出心聲，他似乎已無計可施，走過一系列令人失望的賽季之後，一直無法與旗下隊員建立連結而感到沮喪。我們都有過這樣的經歷：無法與人連結，也無法向自己指導的對象清楚表達內心想法。我們拿出所有看家本領，試圖利用我們知道的每一種方法指導學員，但留下來的人似乎已不抱希望。他們把我們拒於門外，似乎只是敷衍了事，隨便打打，只想盡快「結束」。

這就是為什麼當你聽到金州勇士隊的教練史蒂夫．科爾（Steve Kerr）向記者透露上述心聲時，你會感到意外。畢竟勇士隊並不在ＮＢＡ的末段班；實際上它可是冠軍隊伍。在二〇一八年二月，當科爾說這些話時，勇士隊衛冕成功，拿下NBA總冠軍，是NBA史上最具統治力的球隊之一，五年內五度闖進總冠軍賽，奪下三勝二負的佳績。當時，科爾帶領的勇士隊在二〇一八年賽季的戰績是四十四勝十三負，成功完成衛冕大業，抱回五年內第三個冠軍金盃。科爾並不是出於挫折而說這些話，他在解釋為什麼在本賽季的第四十四場勝利之前，他把教練一職移交給球員的原因。

在為當晚總冠軍賽準備的晨練中，科爾把職責交棒給老將——小前鋒安德烈・伊古達拉（Andre Iguodala）。比賽開始後，當球隊喊暫停，球員圍在一起討論時，不是由科爾制定戰術和計畫，而是由伊古達拉、德雷蒙德・格林（Draymond Green）以及其他球員負責，由球員自己全權掌控。低迷的第一節結束後，勇士隊球員找到掌舵的樂趣，最後以一二九：八三力克鳳凰城太陽隊。這個由球員當教練的招數並非科爾的噱頭。他向媒體解釋道，他覺得球隊逐漸失去焦點。正如他在總冠軍賽結束後所言：「這是球員們的球隊[16]，他們才是主人，必須掌握自主權……他們決定自己的命運，我覺得我們在過去一個月無法集中注意力，而我的做法似乎是對的。」

在一個支持自主的環境中，領導人扮演嚮導的角色，帶著其他人一起踏上旅程。領導人詢問、督促、輕推，甚至強迫他們朝某個方向前進，但領導人明白，他們的角色是幫助他人發揮潛力，雖然可以指揮和引導，但最終還是學員要掌握自己的行動方向盤。

在相互支持的環境裡，選擇權和自主權占據中心位置。當科爾交出教練的韁繩，他信奉的就是這個道理。他讓球員知道，他們很重要，他信任他們。研究顯示，若領導人採用這種模式[17]，他們的部屬會有更出色的應對能力、更自信也更受教。

硬幣的另一面是阻撓自主性，這種領導人偏愛控制和掌權。他們發號施令，鮮少提供回饋與意見。他們依靠獎勵、恐懼、懲罰和操控，維持高高在上的控制感。東華盛頓大學研究員比較了六十四個NCAA田徑隊教練的領導風格[18]，有些教練使用僕人式（支持性）領導風格（servant leadership），有些教練使用權力式（打壓性）風格（power leadership），結果發現，在僕人式領導風格教練指導下，選手的心理韌性（mental toughness）得分更高，跑得也更快。在職場，情況也差不多。最近針對一千多名辦公室職員所做的研究發現[19]，職員能否成功應對繁重工作的挑戰，最強而有力的預測因子是他們能否感覺到主管對他們的尊重和重視。**上司只要真正關心員工，就能提高部屬對工作的投入程度、更忠於工作、並展現更大的韌性**。為人若高尚正派、主動關心他人，都有助改善表現成績和生活品質。

你若是領導人，必須自問一個簡單的問題：**你在灌輸什麼類型的動機？**是把獎懲當作驅力？還是鼓勵部屬自動自發，精益求精？你靠發號施令和控制，讓學員覺得：只有當老闆盯著他們、告訴他們做什麼，他們才有做事的動力？還是你會把球交給球員，只提供一些指導，然後放手讓他們自己做決定？支持部屬自主的教練和老闆會努力培養部屬選擇的技能，提供運動員和團隊意見，然後放權，讓他們能自己作主。

「我會進步嗎？」

客觀的運動技能評量很簡單，包括跑得更快、投得更遠、舉得更重、跳得更高等等，一清二楚。游泳、舉重、田徑、自行車等運動是由英寸、磅和秒決定成敗。不需評審定奪你表現的優劣；你的表現到底是進步還是退步，一清二楚。

狀態好時，彷彿神助，鴻運當頭，週週進步神速，連帶的自信也跟著升級。然而，若表現退步，客觀性評量就會從助力變成阻力。不能因為球隊還在贏球就合理化你個人走下坡的表現，也不能責怪有偏見的評審或裁判。當成績開始退步，運動員會漸漸喪失自信心。他們逐漸相信，打破之前個人最佳紀錄已經是不可能的任務。他們沒了動力，以前的樂觀派變成悲觀派，看不到未來會有任何突破。當運動員陷入這樣的低谷，幾乎不可能讓他們走出困境。他們已經看不到未來會更好，他們被困住了。

能看到自己持續在進步，這對保持動力至關重要。我們希望看到自己的故事繼續上演，而非已到了書籍的最後一頁，落得無處可去。同樣現象也發生在每個職場。原本對工作十分投入的員工發現自己的職涯已經到頂，沒有晉升的管道時，難免會變得冷漠並擺爛。我們常認為，獎金和加薪是維持個人工作動力的驅力，實際上，讓人看不到未來、看不到進展，是扼殺動力的最大殺手。**一旦一個人認為實現目標無望，不久就會變得自滿和冷漠。**

「我敢於冒險嗎？」

能夠看到自己成長是人類的基本需求之一。身為領導人，我們需要創造環境，讓部屬看到更光明的未來，包括成長和精進技能。這代表職場必須提供員工向上升級的管道，評量成功和成長的方式也必須多元化。如果只憑單一的指標或業績論成敗，我們注定失敗。

培養員工勝任能力的關鍵在於他們能否承擔風險以及不怕潛在的失敗。**如果你只想讓員工原地踏步，就讓他們害怕失敗吧**。如果員工知道，他們經手的項目一旦失敗，可能面臨懲罰甚至解雇，那麼你大可放心，他們絕不會冒險走出舒適區，他們一定會採取必要的因應措施確保自己能繼續待在公司。他們不會承擔大小適中的風險，不會勇於創新，也不會跳出他們的舒適區。在一個充滿恐懼的環境，即使有一條潛在的道路可以向上發展，成長也會停滯。

滿足我們基本需求的工作場所不是以恐懼為主要驅策力，而是提供所謂的心理安全（psychological safety），亦即你能安心地表達想法和意見，不用擔心受懲。勿混淆心理安全與安全空間之別，心理安全是提供員工安全感，讓他們敢於冒險，敢於說出自己的想法，敢於做自己。他們可以向上司表達疑慮，不必擔心受到懲罰。提供想法而不會被嗆是在浪費公司的時間。

當谷歌委託顧問公司針對團隊表現進行為期兩年的研究時，結果發現，出色團隊的五大特質中，心理安全高居榜首。「我們能在這個團隊中勇於冒險，而不會覺得不安或尷尬嗎[20]？」

打造真堅強的環境

鼓勵進步和勝任能力的環境具備以下特點：

- 具有挑戰性但提供支持的環境。
- 有能力承擔風險以及表達自己的看法，不會用恐懼作為主要驅力。
- 提供成長和精進的管道。

人都需要歸屬感

二〇一〇年，麥可・克勞斯（Michael Kraus）、凱西・黃（Cassey Huang）和達契爾・凱爾納[21]（Dacher Keltner）共同發表了一篇論文，在體育界掀起波瀾。他們在二〇〇八至二〇〇九年之間ＮＢＡ的賽季，針對近三百名球員的行為進行了追蹤和分類編碼。特別的是，他們不看球員的得分、助攻、蓋火鍋或搶籃板等成績，改而分析球員展現合作和信任行為的頻率，包括擊拳、擊掌、簡短的對話、掩護隊友等等，顯示他們能否與隊友合作。結果發現，更常與隊友擊掌、擊拳以及積極互動的球隊，在整個賽季的表現更好。作者結論：擊掌、撞胸和拍頭等動作顯示團隊合作程度更高，也和球隊表現更佳有關。

這項研究的結論與體育界許多人士的詮釋相左，後者以為隊友之間應該多擊掌，以求更好的成績。研究結論的關鍵不是這些行為本身，而是它們背後所代表的意義。彼此信任、有歸屬感的團隊，所作所為顯示他們就是這樣的團隊，是彼此信任的團隊。互擊拳頭傳遞我是團隊的一份子，我在這裡找到歸屬感，猶如伴侶告訴另一半「我愛你」，以示兩人關係親密。撞胸則清楚地傳遞：「我們是一體。幹得好，我支持你。」增加擊拳次數不是為了提高成績，而是為了增加歸屬感。

歸屬感是人類的基本需求之一。根據心理學家史考特・巴瑞・考夫曼（Scott Barry Kaufman）的說法[22]，「**一個人有了歸屬感，他會感到被接納和被看到。當一個人被剝奪歸屬感，他會感到被拒絕以及被無視。**」人類基本上是社群動物，依賴合作和連結而生存。不妨回想一下第6章，我們討論了情緒是傳遞訊息的信使，因此一些最強烈以及最不愉快的情緒，往往與缺乏連結相關，這現象並不讓人意外。當我們覺得被他人拒絕時，會出現孤獨、嫉妒、羞辱、內疚、尷尬、社交焦慮等情緒[23]。覺得被拋棄、被拒絕，是我們經歷最強烈的情緒之一。實際上，大腦解讀被拒絕的方式和解讀身體疼痛的方式大致相同。這也是為何心碎的感覺和手臂斷掉的感覺差不多。人類打從心底需要被重視，若未獲得重視，強烈的情緒會告訴我們，並乞求我們做點什麼。

大家都聽說過因應威脅和危險的戰鬥或逃跑反應，但我們還有另一種有助於建立信任和歸屬感的反應：平靜－連結系統（calm-and-connect system）。有了真正的連結，感覺良好的類鴉片物質被釋放，抑制皮質醇和其他壓力激素，幫助我們度過威脅狀態。另一種激素——**催產素（oxytocin）有助於關閉我們大腦中的警報系統（杏仁核）。分泌催產素會鼓勵合作。這種荷爾蒙有個怪癖，只有和你一起分享經驗的人值得你信賴，催產素才會鼓勵連結。換句話說，你的大腦存在一個系統，幫助你提防假情假意的連結。**

平靜－連結系統係利用人類的社交天性創造連結，不僅為了生存，也為了茁壯成長，難怪職業運動隊伍紛紛應用這種反應系統。職業球隊為了改善選手賽後的恢復狀態，採用的先進做法不是靠特製的高蛋白奶昔或昂貴的小道具，而是社交互動。所謂的社交恢復（social recovery）不僅創造凝聚力，還能協助運動員從高壓的狀態（例如比賽）過渡到復原—適應的狀態。**與他人在一起不僅有助於我們與他人的連結，也有助於恢復體力**。連結猶如祕密武器，但就像擊掌一樣，它不能被強迫。貨真價實的連結發生正規上班或訓練時間之外的空檔。

創造連結的機會

格雷格．波波維奇（Gregg Popovich）是聖安東尼奧馬刺隊的傳奇教練。說到打造團隊文化，他幾乎是所有教練、執行長以及領導人欣羨的對象。被他帶過的球員對於多年後仍能與隊友保持連結讚不絕口[24]。一位馬刺球員最近說道：「我和我在馬刺隊的每個隊友都是朋友。這聽起來可能難以置信，但千真萬確。」打造這種凝聚力的關鍵是什麼？團隊聚餐。波波維奇的晚宴故事讓人覺得彷彿是杜撰的小說情節。長達三個小時的聚餐，由精通美酒與美食的波波維奇安排葡萄酒與菜單，餐桌的安排頗具巧思，讓球員能盡量互動。波波維奇打破傳統，不會在ＮＢＡ比賽結束後立刻轉往下一站，而是讓隊員留在當地一起聚餐並過夜。單純地讓大家在一起吃吃喝喝，沒有安排任何議程，也絕不會有促進團隊合作的繩索挑戰課程或刻意安排團隊聯誼活動。

二〇〇三年的一項研究希望了解士兵為何願意赴沙場[25]，是因為責任感使然嗎？研究員針對一群參加過伊拉克戰爭的美國士兵進行調查，發現士兵之間深厚的情感連結高居榜首。研究員進一步深入調查後發現，**同袍建立連結最重要的時間並不是士兵挨著彼此參加正規訓練的時候，而是訓練之間的空檔**。研究員指出：「所有的研究都強調在作戰時間之外彼此交談的重要性，這時候大家無所事事，一樣無聊，卻是建立信任、友誼和團體認同感的重要機會。」這樣的時刻讓我們超越一切表面的東西，意識到在球隊大巴上坐在旁邊的人，或是在走廊盡頭半開放式小隔間裡辦公的同事，其實他們和你我一樣，都在為類似的煩惱所苦。

波波維奇和軍方都發現靠交談建立連結的力量。波波維奇的聚餐故事因為巴克斯特・霍姆斯（Baxter Holmes）為ＥＳＰＮ撰寫的一篇報導廣為人知後，其他人也試著模仿波波維奇的行為。整個職業運動界的球隊掀起花俏的賽後聚餐風，然而我與不同運動項目的職業隊合作時，不斷聽到以下的心聲：「我們舉辦了團隊聚餐，但沒有人出現。」或是「聚餐時沒有人說話，聚餐成了一個沒有人願意參加的『強制性』活動。」

就像隊友碰拳頭的研究發現，魔力不在動作本身。同理，重點並非舉行團體聚餐，而是要創造一個場所，讓大家可建立感情和信任。波波維奇利用他一流的口才，以及熱愛美食和葡萄酒的特質，創造了大家願意參加的環境。他邀請隊員進入他真正在意與重視的世界，釋放的熱情感染到其他人。他為了完美晚餐所投入的時間和心力，讓大家樂於參加。

你無法用強迫的方式塑造凝聚力或團結。信任度下降時、噱頭十足的團體活動、或是強迫性互動等等，無法讓團隊產生凝聚力。凝聚力講究真心真意，讓大家願意卸下心防，放心地做自己。你不能用強迫方式，反之，你只能創造有利於它生成的空間。魔力不在於波波維奇的團隊聚餐，而在於他為出自肺腑的互動創造空間。

若能感覺到與身邊的人產生連結，我們就會敞開自己，放手表現。擁有穩定的支持後盾與平台，讓我們在鼓勵成長和發展的環境下而非充滿恐懼的氣氛下，發揮角色與功能。這道理在職場或球場上也成立。歸屬感有助於建立信任。信任感會轉移焦點，把注意力放在大我與大局上。缺乏連結或是恐懼牌會把我們推向與凝聚力相反的方向，切換到自我保護模式，各自為政，努力確保自己的生存。**歸屬感會擴大我們，讓我們放手表現，邁向勝利。反之，恐懼會限縮我們，表現趨於保守，因為怕失敗。**

波波維奇一絲不苟地安排團隊聚餐[26]，因為他明白心理學的研究發現：環境會刺激交流。在工作場所，同樣的現象經常發生在茶水間和其他邊緣角落。同事們非正式地聊天、交換意見、建立連結，慢慢地明白某人原來不只是個會計師或經理。在講求效率的社會，時間表往往被塞滿、塞爆，也要求一切必須做到最好；企業管理高層希望減少大家在休息室、午餐或是在走道閒聊的時間，其實這是不當的上班時間管理。若我們採用這種心態與管理方式，員工就失去忙活之間的零碎空檔。與其把一群人在走道上討論《權力遊戲》（*Game of Thrones*）大結局看作是浪費公司時間，不如把它看作是培養凝聚力的機會。力求進步的公司採用有科學根據的趨勢，讓員工利用上班的空檔進行非正式互動。與其鼓勵員工連午餐時間都省下來工作或是邊吃飯邊辦公，不如創造促進大家互動的環境。身為領導人，你的職責是創造可真心交心與連結的空間。我最近告訴一群高階主管，如果你在辦公室走動時，沒有人和你打屁閒聊，代表你該改變環境，例如移動傢具的位置。此外，你該帶頭樹立榜樣，與大家打成一片。如果在公司的聚會或聚餐上，每個人都低頭滑手機，表示你營造的環境與氣氛不對。

示弱的力量

丹尼爾．科伊爾（Dan Coyle）在《高效團隊默默在做的三件事》（*The Culture Code*）一書中概述何謂「脆弱循環」（vulnerability loop）。不同於傳統思維，科伊爾表示，我們不須等到建立信任後才暴露自己的脆弱。實情恰恰相反，為了建立信任，我們得先暴露自己的弱點。敞開心扉以及暴露自己脆弱的一面，可向坐在對面的人士送出訊號，告訴他你信任他。如果這個訊號得到回應，兩人之間的信任感就會提升。我們降低心防與戒心，感覺可以敞開心扉，做真實的自己。這個脆弱循環重複得愈多次，信任和合作就愈強。

難怪研究員分析田徑界的領導力和堅強心性時[27]，點出預測選手堅強心性的最佳指標之一是他與隊友以及教練的關係。不同於實體世界人與人交往與建立關係的模式，當今社會已被社群媒體以及表象連結主導，更凸顯真正連結的重要性。不妨看看祖父母輩傳下來的簡單經驗：**全家一起吃飯**[28]。一個可以追溯到幾世紀前的傳統，已被證明有助於降低憂鬱症和焦慮症、藥物濫用、飲食失調和早孕等問題。當我們花時間與所愛和所敬的人共處時，好事隨之而來，形成一個良性循環。創造歸屬感的方式不是公司舉辦團建活動，或是強迫性、虛應的團隊聯誼活動；而是創造空間，有利人與人之間建立實心實意的連結。

滿足基本需求可以激勵內在動機

德西和瑞安提出自我決定理論，認為滿足基本心理需求會激勵內在動機，在此之前，亞伯拉罕．馬斯洛（Abraham Maslow）創造了「需求層次理論」（hierarchy of needs），該理論不僅涵蓋我們人類對安全、歸屬感和自尊等心理需求，也包括我們對食物、水和睡眠等基本的生理需求。馬斯洛的理論幫心理學鋪路，讓心理學從關注「人的精神出了什麼問題」過渡到關注「什麼方式能協助人類成長和發展」。馬斯洛寫道[29]：「一個人可以選擇安全而往回走，也可以選擇成長而向前走。成長必須一次又一次地被選擇；恐懼必須一次又一次地被克服」。

馬斯洛的需求層次理論經常被解讀為自我實現的需求——其中發展、創造力和成長的需求位於金字塔的頂端，但這並不是馬斯洛的本意。需求層次的知名金字塔結構其實是另一個人所發明，而非馬斯洛。馬斯洛在一九七〇年的日記中寫道[30]：「我發現我寧願撇下〔自我實現〕，這說法太草率，太容易被批評。」在馬斯洛看來，自我實現過於關注個人，為了滿足自己個人的需求，做法是有些自私自利。顛峰層級不能只顧個人，必須關注更大的東西。根據馬斯洛為需求層次理論提出的最終版本，自我超越才是最高境界，亦即我們能夠超越自我實現的需求。正如這句話所言，超越對個人的關注。

馬斯洛深信，許多人都有能力達到自我超越的境界[31]，只不過往往受阻。他在去世前寫道，社會經常把我們推到不利於自我超越，因為「大多數實業家會在強硬的面具下小心翼翼地隱藏他們的理想主義、衍生動機以及超越體驗。」長期以來，我們一直戴著堅強的面具，被那些一點也無法滿足我們需求的策略所迷惑。

滿足了基本心理需求，有助於充分發揮潛力，利用本書討論的戰術和策略度過艱困與挑戰。基本需求獲得滿足，能提供穩定的平台，讓我們勇於往外冒險，然後再返回。我們有能力克服恐懼和壓力，因為我們知道，若真的失敗，我們仍然會受到關愛與重視。**我們知道，自己不僅可以在與成績掛勾的事業中不斷進步，還可變成更好的人。我們不是靠「控制」到達這個境界；而是透過歸屬感、接納以及得以做自己。**當初誰料得到呢？讓一個人健康、正常發揮角色的基本條件，正是讓人能夠因應壓力與困境的條件。我們（運動員、學生、員工）別再用自以為是的方式，應該滿足我們基本的心理和生理需求。

第11章

在逆境中尋找意義

找出活著的意義與目的是讓我們不會崩潰的黏著劑，有助於順利克服令人痛苦不堪的磨難。

一位四十一歲男子站在講台上。他的黑髮往後梳，露出額頭，圓框眼鏡與穿著暗示他的重要性和資歷。他畢業於醫學院，擁有醫學系學位，現在還繼續攻讀博士（PhD）學位。演講在星期六的傍晚，確切地說是下午五點鐘，地點在成人教育學院的演講廳。接下來連續五個星期六，該教授將為參加講座的觀眾進行一系列一小時的講座。課程大綱強調講座的嚴肅性：「自殺式毀滅、精神病患的世界、性教育。」最後一堂講座會搭配所謂的「關鍵性實驗」（Experimentum

Crucis），牛頓也用過關鍵性實驗這個拉丁片語形容自己的突破性發現，後來該短語用來描述一個實驗出爐後，將某個科學理論送入棺材，新的理論取而代之，躍居到主導地位。

該教授在第一堂講座的一開場就說：「我們今天似乎比以往任何時候都更有必要談論生命的意義和價值；問題在於這是否可能以及如何讓它成為可能。」雖然講座的主題似乎在告訴觀眾，他們正在聽一場有關異常心理學的課，但這些主題是達到目的的一種手段。連續五個週六，該教授概述生活若要過得有意義需要哪些關鍵做法。他抨擊傳統智慧❶，宣稱快樂無法靠追求，幸福「不應該、不必然、也不可能是目標，幸福只是結果。」追求幸福不會讓我們過有意義的生活，也不能滿足我們的靈魂。若我們想得到滿足，其實得仰賴另外三種方式實現。

實現滿足感的三種方式

首先，付諸行動。創造——不管是追求藝術抑或因為愛而甘之如飴的勞動，都會為生活帶來意義。再來是體驗自然、愛情、藝術等任何能讓你心生敬畏的東西，或是任何可拓展你眼界的東西。你不難想像坐在講堂裡的聽眾會被這種快樂和幸福的宣言稍稍混淆與打斷，但他們的思緒肯定會再回到做事的行為以及體驗能創造生活意義的事物。讓自己滿足與幸福的第三個關鍵會讓大多數人措手不及，但參加這次講座的聽眾很可能滿心期待——受苦。

教授繼續說道：「**受命運折磨之苦是一種成就，而且的確是人生可及的最高成就。**」別誤會，這位即將獲得哲學博士學位的醫師並沒有走火入魔。對他而言，苦難不需要尋找。但我們若在受苦時發現自我，受苦就有意義。苦難讓我們脫掉虛榮的外衣，讓我們在遇到痛苦與難關時，有機會反思以及決定該做何反應。對站在講台上的這位教授而言，**苦難不僅是找出生活意義的一種方式，意義也是助我們度過苦難的方式之一。為了度過逆境，苦難必須有意義**，對這位醫師暨教授而言，意義是由「個人決定，而且只有那個當事人能決定。」他這麼告訴聽眾。

這並不是這位醫生第一次參加這樣的講座。他以前也參加過，當時他沒有穿西裝打領帶，沒有站在講台上，而是對著一群被囚禁的觀眾，那個地方截然不同於現在的演講廳。當時的他和其他兩百八十人一起，分坐成五排。大家沒有穿上和現在觀眾一樣的上班族套裝，而是衣衫襤褸，體型也較瘦小。講座開始之前，一小群人閒聊，話題倒是今昔一致：晚餐會喝什麼湯。當時的他，默默地對著自己發表演說。為了轉移自己所受的折磨，為思緒提供一個短暫的避風港，維克多·弗蘭克（Viktor Frankl）想像自己站在他現在所站的這個演講廳，開始了他的演講，主題是「集中營的心理學」。

我們鮮少人會面臨或被迫忍受集中營那樣可怕的荼毒，但從那些經歷了難以想像苦難的人身上，多少可學到克服較小苦難的方式。當生活遇到難關時，我們很容易失去生活的意義。當工作似乎不堪負荷時，當筋疲力盡時，我們會習慣性地聳聳肩，反問自己：「這一切有什麼意義？」弗蘭克以及最先進科技領域的研究員一致表示，**找出活著的意義與目的是讓我們不會崩潰的黏著劑，有助於順利克服令人痛苦不堪的磨難**。

威利是澳洲牧牛犬與牧羊犬的混種犬，今年六歲，我妻子在輪胎下發現牠時，牠只有幾個月大。牠極有個性，也非常聰明調皮。閒暇之餘，牠老愛做兩樣南轅北轍的事：看電視與跑步。牠看電視的習慣有趣但也令人討厭，只要螢幕出現動作或聲音，牠就會把又大又黑的鼻子貼上去。所以只要電視播放馬的畫面，螢幕就毀了。至於跑步，對狗而言，確實是比較正常的活動。

威利在外跑步時，若是寒冷的冬季，能跑五英里，一路上我們都得拽著它的狗鏈，以免牠爆衝。但是一到夏天，高溫潮濕的天氣讓牠耐心盡失。牠又急又興奮地跑完兩英里，但炎熱的天氣讓牠的速度從平常七分鐘一英里減速到到九分鐘一英里。威利夏天每天都會外出跑兩英里，路線也瞭若指掌；牠知道該轉彎的地方，甚至在我們示意之前就已經轉了彎。牠可以完美地掌握節奏，但牠的節奏技巧類似於第3章提到的兒童水平。一開始很努力，進行到一半時速度愈來愈慢，轉過拐角快到家門口時，才猛地衝向終點。但還有一樣東西——松鼠，會讓威利放棄小跑（因為疲勞之故），切換至全力衝刺。

牠的粉紅色舌頭可能完全掛在嘴外，表示牠幾乎受夠悶熱的天氣。牠放慢速度，邊走邊喘息。儘管疲憊，一旦瞥見那隻折磨他的灰色小動物，一切立刻改變。牠猛地回神，讓六十磅重的身軀進入戰鬥狀態，向牠的死敵衝去。威利找到了動力，或者我敢說是意義，把牠從絕望的深淵中拉出來。

表現方程式

在第3章，我討論了兒童和成人耐力賽跑者通常靠什麼來決定加速或減速。他們使用一種啟發式方法（heuristic），比較比賽中實際付出的努力和預期的努力。如果感覺比預期好，他們就會加速。比預期差，表示該減速。但我故意漏掉了一個條件：趨力。

表現＝實際努力／預期努力×趨力

無論我們稱它為「趨力」、「動機」還是「目的」，這最後一個組成要件會決定我們的頻寬，亦即我們在疲勞折磨下可再堅持多久？不同於大家固有的想法，其實我們筋疲力盡時，並沒有完全耗盡體力。即使是比賽後不支倒地的運動員，他們的「油箱」都還剩些油，肌肉也仍能工作。不妨思考一下，如果我們的大腦允許我們歸零、用光所有體力，這是聰明還是危險的做法？身體其實會保護你，它有安全機制，會發出警報，說服你放慢速度甚至停下腳步，緩解疼痛、消除疲勞。只不過根據最新的運動科學理論，我們可多逼近「零狀態」，這是可變的。

汽車油箱表的指針到底之前，車子還能再開幾公里？我們人也一樣，體力耗盡前，還能續撐多久？對於一些勇於冒險的專家而言，這個指針並不完全正確。當油箱指針顯示車子已無油可跑時，其實可能還能再開十、二十、甚至三十公里。根據汽車製造商的編碼程式，儀表板雖顯示油箱已空，但是等到油箱確實空了，兩者之間還有些距離，這就是安全機制，以免有人忍不住向命運下戰帖，繼續開到不剩一滴油，最後被迫停在路邊動彈不得。我們的身體也有類似的設計，透過要更費力氣以及疲憊等感知提醒我們，我們體力已經觸底到零，雖然尚未真正到零的地步。畢竟身體總是會剩下一些儲備，這時驅力會決定體力無以為繼、不支倒地之前，我們還可以繼續撐多久。也就是直到我們主動喊停，還是撐到身體開始災難性衰竭之前。

大腦會根據任務的重要性進行複雜的汽油里程演算法，畢竟我們的體力儲備永遠不會真正歸零（若是，表示身體已出現災難性衰竭），我們用重要性以及風險／報酬率權衡我們與零的距離。我們命懸一線嗎？我們孩子有生命之危嗎？若是，我們可能會發揮「超人」之舉，例如力大到能把車子抬起來，救出壓在車下的孩童。再者，這場比賽是賽季常規賽？還是總決賽壓軸的第七場？若是後者，我們可能會多一些「電力」。根據疲勞學的最新研究，大腦基本上會努力保護我們不傷害自己，它用感知到的風險與潛在的報酬率充當發電機調速器的角色。

不忘初衷

強烈的目的猶如渦輪加速器。無論目的是因為上帝、家庭、隊友，還是因為肩負深遠意義的使命感，若我們的努力與目的相符，我們會堅持得更久。研究顯示❷，在課堂、職場乃至田徑場上，目的和毅力相關。若我們有目的，不僅能夠忍受和堅持，目的還能充當燈塔，提醒我們什麼重要、什麼不重要，並在正確的時刻做出正確的決定。

目的是讓人堅強的動能。

從恐懼到絕望再到冷漠

重獲自由十一個月後，弗蘭克受邀演講，他站在維也納郊區演講廳講台上，發表他在被囚期間想像與醞釀的演講。在一九四六年左右，他出版了一本改變心理療法的書籍——《醫生與靈魂》（*The Doctor and the Soul*）以及被美國國會圖書館譽為「美國最有影響力的十大書籍之一」——《活出意義來》（*Man's search for meaning*）。後者他僅花九天就完成。兩本書都概述活著有多悲慘，但背後都藏著希望的暗流。從集中營成功倖存下來，以及完成半個多世紀後仍然具有實質影響力的作品，這些都是相當了不起的成就。但是正如弗蘭克所言，他為這些作品已醞釀多年。

弗蘭克在一九四二年被關進泰雷津（Theresienstadt）的納粹集中營，當時他把一本書的手稿縫在夾克的口袋裡，和其他所有私人物品一樣，這件夾克被沒收，連帶手稿也被沒收。在此之前，弗蘭克已完成意義治療理論，而今很不幸地要親自驗證理論是否成立。接下來的幾年裡，弗蘭克經歷納粹大屠殺難以想像的悲慘生活，陸續失去了母親、父親和妻子。尋找生活的意義支撐他，讓他得以前進。

弗蘭克受過心理治療師培訓，並將其應用於觀察集中營與營內的囚犯。他目睹每個人（包括他自己）都經歷了一系列的階段。第一階段是震驚，所有定義他過去自我的東西悉數被剝奪，必須盡快找到出口。「在這種情況下，每個人忍不住冒出自殺的念頭（儘管只是一下子），考慮乾脆去衝撞通了高壓電的鐵絲網柵欄，這是集中營裡常見的自殺方式❸。」

面對愈來愈多的悲劇和不確定性，囚犯過渡到冷漠的狀態，此時生活的絕境幾乎是常態，曾經對死亡和絕望做出標準情緒反應的人，此時什麼都感覺不到。正如弗蘭克所言：「最初的幾天裡，經歷大量醜惡的人和事（各種令人憎恨的人和事）後，會引起恐懼、憤怒和嫌惡等感覺，這些感覺最終會消褪，整個內心活動被降低到最低程度。」看到難民營裡有人死亡，常見的反應只剩陰沉的「嗯。」不是因為人死了不重要，而是因為內心世界陷入休眠狀態。感覺和情緒消失，改以無反應作為保護狀態。內心想法圍繞著似乎唯一重要的東西：食物。針對其他納粹大屠殺倖存者所做的研究❹，研究員證實弗蘭克的經驗，兩位倖存者（盧和艾斯特）表示，他們「變得麻木，每天活一天算一天……你的大腦停止工作。一開始，你想死。然後你又想活下來。」

弗蘭克認為，活與不活取決於內心世界。他在《對生命說Yes》（*Yes to Life*）一書中指出：

「儘管獄警對囚犯很殘酷，會毆打、折磨以及不斷以死威脅他們，但囚犯內心仍有一角是自由的：他們的心靈。」心靈能否得到自由，關鍵在於看到生命的意義，生命的意義不僅是我們習於思考的對象，也存在於時時刻刻。如果我們能在生活微不足道之處找到意義，發現有些東西比我們自己還偉大，我們就有活下去的意願與意志，若情況與所想相左，我們也能從死亡中發現意義與平靜。

自由是找到意義的關鍵，亦即能夠自由地選擇看待和體驗痛苦的立場。對弗蘭克而言，死亡和生命一樣，也具有意義。心靈上的自由不僅與生存有關，也涵蓋能否選擇。即使被死亡壟罩，你依然有能力逃離目前的處境，前往另一個地方，哪怕那個他方只存在於腦海與想像裡。即使是死亡[5]，「我們也必須死在自己手裡，而不是被納粹強逼著去死！」弗蘭克寫道，那些沒有活下來的人並非弱者，而是強者中的強者。

在你的處境與苦難中尋找意義、或者把尋找意義作為人生的目的，指導和引領你，這是因應納粹大屠殺這類極端暴行的關鍵。對弗蘭克而言，生命的意義很簡單：回到所愛的人身邊，完成他一生的工作。正如他在自傳中所言[6]：「我深信，我能活下來，必須歸功於我想重新完成那本被沒收手稿的決心。」寫作是他活著的意義，也是支持他求生的意志。所以在納粹集中營期間，他的思緒落腳在未來的講座。一九四五年，有人給了他一支鉛筆和幾張紙，這給了他動力，讓他走出絕望的深淵。

弗蘭克被送入集中營時，是執壺多年的醫師。重獲自由時，走過死亡和絕望的苦難，並親眼目睹自己和其他人如何因應這些苦難。他得到的結論是：「堅信生命無條件的意義（unconditional meaning），無論如何絕不動搖，這會讓生活變得可以承受。因為這是我們親身的體驗[7]——如果挨餓有目的或有意義，我們確實準備好忍受挨餓之苦。」

隨後許多研究證實弗蘭克的經驗。卡塔芝娜・普羅特-克林格（Katarzyna Prot-Klinger）以八十九名納粹大屠殺倖存者為研究對象[8]，結果發現，這些人一再強調支持和歸屬感的重要性，也需要有人可以倚靠以及在內心保留一小塊正常心態，但最重要的也許是運氣。針對十三名倖存者的研究中，羅伯塔・格林（Roberta Greene）發現類似的結果，**活下來靠的是做出選擇、練習控制內心、有意識地決定活下去、肯定生命以及積極思考**[9]。當被問及他們靠什麼活下來，大家的回答聚焦在家人以及賦予所處環境和戰爭意義。在另一個關於大屠殺倖存者的研究中，社會學家艾倫・安東諾夫斯基（Aaron Antonovsky）發現，重要的是擁有連貫感（sense of coherence），亦即大家對世界的理解方式。連貫感由三個部分組成：可理解、可管理和有意義[10]。

創傷後成長更多

意義的影響力不限於大屠殺的倖存者，也擴及到其他創傷的受害者。雖然我們大多數人都熟悉創傷後壓力症候群（PTSD）的現象，但與PTSD互為表親的「創傷後成長」（PTG）卻鮮為人知[11]。遭逢天災、目睹親友過世、乃至被擄為戰俘等重大創傷的人，研究後意外發現，其中不少人走過傷痛，從創傷中成長。

你可能會認為，一定是遭受較輕創傷的人才能從創傷中成長，不過事實並非如此。一些針對越戰前戰俘的研究發現，戰俘被囚禁的時間愈長，經歷的身體傷害愈多，創傷成長率愈高。受到重大創傷時，一個人的世界觀以及推理假設被粉碎一空。然而假設被粉碎一空後，讓這些人得以撐過苦難折磨，個人韌性達到更高層次，也更肯定生命的可貴以及生命的意義。當他們的世界受到挑戰，他們開始尋找意義。搜尋過程中，他們須重建內心的劇本，認清自己有哪些能耐可助他們度過災難，以及重新定義人生哪些事才重要。根據西奈山醫學院的精神病專家亞德里亞娜・費德[12]（Adriana Feder）以及同事的說法，「**嚴重創傷讓人重新搜尋意義，並徹底重構一個人的生活目標。**」

經歷創傷後成長的人不會迴避不適與逆境。他們經歷了與其他人一樣的情緒漩渦與反芻思維，但他們能夠梳理和探索不適。他們會改變自己內心的聲音，應用心理學家所謂的刻意與建設性反芻[13]（constructive rumination），而非侵入性反芻（intrusive rumination），以免自己陷入負面情緒的漩渦。刻意反芻類似於稍早提及的平靜對話，只不過與自己內心對話時，焦點放在解決問題，用更自主、不帶自我批判的方式反省和處理問題。把內在對話從侵入式轉換成刻意式，我們需要能自主的掌控感，以及理解和調控情緒的能力。喬治梅森大學心理學教授托德・卡什丹（Todd Kashdan）研究一百七十多名遭受喪親、因意外事故而殘疾、家庭暴力等痛苦折磨的大學生後發現[14]，不迴避反而勇於探索苦難作為克服焦慮和創傷的人，出現最高境界的人生成長。

當我們探索而非迴避，就能夠將經驗融入我們的人生故事。就能從磨難與受苦中找到意義。意義猶如黏著劑，能凝聚我們的內心，讓我們有能力因應與療癒。意義阻止我們從困境直線下墜到完全絕望，阻止我們從恐懼焦慮直墜到全面瘋狂。正如弗蘭克多年前提到納粹集中營囚犯受苦受難時所言：「他保有一種自由，能自由地決定用何種方式適應他的命運以及他所處的環境，總是能想出辦法的，『這個行不通，還有另一個。』」意義提供我們選擇的自由。

當我們探索而非迴避，就能夠將經驗融入我們的人生故事。就能從磨難與受苦中找到意義。意義猶如黏著劑，能凝聚我們的內心，讓我們有能力因應與療癒。

我的強迫症經驗

「腳踩裂縫，母親背會斷」*。當我還是個孩子時，就對這說法深信不疑。不同於大多數孩子的不信邪反應，我對這說法心存一絲恐懼，擔心會像字面的意思一樣應驗。我還擔心著，如果我不把圓形門把前後都摸一遍，家裡會有人遭遇不測。此外我堅信，如果我偷懶沒完成睡前儀式——固定從某一側上床前，必須把鬧鈴的開關撥動七次，隔天早上就可能起不來。從我有記憶以來，我就患有這些強迫症（OCD），我沒有為這毛病取名字，但我那狀況外的家人稱我有「怪癖」。我不明白這些是什麼毛病，但每一次強迫症發作以及隨之而來的危險，卻有十足的真實感。

我自小至大與強迫症為伍，很奇怪，但也正常。小時候，你不明白自己在想什麼或消化什麼，甚至不知道這是對還是錯。侵入性思考是正常現象，冒出會受傷和會死的想法，慢慢成為生活的一部分。等到長大之後，我漸漸知道這並不理性，但對它的感覺如此真實。直到走出童年的天真無知，執行功能完全上線，以及認知開始作業，才會自問：我怎麼了？

十幾歲青少年問這個問題並不容易，簡直足讓人退避三舍，畢竟事實擺在眼前：其他人並沒有和我一樣的想法與恐懼，他們不會每次拿著刀或行駛在高速公路時就聯想到傷害與死亡。強迫症是我的包袱，我不得不在很大程度上靠自己克服。不要誤會我的意思：我的父母相當支持我，每當我真的認為如果上床睡覺就會死，他們都會幫我一把，但他們對強迫症一無所知。在一九九〇年代，一個南方的保守家庭，他們對心理健康毫無概念，認為看「心理醫師」代表軟弱，或者

＊編按：原文為「Step on a crack; break your mother’s back.」

一旦向心理醫師求診，會被貼上一輩子的標籤。他們用他們的方式保護我，認為我的童年不該被貼上任何長期性標籤，只要保持正常，久而久之一切都會好起來。他們教我迴避，不要有負面想法，遠離觸發情緒的活動。因此小時候，幾乎是靠我單打獨鬥克服內心世界的侵入性想法。

雖然強迫症有許多變種，但大眾媒體的呈現不盡然正確。我們從報導中看到強迫性行為、不停地反覆清潔、無法停止的儀式等等，進而認為強迫症是一種病。這就是最終的結果。其實強迫症是一種不斷冒出侵入性想法的現象，混雜著強烈的感覺和感知，強迫我們做某些行為。我們透過重複的儀式行為，藉此安撫或因應這些侵入性想法和感覺。例如，我習慣把每個門把的正面和背面都摸一遍，糾正這行為的重點不是告訴我或訓練我停止這樣做，而是要解開那些輕推我、或是強迫我去做某些行為的侵入性想法和感覺。

有一種強迫症，想法和行動緊密交織，兩者之間沒有任何空隙。在所謂的「想法—行動融合」（thought-action fusion）下，一個人覺得僅憑一個可怕的想法，某事就會發生，或是自己親自動手讓它發生（不管哪一種，都一樣糟糕）。正如第7章所指，侵入性思考會發生在我們每個人身上，只不過在強迫症人的身上，強度旋鈕被調高到最大功率。強迫症患者真心相信把車開到對向車流，或從公寓的陽台上跳下去等腦袋瞬間冒出的想法一定會發生。對我們大多數人而言，沒來由冒出的隨機想法會被刷掉，意味這些是不需要賦予任何意義的錯誤訊號。不過對於強迫症患者而言，這些想法並非空穴來風，因而造成恐懼與焦慮，必須想辦法因應。

問題不僅限於想法——行動的融合。最近的研究顯示[15]，強迫症患者的大腦很難改變「安全」與不安全之別。他們一旦認定某東西有威脅性，就像被刻在石頭上難以消失，但是對於其他人而言，危險不是被鑿刻在石頭上，而是用鉛筆寫成，隨時可以抹去。研究員在實驗過程中，讓受試對象產生綠臉等於電擊的聯想，結果發現，強迫症患者和對照組都認為綠臉是一種威脅。然而當研究員反覆顯示綠臉但不伴隨電擊後，對照組很快便明白，綠臉不代表危險。強迫症組則無法擺脫揮之不去的威脅。他們大腦中與處理安全訊號有關的區域—前額葉皮質並未啟動。

現在，讓我們重溫與堅強有關的內容。想法和感覺相互作用、相互催生，推著我們採取行動。我們大腦中偵測威脅的中心扮演重要角色，讓我們做出戰鬥、逃跑、止住不動，或任何我們認為最好的因應方式。注意到這些反應的共通點嗎？強迫症患者必須因應堅強模式牽涉到的每一個元素，只不過他們的系統被動了手腳，導致緊密相連的「思想-感覺-衝動模式」出了差池，以致於弄錯對象與方向。

漸漸長大，發現強迫症被視為一種缺陷，是必須掩飾或克服的病症。忽視它。不要討論。眼不見為淨。它代表我與眾不同或我有問題。但隨著年齡漸長，我開始理解強迫症並非如此。它真實存在，是我的一部分，我必須學會接受和駕馭它。

幸運的是，我患的是中度強迫症，但我絕無貶低重度強迫症患者之意。我很幸運找到了應對方式，不是透過戰鬥或壓抑，而是逐漸在想法和行動之間創造空間，大到足以讓我塞進另一個不同的因應方式，而不是只有強迫的方式。**我學會如何分開想法與感覺／衝動。重新調整思緒，認清想法只是想法，有些想法毫無意義。我至今仍受強迫症、侵入性想法和衝動行為困擾，但它永**

遠是我的一部分。它教會我一課：被社會視為弱者的人往往內心最強大。

你所認為的堅強已過時

雖然本書大部分內容聚焦在培養個人和團隊的堅強心性上，但更重要的問題是該如何概念化堅強心性，讓它成為社會的普遍現象。我們吹捧厚顏無恥的人，為叫得最響的人提供平台，拉抬自以為是和過度自信的人，儘管他們的表現和成績並不值得喝采。我們支持政治家出書，利用寫書倡議令人欽佩的價值觀，包括韌性、堅毅、癒合分裂的社會、追求真理以及自給自足等等，但是一旦要求他們行不離思時，這些政治菁英卻背棄自己推崇的價值觀。只要有益於利或名，他們才會反覆地在這些價值上來回兜圈子。我們吹捧靠光鮮廣告宣揚包容性和多元價值的企業，但這些公司內部卻充斥剝削、敵意和騷擾等歪風。

我們捨實質而就虛有其表。我們選擇ＩＧ濾鏡版的堅強，偏愛舞台版、扭曲的堅強，選擇活在幻想中，而非擁抱現實——也就是承認陷入掙扎、擔心失敗、會犯疑慮與不安。真堅強是接受自己以及勇於面對，並在努力與掙扎的過程中找到意義。

是時候拋棄老派的堅強觀。透過恐懼和控制領導團隊，這種虛有其表的方式可能會給我們短暫的權勢和權威感。但這只是暫時的，很快就會消失。正如我一再強調，碰到關鍵時刻，它就會失靈。我們原封不動模仿二十世紀初足球教練和軍訓教官的領導模式太久了，知道它會導致什麼結果。外表看起來強硬，但就近細瞧，卻發現不堪一擊。現在該是遠離錯誤模式，擁抱另一種堅強。社會迫切需要我們看重內在而非外表。

重述真堅強的定義

真堅強是擁抱所在環境、身體、思考的細微差異與複雜性。沒有一條通往內在力量的標準途徑，**沒有一個一體適用的公式協助你做出困難決定或應對極端不適。真堅強是接受：接受自我、接受經歷的種種以及過程中的不適。生活免不了壓力與緊張，但這有助於創造所需的空間，找到前進的最佳途徑。**

是時候擁抱更優秀也更真實的堅強模式了。真堅強承認我們共通的人性，粉碎舊式假堅強宣揚的神話。我希望本書能朝改弦易轍邁出一小步。能讓孩子知道，**裝堅強並不等於真堅強。脆弱和誠實不代表軟弱，反而是堅強的標誌。現在該是重新定義堅強的時候，這比以往任何時候來得重要。拋棄表面和外在的東西，是時候關注內在的力量。**

我們都有能力發展這種內在力，即便那些可能被貼上弱者或敗將標籤的人也不例外。擁抱現實，安心接納自我，坦然接受感覺和情緒提供的訊息，滿足我們的基本心理需求，並找到生命的目的與意義，支撐我們度過挑戰與難關。正如傳記作家約書亞・沃爾夫・申克（Joshua Wolf Shenk）在《林肯的憂鬱》（*Lincoln's Melancholy*）所言[16]，他必須弄清楚如何幫助他所愛的國家度過最艱困的時刻，「林肯，無論是基於習慣還是選擇，都堅持走自己的路，不會假裝成為自己以外的任何人。」做自己，這才是真堅強。

謝辭

首先，我想感謝協助這本書成功出版的人士。感謝許多教練客戶、運動員、科學家和表演人士提供的故事、研究和指導。若非你們開放與坦誠的胸襟，以及在許多情況下甘願做我的白老鼠，這本書根本無法付梓。我特別要感謝許多教練客戶，他們提供了精闢深刻的見解，並在運動場以及職場示範真堅強的本質。有太多人需要感謝，族繁不及備載。各位的貢獻深受重視與肯定。特別感謝那些允許我在書中分享他們經歷的人：Matt Parmley、Drevan Anderson-Kaapa、Nate Pineda、Meredith Sorensen、Britani Gonzales、Brian Zuleger、Mark Freeman、Jim Denison、Joseph Mills、Phoebe Wright、Andy Stover 以及 Brian Barraza。

接下來，我想感謝那些為我寫作鋪下坦途的人。感謝我的合作夥伴布萊德·史托伯格。你我之間的友誼對我意義重大。我個性內向，每天平均要忍受你打來的五通電話，如果這不是愛，我不知道什麼才是。克里斯·道格拉斯（Chris Douglas）為網站「成長方程式號」（The Growth Equation）掌舵，讓我能夠專心寫作。感謝喬納森·馬庫斯和丹尼·麥基在教練界一路陪伴十多年。在此感謝教授堅強心性的教練和同事：Gerald Stewart、Mike Del Donno、Bob Duckworth、Tom Tellez、Theresa Fuqua、Leroy Burrell、Will Blackburn、Kyle Tellez。感謝友人和隊友：Chris

Rainwater、Paulo Sosa、Frankie Flores、Marcel Hewamudalige、Calum Neff 等人。這本書是二十多年來的心血結晶。始於我和他人一起跑步的經歷與聊天內容。我希望你們能看到自己的印記、哲學觀、想法在本書中俯拾皆是。感謝那些在隨機電子郵件群組中寫文替我打氣，提供幽默笑點與睿智建言的人：Dave Epstein、Alex Hutchinson、Mike Joyner、Jonathan Wai、Amby Burfoot 和 Christie Aschwanden。感謝閱讀初稿的人，謝謝提供寶貴的反饋意見，讓這本書變得更好：Chris Schrader、Howard Namkin、Peter Dobos 和 Ben Wach。我希望你們能看到你們的勞動成果。我聽進去了，也許很固執己見，但我聽進去了！

出版一本書是艱鉅的工程。短短幾年前，我對這一項工程毫無頭緒。感謝許多人把我這個天真的教練變成作家。泰德・溫斯坦願意為像我這類不知名人物甘冒風險。勞瑞・阿布克梅爾，她身兼代理人、倡導者、編輯與徵詢對象等諸多角色。沒有你們的協助，我相信這本書永遠不會問世。感謝 HarperOne 整個團隊，感謝他們相信一個想法的種子、栽培它、塑造它，把它變成能對世界產生影響的東西。感謝出版公司朱迪思科爾（Judith Curr）冒風險將本書變成現實。感謝我的編輯 Anna Paustenbach，謝謝你相信本書的願景。你是鬥士、支持者、也是優秀的編輯，讓本書有了清晰的焦點。感謝 Amy Sather、Tanya Fox 等人負責協調、行銷，並將粗略成型的初稿變成現在這本清晰、希望能提供洞見的成品。

對於一本關於堅強的書，我必須也要感謝吹哨者，他們展現過人的勇氣，遠超過我的想像。我們認為跑步和比賽殘酷，明明坐著默不出聲更容易，更誘人，你們卻勇於站起來，做出正確的事。很少人站起來，而你們做到了。感謝你們這樣做。Kara and Adam Goucher、Danny Mackey、Mary Cain 以及其他許多人，感謝你們選擇一條難路並做出正確的事。

最重要的是感謝我的妻子希拉蕊。只要我遇到瓶頸、受困或受挫時，你都在身邊默默支持。你是我依靠的人，是我仰望的人，堅定不移地支持我、對我充滿信心，即使在我缺乏信心的時候。因為你，我成了一個更好的作家、思想家，最重要的是，不枉為人。我愛你。

參考資料

第 1 章

1 *Looking back years later, Knight described*: B. Knight and B. Hammel, *Knight: My Story* (New York: Macmillan, 2002), 251.

2 *his coaching career at West Point*: L. Freedman, "Knight Focuses on Life Lessons," Cody Enterprise, May 1, 2017, https://www.codyenterprise.com/news/local/article 3aed785a-2eac-11e7-93cd-274ea4321321.html.

3 *"Now I' ll fucking run your ass"*: E. Boehlert, "Why Bob Knight Should Bag It," Salon, April 3, 2000, https://www.salon.com/2000/04/03/knight_3.

4 *Baumrind defined responsiveness as*: D. Baumrind, "The Influence of Parenting Styleon Adolescent Competence and Substance Use," *Journal of Early Adolescence* 11,no. 1 (1991): 56 95.

5 *In one study of over one thousand parents*: "The Fallacy of Tough Love: Queendom.com' s Study Reveals That Authoritarian Parenting Can Do More Harm Than Good," PRWeb,August 6, 2013, https://www.prweb.com/releases/2013/8/prweb10996955.htm.

6 *"The stern approach is necessary"*: M. Hyman, *Until It Hurts: America's Obsession with Youth Sports and How It Harms Our Kids* (Boston: Beacon Press, 2009), 58.

7 *consistently shows quietly handle pain better*: L. J. Martin, E. L. Acland, C. Cho,W. Gandhi, et al., "Male-Specific Conditioned Pain Hypersensitivity in Mice and Humans," *Current Biology* 29, no. 2 (2019): 192–201.

8 *Instead of pulling the player from practice*: S. Almasy, "Maryland Football Player Who Died from Heat Stroke Needed Cold Immersion Therapy, Report Says," CNN,September 23, 2018.https://www.cnn.com/2018/09/22/us/maryland-jordan-mcnair-death-report/index.html.

9 *By the final sprint, video footage shows McNair*: The Diamondback, "Surveillance Footage of Maryland Football Player Jordan McNair' s Final Workout," YouTube, December 20, 2018, https://www.youtube.com/watch?v=6EO_phwlAD0.

10 *A disease once primarily*: C. Aalborg, C. Rod-Larsen, I. Leiro, and W. Aasebo, "An Increase in the Number of Admitted Patients with Exercise InducedRhabdomyolysis," *Tidsskriftet Den Norske Legeforening* (2016).

11 *"Taking a cue from a head coach with a desire"*: B. D. Ridpath, "Oregon' s Treatment of Athletes Is Unacceptable but Sadly It Is More Common Than People Realize," *Forbes*, January 20, 2017.

12 *Authoritarian parenting leads to*: N. Darling and L. Steinberg, "Parenting Style as Context: An Integrative Model," *Psychological Bulletin* 113, no. 3 (1993): 487–96; L. R. Williams, K. A. Degnan, K. E. Perez-Edgar, H. A. Henderson, et al., "Impact of Behavioral Inhibition and Parenting Style on Internalizing and Externalizing Problems from Early Childhood through Adolescence," *Journal of Abnormal Child Psychology* (June 2009): 1063–75; and C. Jackson, L. Henriksen, and V. A. Foshee, "The Authoritative Parenting Index: Predicting Health Risk Behaviors among Children and Adolescents," *Health Education & Behavior* 25, no. 3 (1998): 319–37.

13 *On the athletic fields, it's linked to*: L. Scharneck, "The Mediating Effect of Self-Determined Motivation in Student-Athlete Perceptions of Coaching Behaviors and Its Effect on Grit and Mental Toughness," (diss., Illinois State University, 2017); and Y. Tabei, D. Fletcher, and K. Goodger, "The Relationship between Organizational Stressors and Athlete Burnout in Soccer Players," *Journal of Clinical Sport Psychology* 6, no. 2 (2012): 146–65.

14 *In one study of over 1,200 parents, authoritarian parenting*: "The Fallacy of Tough Love," PRWeb.

15 *those who grew up in an authoritarian environment*: O. Mayseless, M. Scharf, and M. Sholt, "From Authoritative Parenting Practices to an Authoritarian Context: Exploring the Person-Environment Fit," *Journal of Research on Adolescence* 13, no. 4 (2003): 427–56.

16 *"I need to work harder because"*: G. Kerr and A. Stirling, "Issues of Maltreatment in High Performance Athlete Development: Mental Toughness as a Threat to Athlete Welfare," in *The Handbook of Talent Identification and Development in Sport*. Routledge/Taylor and Francis. 409–20.

17 *According to one star player*: J. Corbett, "Pete Carroll Leads Seahawks with Enthusiasm, Toughness," USA Today, January 18, 2014, https://www.usatoday.com/story/sports/nf l/seahawks/2014/01/18/pete-carroll-seattle-seahawks-usc-49ers-super-bowl-lombardi/4637293.

18 *"Teaching guys how to feel confident"*: B. Schulze, "Pete Carroll: Mental Toughness Key to Seattle Seahawks Success," Bleacher Report, October 25, 2012, https://bleacherreport.com/articles/1384093-pete-carroll-mental-toughness-key-to-seattle-seahawks-success.

19 *"Despite the success of Wooden, Shula, Dungy, Stevens, and others"*: K. Reed, "It' s Time to Bench Tyrannical Coaches," HuffPost, January 23, 2014, https://www.huffpost.com/entry/sports-coaches_b_4195220.

20 *researchers out of Eastern Washington*: M. Rieke, J. Hammermeister, and M. Chase, "Servant Leadership in Sport: A New Paradigm for Effective Coach Behavior," *International Journal of Sports Science & Coaching* 3, no. 2 (2008): 227–39.

21 *The American Thoracic Society cites "strong emotions"*: "What Are Vocal Cord Dysfunction (VCD) and Inspiratory Laryngeal Obstruction (ILO)?," American Thoracic Society, (n.d.), https://www.thoracic.org/patients/patient-resources/resources/vocal-cord-dysfunction.pdf.

22 *a shift in the nervous system activity*: J. G. Ayres and P. L. A. Gabbott, "Vocal Cord Dysfunction and Laryngeal Hyperresponsiveness: A Function of Altered Autonomic Balance?," *Thorax* 57, no. 4 (2002): 284–85.

第 2 章

1 *As one student remarked of the time*: R. Coffey II, "The Bear Bryant Days at Aggieland, 1954–1957," The Association of Former Students, September 29, 2015, https://www.aggienetwork.com/news/140555/the-bear-bryant-days-at-aggieland-1954--1957.

2 *As senior quarterback Elwood Kettler recalled*: T. Badger, " 'Junction Boys' Remembers Bear Bryant," *Plainview Herald*, December 11, 2002, https://www.myplainview.com/news/article/Junction-Boys-Remembers-Bear-Bryant-8937650.php.

3 *He was determined to harden his team*: J. Dent, "Ten Days in Hell with the Bear," ESPN, November 19, 2003, https://www.espn.com/classic/s/dent_junction_08/02/01.html.

4 *"The facilities were so sorry"*: T. Deas, "Gameday: Junction Revisited," Tuscaloosa News, September 13, 2013, https://www.tuscaloosanews.com/story/news/2013/09/14/gameday-junction-revisited/29910807007/.

5 *"It wasn't a football field, it wasn't any kind of field"*: R. Clark, "Survivors of A&M Coach 'Bear' Bryant' s Grueling Training Camp Reunite in Junction on 60th Anniversary," *The Eagle*, August 15, 2014, https://www.theeagle.com/news/local /survivors-of-a-m-coach-bear-bryant-s-grueling-training/article_87a14b0e-eda4-5ade-8446-c7f23ff876f3.html.

6 *Practice was brutal, as Mickey Herskowitz reported*: P. Bryant and J. Underwood, *Bear: The Hard Life and Good Times of Alabama's Coach Bryant* (Triumph Books, 2007).

7 *"Sixth Player Quits Team at Texas A&M"*: "Sixth Player Quits Team at Texas A&M," *Washington Post and Times-Herald*, September 9, 1954, 29.

8 *"We don't care. First bus out"*: Dent, "Ten Days in Hell."

9 *Jim Dent's classic book*: Dent, "Ten Days in Hell."

10 *As Bob Easley, a fullback on the 1954 team, put it*: D. Barron, "Junction Boys Story Resonates after 60 Years," *Houston Chronicle*, August 16, 2014, https://www.houstonchronicle.com/sports/college-football/article/Junction-Boys-story-resonates-after-60-years-5693420.php.

11 *Only eight players who survived the camp*: M. Simonich, " 'Junction Boys' Controversy:Key Figure in Bear

Bryant Sports Biography Surfaces; Disputes Episode Alleging Coach Brutality," *Pittsburgh Post-Gazette*, December 4, 2002, http://old.post-gazette.com/ae/20021203junctionwebae2.asp.

12 *He stayed at home*: "1956 College Football All-America Team," Wikipedia, (n.d.), retrieved August 11, 2019, https://en.wikipedia.org/wiki/1956_College_Football_All-America_Team.

13 *Years later, Ed Dudley*: D. Andrews, "Dudley Recalls Days with Junction Boys," *Plainview Herald*, December 16, 2002, https://www.myplainview.com/news/article/Dudley-recalls-days-with-Junction-Boys-8861341.php.

14 *"That first year was brutal"*: Bryant and Underwood, *Bear*.

15 *The quitters included All-Southwest Conference players*: "Broussard Quits Ags; Seventh to Leave," *Houston Chronicle*, September 8, 1954, B10, https://blog.chron.com/bayoucityhistory/files/2014/08/joined_document1.pdf.

16 *Foster "Tooter" Teague*: R. K. Wilcox, *Scream of Eagles: The Dramatic Account of the US Navy's Top Gun Fighter Pilots and How They Took Back the Skies over Vietnam*(New York: Simon and Schuster, 2005).

17 *Foster "Tooter" Teague*: R. K. Wilcox, *Scream of Eagles: The Dramatic Account of the US Navy's Top Gun Fighter Pilots and How They Took Back the Skies over Vietnam* (New York: Simon and Schuster, 2005).

18 *"Our instinct was survival"*: J. Dent, *The Junction Boys: How 10 Days in Hell with Bear Bryant Forged a Champion Team at Texas A&M* (New York: Macmillan, 1999).

19 *"it was the only way I knew how to do it"*: Badger, " 'Junction Boys' Remembers Bear Bryant."

20 *Sixty-five percent of experienced soldiers*: C. A. Morgan III, G. Hazlett, S. Wang, E. G. Richardson Jr., et al., "Symptoms of Dissociation in Humans Experiencing Acute, Uncontrollable Stress: A Prospective Investigation," *American Journal of Psychiatry* 158, no. 8 (2001), 1239–47.

21 *having to endure a blaring speaker*: B. Webb, "What It' s Like at the Training Camp Where Elite Soldiers Learn to Survive if They Are Captured and Tortured," Business Insider, December 19, 2015, https://www.businessinsider.com/sere-school-2015-12.

22 *The US Air Force's SERE*: Department of the Air Force, *Air Force Handbook: Survival Evasion Resistance Escape (SERE) Operations*, 2017, https://static.e-publishing.af.mil/production/1/af_a3/publication/afh10-644/afh10-644.pdf.

23 *the US Army is the largest employer of sports psychologists*: K. Weir, "A Growing Demand for Sport Psychologists," *Monitor on Psychology*, November 2018, https://www.apa.org/monitor/2018/11/cover-sports-psychologists.

24 *In 2014, the RAND Corporation*: S. Robson and T. Manacapilli, *Enhancing Performance under Stress: Stress Inoculation Training for Battlefield Airmen*, RAND Corporation, Project Air Force, 2014, https://apps.dtic.mil/dtic/tr/fulltext/u2/a605157.pdf.

25 *Navy SEALs recognized this distinction*: A. H. Taylor, S. Schatz, T. L. Marino-Carper, M. L. Carrizales, et al., "A Review of Military Predeployment Stress Tolerance Training," *Proceedings of the Human Factors and Ergonomics Society Annual Meeting* 55, no. 1 (2011): 2153–57.

26 *Comprehensive Soldier Fitness*: "Comprehensive Soldier Fitness," US Army Reserve, https://www.usar.army.mil/CSF/.

27 *the US Army enacted the Human Dimension Strategy*: US Army, *The Army Human Dimension Strategy*, 2015, https://caccapl.blob.core.usgovcloudapi.net/web/character-development-project/repository/human-dimension-strategy-2015.pdf.

28 *According to the latest scientific theories, the brain functions*: A. Peters, B. S. McEwen, and K. Friston, "Uncertainty and Stress: Why It Causes Diseases and How It Is Mastered by the Brain," *Progress in Neurobiology* 156 (2017): 164–88.

第 3 章

1 *Neuroscientist Jane Joseph*: J. B. MacKinnon, "The Strange Brain of the World's Greatest Solo Climber," *Nautilus*, June 28, 2018, http://nautil.us/issue/61/coordinates/the-strange-brain-of-the-worlds-greatest-solo-climber-rp.

2 *We call this a stress response*: "Understanding the Stress Response," Harvard Health, July 6, 2020, https://www.health.harvard.edu/staying-healthy/understanding-the-stress-response.

3 "It' s too scary" : E. C. Vasarhelyi and J. Chin, Free Solo, National Geographic Documentary Films, 2018.

4 *Research consistently shows that tougher individuals*: A. Levy, A. Nicholls, and R. Polman, "Cognitive Appraisals in Sport: The Direct and Moderating Role of Mental Toughness," *International Journal of Applied Psychology* 2, no. 4 (2012): 71–76.

5 *the group of researchers summarized their findings*: A. P. Doran, G. B. Hoyt, M. D. Hiller Lauby, and C. A. Morgan III, "Survival, Evasion, Resistance, and Escape (SERE) Training," in *Military Psychology: Clinical and Operational Applications*, eds. C. H. Kennedy and E. A. Zillmer (Guilford Press, 2012), 306.

6 *In a series of studies in the Netherlands*: O. Stavrova, T. Pronk, and M. D. Kokkoris, "Choosing Goals That Express the True Self: A Novel Mechanism of the Effect of Self Control on Goal Attainment," *European Journal of Social Psychology* 49, no. 6 (2018): 1329–36.

7 *A group of French researchers*: Y. Daviaux, J.-B.Mignardot, C. Cornu, and T. Deschamps, "Effects of Total Sleep Deprivation on the Perception of Action Capabilities," *Experimental Brain Research* 232, no. 7 (2014): 2243–53.

8 *These findings led sports psychologist Thibault Deschamps*: J. K. Witt, S. A. Linkenauger, J. Z. Bakdash, J. S. Augustyn, et al., "The Long Road of Pain: Chronic Pain Increases Perceived Distance," *Experimental Brain Research* 192, no. 1 (2009): 145–48.

9 *hill-judgingexpertise*: M. Bhalla and D. R. Proffitt, "Visual-Motor Recalibration in Geographical Slant Perception," *Journal of Experimental Psychology: Human Perception and Performance* 25, no. 4 (1999): 1076–96.

10 *In 2018, a group of researchers out of University College London*: N. Garrett, A. M.Gonzalez-Garzon, L. Foulkes, L. Levita, et al., "Updating Beliefs under Perceived Threat," *Journal of Neuroscience*, 38, no. 36 (2018): 7901–11.

11 *But under stress, as lead researcher Tali Sharot summarized*: T. Sharot, "Why Stressed Minds Are More Decisive," BBC Future, June 15, 2018, http://www.bbc.com/future/story/20180613-why-stressed-minds-are-better-at-processing-things.

12 *biasing us to feel more pain*: P. Goffaux, W. J. Redmond, P. Rainville, and S. Marchand, "Descending Analgesia: When the Spine Echoes What the Brain Expects," *Pain* 130, nos. 1–2 (2007): 137–43.

第 4 章

1 *Training gives me a feeling"*: J. Lovesey, *"Straight Man in a Twisty Race," Sports Illustrated* Vault, June 1, 1964, https://vault.si.com/vault/1964/06/01/straight-man-in-a-twisty-race.

2 *And that's precisely what Hays and Bawden*: K. Hays, O. Thomas, I. Maynard, and M. Bawden, "The Role of Confidence in World-Class Sport Performance," *Journal of Sports Sciences* 27, no. 11 (2009): 1185–99.

3 *"I just couldn't concentrate"*: Hays et al., "The Role of Confidence."

4 *these correlational findings*: Will Storr, " 'It Was Quasi-Religious' :The Great Self-Esteem Con," *The Guardian*, June 3, 2017, https://www.theguardian.com/lifeandstyle/2017/jun/03/quasi-religious-great-self-esteem-con.

5 *titled Toward a State of Esteem*: California Task Force to Promote Self-Esteem And Personal and Social Responsibility, *Toward a State of Esteem: The Final Report of the California Task Force to Promote Self-Esteem and Personal and Social Responsibility*, California Department of Education, 1990, https://files.eric.ed.gov/fulltext/ED321170.pdf.

6 *"what the causes might be"*: Will Storr, " 'It Was Quasi-Religious' :The Great Self-Esteem Con," *The Guardian*, June 3, 2017, https://www.theguardian.com/lifeandstyle/2017/jun/03/quasi-religious-great-self-esteem-con.

7 *"Nope, it's just not true"*: J. Singal, "How the Self-Esteem Craze Took Over America:And Why the Hype Was Irresistible," *The Cut*, May 30, 2017, https://www.thecut.com/2017/05/self-esteem-grit-do-they-really-help.html.

8 *According to research, millennials*: J. M. Twenge and J. D. Foster, "Birth Cohort Increases in Narcissistic Personality Traits among American College Students, 1982–2009," *Social Psychological and Personality Science* 1, no. 1 (2010): 99–106.

9 *with a number of important factors*: U. K. Moksnes and G. A. Espnes, "Self-Esteem and Life Satisfaction in Adolescents: Gender and Age as Potential Moderators," *Quality of Life Research* 22, no. 10 (2013): 2921–28.

10 *"then your brain logically concludes"*: M. Freeman, *You Are Not a Rock: A Step-by-Step Guide to Better Mental Health (for Humans)* (New York: Penguin Books, 2018), 103.

11 *External regulation is defined*: M. S. Fortier, R. J. Vallerand, N. M. Briere, and P. J.Provencher, "Competitive and

Recreational Sport Structures and Gender: A Test of Their Relationship with Sport Motivation," *International Journal of Sport Psychology* 26 (1995): 24–39.

12 *Men seem to be more susceptible to the fake variety*: C. Koerner, "Apparently a Whole Lot of Dudes Think They Could Take On Serena Williams in Tennis," BuzzFeed News, July 13, 2019, https://www.buzzfeednews.com/article/claudiakoerner/men-score-serena-williams-tennis.

13 *more than former president Donald Trump*: H. Britzky, "Everything Trump Says He Knows 'More about Than Anybody,' " Axios, January 5, 2019, https://www.axios.com/everything-trump-says-he-knows-more-about-than-anybody-b278b592-cff0-47dc-a75f-5767f42bcf1e.html.

14 *those who tend to shout the loudest*: V. Bohns, "Why Do We Shout When We Argue? Lack of Confidence," *Wall Street Journal*, August 21, 2021, https://www.wsj.com/articles/why-do-we-shout-when-we-argue-lack-of-confidence-11629518461.

15 *call an action crisis*: V. Brandstatter and J. Schuler, "Action Crisis and Cost-Benefit Thinking: A Cognitive Analysis of a Goal-Disengagement Phase," *Journal of Experimental Social Psychology* 49, no. 3 (2013): 543–53.

16 *Ming Ming Chiu*: C. Anzalone, "Overconfidence among Teenage Students Can Stunt Crucial Reading Skills," University at Buffalo, 2009, http://www.buffalo.edu/news/releases/2009/07/10284.html.

17 *As Ilona Jerabek, president of the company*: "The Validity of the 'Fake-It-Till-You-Make-It' Philosophy," PRWeb, April 13, 2019, https://www.prweb.com/releases/the_validity_of_the_fake_it_till_you_make_it_philosophy/prweb16239903.htm.

18 *" is to build your fundamentals"*: J. MacMullan, "Rise above It or Drown: How Elite NBA Athletes Handle Pressure," ESPN, May 29. 2019, https://www.espn.com/nba/story/_/id/26802987/rise-drown-how-elite-nba-athletes-handle-pressure.

19 *Social psychologist Heidi Wayment*. S. B. Kaufman, "The Pressing Need for Everyone to Quiet Their Egos," *Scientific American* Blog Network, May 21, 2018, https://blogs.scientificamerican.com/beautiful-minds/the-pressing-need-for-everyone-to-quiet-their-egos.

20 *"thriving in adverse circumstances"*: J. Meggs, "Examining the Cognitive, Physiological and Behavioural Correlates of Mental Toughness," Teesside University, 2013, https://research.tees.ac.uk/en/studentTheses/examining-the-cognitivephysiological-and-behavioural-correlates-.

第 5 章

1 *Solomon's lab believed with fear conditioning*: S. F. Maier and M. E. Seligman, "Learned Helplessness at Fifty: Insights from Neuroscience," *Psychological Review* 123, no. 4 (2016): 349–67.

2 *Martin Seligman and Steven Maier*: Maier and Seligman, "Learned Helplessness at Fifty."

3 *They had lost the ability to try*: M. E. Seligman and S. F. Maier, "Failure to Escape Traumatic Shock," *Journal of Experimental Psychology* 74, no. 1 (1967): 1–9.

4 *In a letter from 1610, William Strachey writes*: "First-Hand Accounts," Virtual Jamestown, (n.d.), http://www.virtualjamestown.org/fhaccounts_desc.html#vaco.

5 *While another colonist reported*: K. O. Kupperman, "Apathy and Death in Early Jamestown," *The Journal of American History* 66, no. 1 (1979): 24–40.

6 *In 1620, colonist George Thorpe reported*: Kupperman, "Apathy and Death in Early Jamestown."

7 *More recently, individuals who were lost at sea*: H. Massey, J. Leach, M. Davis, and V. Vertongen, "Lost at Sea: The Medicine, Physiology and Psychology of Prolonged Immersion," *Diving and Hyperbaric Medicine* 47, no. 4 (2017): 239–47.

8 *rats conditioned for learned helplessness*: C. P. Richter, "On the Phenomenon of Sudden Death in Animals and Man," in *Psychopathology*, eds. C. F. Reed, I. E. Alexander, and S. S. Tomkins (Cambridge, MA: Harvard University Press, 2013), 234–42.

9 *According to a Senate report, the CIA*: "The Senate Committee' s Report on the CIA' s Use of Torture," *New York Times*, December 9, 2014.

10 *[Give-up-itis]is the clinical expression*: J. Leach, " 'Give-Up-Itis' Revisited: Neuropathology of Extremis," *Medical Hypotheses* 120 (2018): 14–21.

11 *After receiving his MD from Emory University in 1962, Peter Bourne*: P. G. Bourne, R. M. Rose, and J. W. Mason, "17-OHCS Levels in Combat: Special Forces 'A' Team under Threat of Attack," *Archives of General Psychiatry* 19, no. 2 (1968): 135–40.

12 *When we lack control*: A. M. Bollini, E. F. Walker, S. Hamann, and L. Kestler, "The Influence of Perceived Control and Locus of Control on the Cortisol and Subjective Responses to Stress," *Biological Psychology* 67, no. 3 (2004): 245–60.

13 *When researchers peered into the brains*: T. V. Salomons, R. Nusslock, A. Detloff, T. Johnstone, et al., "Neural Emotion Regulation Circuitry Underlying Anxiolytic Effects of Perceived Control over Pain," *Journal of Cognitive Neuroscience* 27, no. 2 (2015): 222–33.

14 *When we believe we have influence over an outcome*: J. P. Bhanji, E. S. Kim, and M. R. Delgado, "Perceived Control Alters the Effect of Acute Stress on Persistence," *Journal of Experimental Psychology General* 145, no. 3 (2016): 356–65.

15 *According to self-determination theory*: "Self-Determination Theory," *Wikipedia*, (n.d.), retrieved January 5, 2020, https://en.wikipedia.org/wiki/Self-determination_theory.

16 *Albert Bandura's seminal theory of self-efficacy*:M. P. Carey and A. D. Forsyth, "Teaching Tip Sheet: Self-Efficacy," American Psychological Association, (n.d.), https://www.apa.org/pi/aids/resources/education/self-efficacy.

17 *The striatum, an area linked to reward processing*: L A. Leotti, S. S. Iyengar, and K. N. Ochsner, "Born to Choose: The Origins and Value of the Need for Control," *Trends in Cognitive Sciences* 14, no. 10 (2010): 457–63.

18 *When we are given that same reward based on luck or chance*: J. O' Doherty, P. Dayan, J. Schultz, R. Deichmann, et al., "Dissociable Roles of Ventral and Dorsal Striatum in Instrumental Conditioning," *Science* 304, no. 5669 (2004): 452–54.

19 *Giving nursing home residents more autonomy and choice*: E. J. Langer and J. Rodin, "The Effects of Choice and Enhanced Personal Responsibility for the Aged: A Field Experiment in an Institutional Setting," *Journal of Personality and Social Psychology* 34, no. 2 (1976): 191–98.

20 *While in the workplace*: S. Saragih, "The Effects of Job Autonomy on Work Outcomes: Self Efficacy as an Intervening Variable," *International Research Journal of Business Studies* 4, no. 3 (2011): 203–15.

21 *As Maier told the American Psychological Association*: S. F. Dingfelder, "Old Problem, New Tools," *Monitor on Psychology*, October 2009, https://www.apa.org/monitor/2009/10/helplessness.

22 *"We are born to choose"*: Leotti, Iyengar, and Ochsner, "Born to Choose."

23 *While the* New York Times *reported in 2015 that*: J. Kantor and D. Streitfeld, "Inside Amazon: Wrestling Big Ideas in a Bruising Workplace," *New York Times*, August 15, 2015, https://www.nytimes.com/2015/08/16/technology/inside-amazon-wrestling-big-ideas-in-a-bruising-workplace.html.

24 *Denison and Mills continued*: J. Denison and J. P. Mills, "Planning for Distance Running: Coaching with Foucault," *Sports Coaching Review* 3, no. 1 (2014): 1–16.

25 *A study of over two hundred men and women*: J. W. Mahoney, D. F. Gucciardi, N. Ntoumanis, and C. J. Mallett, "Mental Toughness in Sport: Motivational Antecedents and Associations with Performance and Psychological Health," *Journal of Sport and Exercise Psychology* 36, no. 3 (2014): 281–92.

26 *It's why research shows in dieting*: R. C. do Vale, R. Pieters, and M. Zeelenberg, "The Benefits of Behaving Badly on Occasion: Successful Regulation by Planned Hedonic Deviations," *Journal of Consumer Psychology* 26, no. 1 (2016): 17–28.

27 *a task is completely meaningless*: D. I. Cordova and M. R. Lepper, "Intrinsic Motivation and the Process of Learning: Beneficial Effects of Contextualization, Personalization, and Choice," *Journal of Educational Psychology* 88 (1996): 715–30.

第 6 章

1 E. Young, "The Only Emotions I Can Feel Are Anger and Fear," *Mosaic*, May 28, 2018, https://mosaicscience.com/story/life-without-emotions-alexithymia interoception.

2 *Nerve fibers run throughout*: A. D. Craig, "Interoception: The Sense of the Physiological Condition of the Body," *Current Opinion in Neurobiology* 13, no. 4 (August 2003): 500–505.

3 *this sensory network has a name—interoception*:L. F. Barrett and W. K. Simmons, "Interoceptive Predictions in the Brain," *Nature Reviews Neuroscience* 16, no. 7 (2015): 419–29.

4 *The interoceptive system is active*: A. D. Craig, "How Do You Feel—Now? The Anterior Insula and Human Awareness," *Nature Reviews Neuroscience* 10, no. 1 (2009): 59–70.

5 *In 1896, Wilhelm Wundt*: R. B. Zajonc, "Feeling and Thinking: Preferences Need No Inferences," *American Psychologist* 35, no. 2 (1980): 151–75.

6 *over 70 percent of students had experienced*: S. Pareek, "Phantom Vibration Syndrome:An Emerging Phenomenon," *Asian Journal of Nursing Education and Research* 7, no. 4(2017): 596–97.

7 *the more dependent you are on your phone*: D. J. Kruger and J. M. Djerf, "Bad Vibrations? Cell Phone Dependency Predicts Phantom Communication Experiences," *Computers in Human Behavior* 70 (2017): 360–64.

8 *They turned anxiety into excitement*: J. Strack dos Santos Gonçalves, P. Lopes, F. Esteves, and P. Fernandez-Berrocal, "Must We Suffer to Succeed?: When Anxiety Boosts Motivation and Performance," *Journal of Individual Differences* 38, no. 2 (April 2017): 113–24.

9 *In a series of studies, the patients*: L. Young, A. Bechara, D. Tranel, H. Damasio, et al., "Damage to Ventromedial Prefrontal Cortex Impairs Judgment of Harmful Intent," *Neuron* 65, no. 6 (2010), 845–51.

10 *Kate Winslet, the actress who played Rose in the film*: J. Denham, " 'I Think He Could Have Fit on That Bit of Door' : Kate Winslet Says Titanic Blunder Led to Leo DiCaprio's Movie Death," *Independent*, February 3, 2016, https://www.independent.ie/entertainment/movies/movie-news/i-think-he-could-have-fit-on-that-bit-of-door-kate-winslet-says-titanic-blunder-led-to-leo-dicaprios-movie-death-34419861.html.

11 *Even Cameron inserted himself into the fray*: R. Keegan, "James Cameron on *Titanic*' s Legacy and the Impact of a Fox Studio Sale," *Vanity Fair*, November 26, 2017, https://www.vanityfair.com/hollywood/2017/11/james-cameron-titanic-20th-anniversary-avatar-terminator-fox-studios-sale.

12 *When participants saw justified violence*: "Justified and Unjustified Movie Violence Evoke Different Brain Responses," The Annenberg Public Policy Center of the University of Pennsylvania, December 10, 2019, https://www.annenbergpublicpolicycenter.org/justified-movie-violence-unjustified-evoke-different-brain-responses-study-finds.

13 *In 2001, Harvard psychologist Joshua Greene*: J. D. Greene, R. B. Sommerville, L. E. Nystrom, J. M. Darley, et al., "An fMRI Investigation of Emotional Engagement in Moral Judgment," *Science* 293, no. 5537 (2001): 2105–8.

14 *nearly 17 percent of teenagers have cut themselves*: D. Gillies, M. A. Christou, A. C.Dixon, O. J. Featherston, et al., "Prevalence and Characteristics of Self-Harm in Adolescents: Meta-Analyses of Community-Based Studies 1990–2015," *Journal of the American Academy of Child and Adolescent Psychiatry* 57, no. 10 (October 2018): 733–41.129

15 *When Young and colleagues compared*: Young, Hayley A., Dr, Jason Davies, and David Benton. 2019. "Non-suicidal Self-injury Is Associated with Multidimensional Deficits in Interoception: Evidence from Three Studies." PsyArXiv. April 24. doi:10.31234/osf.io/2azer.

16 *Impaired interoceptive awareness*: S. S. Khalsa, R. Adolphs, O. G. Cameron, H. D. Critchley, et al., "Interoception and Mental Health: A Roadmap," *Biological Psychiatry: Cognitive Neuroscience and Neuroimaging* 3, no. 6 (2018): 501–13.

17 *Research shows that tougher athletes*: A. Diaz, *The Relationship between Body Awareness and Mental Toughness in Collegiate Athletes*, doctoral dissertation, The Chicago School of Professional Psychology, 2013.

18 *A study out of the University of California San Diego*: L. Haase, J. L. Stewart, B. Youssef, and A. C. May, "When the Brain Does Not Adequately Feel the Body: Links between Low Resilience and Interoception," *Biological Psychology* 113 (2016): 37–45.

19 *psychologists found that stock traders*: N. Kandasamy, S. N. Garfinkel, L. Page, B. Hardy, et al., "Interoceptive Ability Predicts Survival on a London Trading Floor," *Scientific Reports* 6, no. 1 (2016): 1–7; and Khalsa, Adolphs, Cameron, Critchley, et al., "Interoception and Mental Health."

20 *"current body states to predict future body states"*: Haase, Stewart, Youssef, May, et al., "When the Brain Does Not."

21 *Better interoceptive skills are correlated*: H. D. Critchley and S. N. Garfinkel, "Interoception and Emotion," *Current Opinion in Psychology* 17 (2017): 7–14.

22 *When researchers out of UCLA*: M. D. Lieberman, N. I. Eisenberger, M. J. Crockett, S. M. Tom, et al., "Affect Labeling Disrupts Amygdala Activity in Response to Affective Stimuli," *Psychological Science* 18, no. 5 (2007): 421–28.

23 *researchers out of Spain*: Strack dos Santos Gonçalves, Lopes, Esteves, and Fernandez-Berrocal, "Must We Suffer to Succeed?"

24 *A systematic review*: I. Pedraza Ramirez, "Systematic Review of the Evidence of Interoceptive Awareness in Performers," 2016, https://jyx.jyu.fi/handle/123456789/51424.

第 7 章

1 *"Water, Captain. Please"*: S. Callahan, *Adrift: Seventy-Six Days Lost at Sea* (Boston:Houghton Mifflin Harcourt, 2002), 195.

2 *As Callahan reported*: Callahan, *Adrift*, 56.

3 *researchers have identified at least seven*: D. T. Kenrick and V. Griskevicius, *The Rational Animal: How Evolution Made Us Smarter Than We Think* (New York: Basic Books, 2013).

4 *In one scene, Disgust laments*: P. Docter and R. del Carmen, *Inside Out*, Walt Disney Studios Motion Pictures, 2015.

5 *watched part of a scary movie*: J. K. Maner, D. T. Kenrick, D. V. Becker, T. E. Robertson, et al., "Functional Projection: How Fundamental Social Motives Can Bias Interpersonal Perception," *Journal of Personality and Social Psychology* 88, no. 1(2005): 63–78.

6 *Over 94 percent of people*: M. Gannon, "Most People Have Unwanted, Worrying Thoughts," LiveScience, April 8, 2014, https://www.livescience.com/44687-most-people-have-unwanted-thoughts.html.

7 *five different voices*: M. M. Puchalska-Wasyl, "Self-Talk:Conversation with Oneself?On the Types of Internal Interlocutors." *The Journal of Psychology* 149, no. 5 (2015):443–460.

8 *In another study, different forms*: P. K. McGuire, D. A. Silbersweig, R. M. Murray, A. S. David, et al., "Functional Anatomy of Inner Speech and Auditory Verbal Imagery," *Psychological Medicine* 26, no. 1 (1996): 29–38.

9 *In the book* The Voices Within: C. Fernyhough, *The Voices Within: The History and Science of How We Talk to Ourselves* (New York: Basic Books, 2016), 106.

10 *"the dominance of inner speech"*: Fernyhough, *The Voices Within.*

11 *modern research has largely validated Vygotsky's theory*: B. Alderson-Day and C.Fernyhough, "Inner Speech: Development, Cognitive Functions, Phenomenology, and Neurobiology," *Psychological Bulletin* 141, no. 5 (2015): 931–65.

12 *Research from clinical psychologist Steven Hayes*: S. C. Hayes, I. Rosenfarb, E. Wulfert, E. D. Munt, et al., "Self-Reinforcement Effects: An Artifact of Social Standard Setting?," *Journal of Applied Behavior Analysis* 18, no. 3 (1985): 201–14.

13 *Psychologists Pamela Highlen and Bonnie Bennett*: P. S. Highlen and B. B. Bennett, "Elite Divers and Wrestlers: A Comparison between Open-and Closed-Skill Athletes," *Journal of Sport and Exercise Psychology* 5, no. 4 (1983): 390–409.

14 *researchers out of the University of Waterloo*: J. V. Wood, W. Q. Perunovic, and J. W.Lee, "Positive Self-Statements:Power for Some, Peril for Others," *Psychological Science* 20, no. 7 (July 2009): 860–66.

15 When sports psychologist Judy Van Raalte: J. L. Van Raalte, B. W. Brewer, P. M. Rivera, and A. J. Petitpas, "The Relationship between Observable Self-Talk and Competitive Junior Tennis Players' Match Performances," Journal of Sport and Exercise Psychology 16 (1994): 400–15.

16 *In 2016, in a collaborative study*: R. E. White, E. O. Prager, C. Schaefer, E. Kross, et al., "The 'Batman Effect': Improving Perseverance in Young Children," *Child Development* 88, no. 5 (2017): 1563–71.

17 *Psychologists have used the same paradigm*: S. Rudert, R. Greifeneder, and K. Williams (eds.), *Current Directions in Ostracism, Social Exclusion and Rejection Research* (London: Routledge, 2019).

18 *psychologist Ethan Kross*: J. S. Moser, A. Dougherty, W. I. Mattson, B. Katz, et al., "Third-Person Self-Talk Facilitates Emotion Regulation without Engaging Cognitive Control: Converging Evidence from ERP and fMRI," *Scientific Reports* 7, no. 1 (2017): 1–9.

19 *Alain de Botton suggested*: A. de Botton, "Self-Love," The School of Life Articles, September 24, 2020, https://www.theschooloflife.com/thebookoflife/self-love.

第 8 章

1 *Antoine Lutz and his colleagues*: A. Lutz, D. R. McFarlin, D. M. Perlman, T. V. Salomons, et al., "Altered Anterior Insula Activation During Anticipation and Experience of Painful Stimuli in Expert Meditators," *NeuroImage* 64 (2013): 538–46.

2 *yoga masters were able to*: R. Kakigi, H. Nakata, K. Inui, N. Hiroe, et al., "Intracerebral Pain Processing in a Yoga Master Who Claims Not to Feel Pain during Meditation," *European Journal of Pain* 9, no. 5 (2005): 581–89.

3 *For the everyday person*: T. R. Kral, B. S. Schuyler, J. A. Mumford, M. A. Rosenkranz, et al., "Impact of Short-and Long-Term Mindfulness Meditation Training on Amygdala Reactivity to Emotional Stimuli," *NeuroImage* 181 (2018): 301–13.

4 *associated with a hyperactive amygdala*: T. T. Yang, A. N. Simmons, S. C. Matthews, S. F. Tapert, et al., "Adolescents with Major Depression Demonstrate Increased Amygdala Activation," *Journal of the American Academy of Child and Adolescent Psychiatry* 49, no. 1 (2010): 42–51.

5 *A recent study out of Yale*: A. L. Gold, R. A. Morey, and G. McCarthy, "Amygdala–Prefrontal Cortex Functional Connectivity during Threat-Induced Anxiety and Goal Distraction," *Biological Psychiatry* 77, no. 4 (2015): 394–403.

6 *According to the latest scientific research*: Kral, Schuyler, Mumford, Rosenkranz, et al., "Impact of Short-and Long-Term Mindfulness Meditation Training."

7 *Burnout is epidemic*: S. Ju, "16 Employee Burnout Statistics HR Leaders Should Know," Spring Health, December 14, 2020, https://www.springhealth.com/16-statistics-employee-burnout.

8 *weaker connection to their PFC*: A. Michel, "Burnout and the Brain," Association for Psychological Science, January 29, 2016, https://www.psychologicalscience.org/observer/burnout-and-the-brain.

9 *less emotional elaboration of physiological cues"*: M. A. Rosenkranz, A. Lutz, D. M. Perlman, D. R. Bachhuber, et al., "Reduced Stress and Inflammatory Responsiveness in Experienced Meditators Compared to a Matched Healthy Control Group," *Psychoneuroendocrinology* 68 (2016): 117 25.

10 *In a group of over one hundred research subjects*: B. S. Schuyler, T. R. Kral, J. Jacquart, C. A. Burghy, et al., "Temporal Dynamics of Emotional Responding: Amygdala Recovery Predicts Emotional Traits," *Social Cognitive and Affective Neuroscience* 9, no. 2 (2012): 176–81.

11 *affective inertia*: S. Pichon, E. A. Miendlarzewska, H. Eryilmaz, and P. Vuilleumier, "Cumulative Activation during Positive and Negative Events and State Anxiety Predicts Subsequent Inertia of Amygdala Reactivity," *Social Cognitive and AffectiveNeuroscience* 10, no. 2 (2015): 180–90.

12 *"Whereas the long-term meditator is simply responding"*: E. Klein, "How the Brains of Master Meditators Change," Vox, May 30, 2019, https://www.vox.com/podcasts/2019/5/30/18644106/richard-davidson-ezra-klein-show.

13 *as little as four days of mindfulness*: F. Zeidan, K. T. Martucci, R. A. Kraft, N. S. Gordon, et al., "Brain Mechanisms Supporting the Modulation of Pain by Mindfulness Meditation," *Journal of Neuroscience* 31, no. 14 (2011): 5540–48.

14 *"pause between stimulus and response"*: R. May, *The Courage to Create* (New York:W. W. Norton & Company, 1975), 100.

15 *Research shows that when we practice*: Lutz, McFarlin, Perlman, Salomons, et al., "Altered Anterior Insula Activation."

16 *dark-room meditation*: "Dark Retreats," Samyama, (n.d.), https://samyama.com/dark-retreats.

17 *can improve our perceptual awareness*: R. Schuling, N. van Herpen, R. de Nooij, W. T. de Groot, et al., "Silent into Nature: Factors Enabling Improvement in a MindfulWalking Retreat in Nature of People with Psychological Symptoms," *Ecopsychology* 10, no. 2 (2018): 77–86.

18 *psychologist Timothy Wilson*: T. D. Wilson, D. A. Reinhard, E. C. Westgate, D. T. Gilbert, et al., "Just Think: The Challenges of the Disengaged Mind," *Science* 345, no. 6192 (2014): 75–77.

19 *When we train our ability*: C. N. Ortner, S. J. Kilner, and P. D. Zelazo, "Mindfulness Meditation and Reduced Emotional Interference on a Cognitive Task," *Motivation and Emotion* 31, no. 4 (2007): 271–83.

20 *Clinical psychologists have utilized*: S. S. Khalsa, R. Adolphs, O. G. Cameron, H. D. Critchley, et al., "Interoception and Mental Health: A Roadmap," *Biological Psychiatry: Cognitive Neuroscience and Neuroimaging* 3, no. 6 (2018): 501–13.

21 *In one study, psychologist Regina Lapate*: R. C. Lapate, B. Rokers, D. P. M. Tromp, N. S. Orfali, et al., "Awareness of

Emotional Stimuli Determines the Behavioral Consequences of Amygdala Activation and Amygdala-Prefrontal Connectivity," *Scientific Reports* 6, no. 1 (2016): 1–16.

22 *"Now I can discuss it with you, and it's no big deal"*: S. Gregory, "Lolo' s No Choke," *Time*, July 9, 2021, 30–38.

23 *"It is evenness of mind"*: B. Bodhi, "Toward a Threshold of Understanding," Access to Insight, 1998, https://www.accesstoinsight.org/lib/authors/bodhi/bps-essay_30.html.

24 *Hindu scripture proclaims to*: A. B. S. Prabhupada, *Bhagavad-Gitaas It Is* (Los Angeles: Bhaktivedanta Book Trust, 1972), 104.

25 *"you will both avoid much misery"*: J. Wesley, *"Wesley's Notes on the Bible,"* Christian Classics Ethereal Library, 1765, https://www.ccel.org/ccel/wesley/notes.i.iv.xxii.html.

第 9 章

1 *A group of researchers out of Aarhus University in Denmark*: M. Clasen, M. Andersen, and U. Schjoedt, "Adrenaline Junkies and White-Knucklers:A Quantitative Study of Fear Management in Haunted House Visitors," *Poetics* 73 (2019): 61–71.

2 *Following the 1972 Olympics*: P. Milvy (ed.), *The Marathon: Physiological, Medical, Epidemiological, and Psychological Studies*, vol. 301 (New York Academy of Sciences, 1977).

3 *Frank Shorter was there*: S. Farrell, "The 1975 Elite Runners Study: How Are Elite Distance Runners Different from the Rest of Us?," The Cooper Institute, May 29, 2019, https://www.cooperinstitute.org/2019/05/29/the-1975-elite-runners-study-how-are-elite-distance-runners-different-from-the-rest-of-us.

4 *William Morgan and Michael Pollock*: W. P. Morgan and M. L. Pollock, "Psychologic Characterization of the Elite Distance Runner," *Annals of the New York Academy of Sciences* 301, no. 1 (1977): 382–403.

5 *In one study, 40 percent*: F. Dehais, M. Causse, F. Vachon, N. Regis, et al., "Failure to Detect Critical Auditory Alerts in the Cockpit: Evidence for Inattentional Deafness," *Human Factors* 56, no. 4 (2014): 631–44.

6 *They wanted to see if they could prime*: R. S. Friedman, A. Fishbach, J. Forster, and L.Werth, "Attentional Priming Effects on Creativity," *Creativity Research Journal* 15, nos. 2–3 (2003): 277–86.

7 *believe that rumination occurs when*: H. DeJong, E. Fox, and A. Stein, "Does Rumination Mediate the Relationship between Attentional Control and Symptoms of Depression?," *Journal of Behavior Therapy and Experimental Psychiatry* 63 (2019):28–35.

8 *The broaden-and-build theory*: M. A. Cohn, B. L. Fredrickson, S. L. Brown, J. A. Mikels, et al., "Happiness Unpacked: Positive Emotions Increase Life Satisfaction by Building Resilience," *Emotion* 9, no. 3 (2009): 361–68.

9 *neuroscientists Noa Herz, Moshe Bar, and Shira Baror*: N. Herz, S. Baror, and M. Bar, "Overarching States of Mind," *Trends in Cognitive Sciences* 24, no. 3 (2020): 184–99.

10 *going for a walk out in nature*: D. K. Brown, J. L. Barton, and V. F. Gladwell, "Viewing Nature Scenes Positively Affects Recovery of Autonomic Function Following Acute-Mental Stress," *Environmental Science & Technology* 47, no. 11 (2013): 5562–69; and K. J. Williams, K. E. Lee, T. Hartig, L. D. Sargent, et al., "Conceptualising Creativity Benefits of Nature Experience: Attention Restoration and Mind Wandering as Complementary Processes," *Journal of Environmental Psychology* 59 (2018): 36–45.

11 *"break your heart and fill it up again"*: K. Arnold, *Running Home: A Memoir* (New York: Random House, 2019).

12 *"advanced the field of emotion regulation"*: G. Sheppes, S. Scheibe, G. Suri, and J. J. Gross, "Emotion-Regulation Choice," *Psychological Science* 22, no. 11 (2011): 1391–96.

13 *But researchers have found that rumination helps*: L. J. Altamirano, A. Miyake, and A. J. Whitmer, "When Mental Inflexibility Facilitates Executive Control: Beneficial Side Effects of Ruminative Tendencies on Goal Maintenance," *Psychological Science* 21, no. 10 (2010): 1377–82.

14 *So-called deliberate rumination*: K. Taku, A. Cann, R. G. Tedeschi, and L. G. Calhoun, "Intrusive versus Deliberate Rumination in Posttraumatic Growth across US and Japanese Samples," *Anxiety, Stress, and Coping* 22, no. 2 (2009): 129–36.

15 *researchers found that suppression works well*: G. A. Bonanno and D. Keltner, "Facial Expressions of Emotion and the Course of Conjugal Bereavement," *Journal of Abnormal Psychology* 106, no. 1 (1997): 126–37.

16 *The successful grievers*: S. Gupta and G. A. Bonanno, "Complicated Grief and Deficits in Emotional Expressive

Flexibility," *Journal of Abnormal Psychology* 120, no. 3 (2011): 635–43.

17 *Flexible coping is tied*: I. R. Galatzer-Levy, C. L. Burton, and G. A. Bonanno, "Coping Flexibility, Potentially Traumatic Life Events, and Resilience: A Prospective Study of College Student Adjustment," *Journal of Social and Clinical Psychology* 31, no. 6 (2012): 542–67.

18 *Sheppes and Gross offered the following summary*: G. Sheppes, S. Scheibe, G. Suri, P. Radu, et al., "Emotion Regulation Choice: A Conceptual Framework and Supporting Evidence," *Journal of Experimental Psychology: General* 143, no. 1 (2014): 163–81.

19 *At the 1988 Olympic Trials*: J. M. Silva and M. I. Appelbaum, "Association-Dissociation Patterns of United States Olympic Marathon Trial Contestants," *Cognitive Therapy and Research* 13, no. 2 (1989): 185–92.

20 *In tracking how children develop*: W. S. Grolnick, L. J. Bridges, and J. P. Connell, "Emotion Regulation in Two-Year-Olds:Strategies and Emotional Expression in Four Contexts," *Child Development* 67, no. 3 (1996): 928–41.

21 *"Your whole being is involved"*: J. Geirland, "Go with the Flow," *Wired*, September 1, 1996, https://www.wired.com/1996/09/czik.

22 *"Prolonged effortless concentration of attention"*: Y. Dormashev, "Flow Experience Explained on the Grounds of an Activity Approach to Attention," in *Effortless Attention: A New Perspective in the Cognitive Science of Attention and Action*, ed. B. Bruya (Cambridge, MA: MIT Press, 2010), 306.

23 *In another study, Swann and colleagues*: C. Swann, A. Moran, and D. Piggott, "Defining Elite Athletes: Issues in the Study of Expert Performance in Sport Psychology," *Psychology of Sport and Exercise* 16 (2015): 3–14.

24 *psychologist Scott Barry Kaufman stated*: S. B. Kaufman, *Transcend: The New Science of Self-Actualization* (New York: Penguin Random House, 2021).

第 10 章

1 *four key elements that controlling leaders utilize*: K. J. Bartholomew, N. Ntoumanis, and C. Thogersen-Ntoumani, "The Controlling Interpersonal Style in a Coaching Context: Development and Initial Validation of a Psychometric Scale," *Journal of Sport and Exercise Psychology* 32, no. 2 (2010): 193–216.

2 As the opening sentence of a Forbes article: Coursey, David. "Steve Jobs Was a Jerk, You Shouldn' t Be." Forbes Magazine, May 16, 2012. https://www.forbes.com/sites/davidcoursey/2011/10/12/steve-jobs-was-a-jerk-you-shouldnt-be/?sh=23998e0c4045.

3 *Implying that without incentive to work*: Z. Budryk, "*Mnuchin: It 'Wouldn't Be Fairto Use Taxpayer Dollars to Pay More People to Sit Home,'* "The Hill, July 26, 2020,https://thehill.com/homenews/coronavirus-report/509062-mnuchin-it-wouldnt-be-fair-to-use-taxpayer-dollars-to-pay-more.

4 *covering over 120 years of study*: T. A. Judge, R. F. Piccolo, N. P. Podsakoff, J. C. Shaw, et al., "The Relationship between Pay and Job Satisfaction: A Meta-Analysis of the Literature," *Journal of Vocational Behavior* 77, no. 2 (2010): 157–67.

5 *a Gallup study of over 1.4 million employees*: J. Harter and N. Blacksmith, "Majority of American Workers Not Engaged in Their Jobs," Gallup, October 28, 2011, http://www.gallup.com/poll/150383/majority-american-workers-not-engaged-jobs.aspx.

6 *have a carrot dangled in front of them*: Y. J. Cho and J. L. Perry, "Intrinsic Motivation and Employee Attitudes: Role of Managerial Trustworthiness, Goal Directedness, and Extrinsic Reward Expectancy," *Review of Public Personnel Administration* 32, no. 4 (2012): 382–406.

7 *In a study of over one hundred British athletes*: N. Ntoumanis, L. C. Healy, C. Sedikides, J. Duda, et al., "When the Going Gets Tough: The 'Why' of Goal Striving Matters," *Journal of Personality* 82, no. 3 (2014): 225–36.

8 *In an analysis of nearly one hundred years*: P. G. Firth, H. Zheng, J. S. Windsor, A. I.Sutherland, et al., "Mortality on Mount Everest, 1921–2006: Descriptive Study," *BMJ* 337 (2008).

9 *Not surprisingly, researchers found*: N. Ntoumanis and C. Sedikides, "Holding On to the Goal or Letting It Go and Moving On?: A Tripartite Model of Goal Striving," *Current Directions in Psychological Science* 27, no. 5 (2018): 363–68.

10 *In the 1970s, Edward Deci and colleagues*: E. L. Deci, "Effects of Externally Mediated Rewards on Intrinsic Motivation," *Journal of Personality and Social Psychology* 18, no.1 (1971): 105–15.

11 *supporting Deci and Ryan's original hypothesis*: M. Vansteenkiste, J. Simons, W. Lens, K. M. Sheldon, et al., "Motivating Learning, Performance, and Persistence: The Synergistic Effects of Intrinsic Goal Contents and Autonomy-Supportive Contexts," *Journal of Personality and Social Psychology* 87, no. 2 (2004): 246–60.

12 *For his PhD dissertation, John Mahoney*: J. W. Mahoney, D. F. Gucciardi, N. Ntoumanis, and C. J. Mallett, "Mental Toughness in Sport: Motivational Antecedents and Associations with Performance and Psychological Health," *Journal of Sport and Exercise Psychology* 36, no. 3 (2014): 281–92.

13 *"Scarred for the Rest of My Career"*: E. L. Carleton, J. Barling, A. M. Christie, M. Trivisonno, et al., "Scarred for the Rest of My Career? Career-Long Effects of Abusive Leadership on Professional Athlete Aggression and Task Performance," *Journal of Sport and Exercise Psychology* 38, no. 4 (2016): 409–22.

14 *those in charge choose the path of thwarting*: L. C. Healy, N. Ntoumanis, J. Veldhuijzen van Zanten, and N. Paine, "Goal Striving and Well-Being in Sport: The Role of Contextual and Personal Motivation," *Journal of Sport and Exercise Psychology* 36, no. 5 (2014): 446–59.

15 *As sports psychologist Laura Healy reported*: Healy, Ntoumanis, Veldhuijzen van Zanten, and Paine, "Goal Striving and Well-Being in Sport."

16 *"I have to coach my team"*: D. Kurtenbach, "Kurtenbach: Steve Kerr Turned In His Best Coaching Performance of the Year . . . by Not Coaching," *The Mercury News*, February 13, 2018, https://www.mercurynews.com/2018/02/13/warriors-v-suns-highlights-coaching-staff-andre-iguodala-draymond-green-timeouts-drawing-plays-golden-state-phoenx-roster-standings.

17 *"It's the players' team"*: A. Gilberg, "Steve Kerr Lets Andre Iguodala, Draymond Green Coach the Warriors during 129–83 Blowout Win over Suns," *Daily News*, February 13, 2018, https://www.nydailynews.com/sports/basketball/kerr-lets-iguodala-draymond-coach-warriors-blowout-win-article-1.3817084.

18 *Research shows that when leaders adopt*: J. W. Mahoney, D. F. Gucciardi, S. Gordon, and N. Ntoumanis, "Psychological Needs Support Training for Coaches: An Avenue for Nurturing Mental Toughness," in *Applied Sport and Exercise Psychology: Practitioner Case Studies*, eds. S. T. Cotterill, N. Weston, and G. Breslin(London: Wiley, 2016), 193–213; and J. Mahoney, N. Ntoumanis, C. Mallett, and D. Gucciardi, "The Motivational Antecedents of the Development of Mental Toughness: A Self-Determination Theory Perspective," *International Review of Sport and Exercise Psychology* 7, no. 1 (2014): 184–97.

19 *When researchers at Eastern Washington University*: C. S. Hammer, "Mental Toughness, Servant Leadership, and the Collegiate Distance Runner," master's thesis, Eastern Washington University, 2012, https://dc.ewu.edu/theses/32.

20 *In a recent study of over one thousand office workers*: D. LaGree, B. Houston, M. Duffy, and H. Shin, "The Effect of Respect: Respectful Communication at Work Drives Resiliency, Engagement, and Job Satisfaction among Early Career Employees," *International Journal of Business Communication*, May 20, 2021, https://journals.sagepub.com/doi/abs/10.1177/23294884211016529.

21 *"without feeling insecure or embarrassed"*: J. Rozovsky, "The Five Keys to a Successful Google Team," Google re:Work, November 17, 2015, https://rework.withgoogle.com/blog/five-keys-to-a-successful-google-team.

22 *Michael Kraus, Cassey Huang, and Dacher Keltner*: M. W. Kraus, C. Huang, and D. Keltner, "Tactile Communication, Cooperation, and Performance: An Ethological Study of the NBA," *Emotion* 10, no. 5 (2010): 745–49.

23 *According to psychologist Scott Barry Kaufman*: S. B. Kaufman, *Transcend: The New Science of Self-Actualization* (New York: Penguin Random House, 2021), 38.

24 *Loneliness, jealousy, shame, guilt*: M. R. Leary, "Emotional Responses to Interpersonal Rejection," *Dialogues in Clinical Neuroscience* 17, no. 4 (2015): 435–41.

25 *His players rave*: B. Holmes, "Michelin Restaurants and Fabulous Wines: Inside theSecret Team Dinners That Have Built the Spurs' Dynasty," ESPN, July 25, 2020, http://www.espn.com/nba/story/_/id/26524600/secret-team-dinners-built-spurs-dynasty.

26 *In a 2003 study, researchers set out to understand*: L. Wong, "Why They Fight: Combat Motivation in the Iraq War," Strategic Studies Institute, 2003.

27 *Popovich was meticulous*: J. J. Waring and S. Bishop, " 'Water Cooler' Learning: Knowledge Sharing at the Clinical 'Backstage' and Its Contribution to Patient Safety," *Journal of Health Organization and Management* 24, no. 4 (2010): 325–42.

28 *It's no wonder that when researchers*: C. Li, R. Martindale, and Y. Sun, "Relationships between Talent Development Environments and Mental Toughness: The Role of Basic Psychological Need Satisfaction,"

Journal of Sports Sciences 37, no. 18 (2019):2057–65.

29 *It's no wonder that when researchers*: C. Li, R. Martindale, and Y. Sun, "Relationships between Talent Development Environments and Mental Toughness: The Role of Basic Psychological Need Satisfaction," *Journal of Sports Sciences* 37, no. 18 (2019):2057–65.

30 *Maslow wrote*: S. B. Kaufman, "Choose Growth," *Scientific American* Blog Network, April 7, 2020, https://blogs.scientificamerican.com/beautiful-minds/ choose-growth/.

31 *In his 1970 journal*: M. Davis, "Maslow's Forgotten Pinnacle: Self-Transcendence," Big Think, August 9, 2019, https://bigthink.com/personal-growth/maslow-self-transcendence?rebelltitem=3#rebelltitem3.

32 *that society often pushes us against it*: A. Maslow, "Theory Z," W. P. Laughlin Foundation, https://atpweb.org/jtparchive/trps-01-69-02-031.pdf.

第 11 章

1 *He railed against conventional wisdom*: V. E. Frankl, *Yes to Life: In Spite of Everything* (Boston: Random House, 2020), 32.

2 *Research shows that purpose and persistence*: R. A. Voorhees, "Toward Building Models of Community College Persistence: A Logit Analysis," *Research in Higher Education* 26, no. 2 (1987): 115–29, and A. M. Grant, "Does Intrinsic Motivation Fuel the Prosocial Fire?: Motivational Synergy in Predicting Persistence, Performance, and Productivity," *Journal of Applied Psychology* 93, no. 1 (2008): 48.

3 *"contact with the high voltage barbed wire fence"*: Frankl, *Yes to Life*, 88.

4 *In a study of other Holocaust survivors*: R. R. Greene, "Holocaust Survivors: A Study in Resilience," *Journal of Gerontological Social Work* 37, no. 1 (2002): 3–18.

5 *That even in death*: Frankl, *Yes to Life*, 97.

6 *As he relays in his autobiography*: V. E. Frankl, *Recollections: An Autobiography* (Cambridge, MA: Basic Books, 2008), 98.

7 *"Because we have experienced the reality"*: Frankl, *Yes to Life*, 37.

8 *In a study on eighty-nine Holocaust survivors*: K. Prot, "Strength of Holocaust Survivors," *Journal of Loss and Trauma: International Perspectives on Stress & Coping* 17, no. 2 (2012): 173–86.

9 *to live, celebrating life, and thinking positively*: Greene, "Holocaust Survivors."

10 *comprehensibility, manageability, and meaningfulness*: A. Antonovsky, *Unraveling the Mystery of Health: How People Manage Stress and Stay Well* (San Francisco: Jossey-Bass,1987).

11 *the positive cousin post-traumatic growth*: A. Feder, S. M. Southwick, R. R. Goetz, Y. Wang, et al., "Posttraumatic Growth in Former Vietnam Prisoners of War," *Psychiatry: Interpersonal and Biological Processes* 71, no. 4 (2008): 359–70.

12 *According to psychiatrist Adriana Feder*: Feder, Southwick, Goetz, Wang, et al., "Posttraumatic Growth in Former Vietnam Prisoners of War."

13 *deliberate and constructive rumination*: C. J. Park and S.-K.Yoo, "Meaning in Life and Its Relationships with Intrinsic Religiosity, Deliberate Rumination, and Emotional Regulation," *Asian Journal of Social Psychology* 19, no. 4 (2016): 325–35; and M. Brooks, N. Graham-Kevan, M. Lowe, and S. Robinson, "Rumination, Event Centrality, and Perceived Control as Predictors of Post-Traumatic Growth and Distress: The Cognitive Growth and Stress Model," *British Journal of Clinical Psychology* 56, no. 3 (2017): 286–302.

14 *When studying over 170 college students*: T. B. Kashdan and J. Q. Kane, "Post-Traumatic Distress and the Presence of Post-Traumatic Growth and Meaning in Life: Experiential Avoidance as a Moderator," *Personality and Individual Differences* 50, no. 1 (2011): 84–89.

15 *Recent research shows that the brains*: "Patients with OCD Have Difficulty Learning When a Stimulus Is Safe," University of Cambridge, March 6, 2017, https://www.cam.ac.uk/research/news/patients-with-ocd-have-difficulty-learning-when-a-stimulus-is-safe.

16 *As biographer Joshua Wolf Shenk wrote*: J. W. Shenk, *Lincoln's Melancholy: How Depression Challenged a President and Fueled His Greatness* (Boston: Houghton Mifflin Harcourt, Kindle Edition, 2005), 179.

國家圖書館出版品預行編目(CIP)資料

真堅強：運用內在力量培養韌性，打造屬於自己版本的成功/史蒂夫.麥格尼斯(Steve Magness)著；鍾玉玨譯. -- 初版. -- 臺北市：城邦文化事業股份有限公司商業周刊, 2023.01
336面；17 × 22公分
譯自：Do hard things : why we get resilience wrong and the surprising science of real toughness.
ISBN 978-626-7099-95-7(平裝)

1.CST: 自我實現　2.CST: 職場成功法

177.2　111017052

真堅強

作者　史蒂夫・麥格尼斯（Steve Magness）
譯者　鍾玉玨
商周集團執行長　郭奕伶

商業周刊出版部
總　監　林雲
責任編輯　盧珮如
封面設計　BERT
內頁排版　邱介惠
出版發行　城邦文化事業股份有限公司 商業周刊
地址　104 台北市中山區民生東路二段 141 號 4 樓
電話：(02)2505-6789　傳真：(02)2503-6399
讀者服務專線　(02)2510-8888
商周集團網站服務信箱　mailbox@bwnet.com.tw
劃撥帳號　50003033
戶名　英屬蓋曼群島商家庭傳媒股份有限公司城邦分公司
網站　www.businessweekly.com.tw
香港發行所　城邦（香港）出版集團有限公司
香港灣仔駱克道 193 號東超商業中心 1 樓
電話：(852) 2508-6231　傳真：(852) 2578-9337
E-mail：hkcite@biznetvigator.com
製版印刷　中原造像股份有限公司
總經銷　聯合發行股份有限公司 電話：(02) 2917-8022
初版 1 刷　2023 年 1 月
定價　450 元
ISBN　978-626-7099-95-7（平裝）
EISBN　9786267099940（PDF）／ 9786267099964（EPUB）

DO HARD THINGS
by Steve Magness

藍學堂

學習・奇趣・輕鬆讀